国　　际　　法　　文　　库
黄进　总主编｜肖永平　执行主编

｜译著系列　霍政欣　主编｜

法律与历史之间的
马尔维纳斯群岛

对英国手册《官方历史之外：福克兰群岛/马尔维纳斯群岛真实历史》的驳斥

LAS MALVINAS
ENTRE EL DERECHO Y LA HISTORIA

Refutación del folleto británico
"Más allá de la historia oficial.
La verdadera historia de las Falklands/Malvinas"

[阿根廷] 马塞洛·G.科恩　　法昆多·D.罗德里格斯 著
王军 译　　易显河 校

法律出版社
LAW PRESS·CHINA

Las Malvinas entre el derecho y la historia: Refutación del folleto británico "Más allá de la historia oficial. La verdadera historia de las Falklands/Malvinas"
By Marcelo G. Kohen, Facundo D. Rodríguez

著作权合同登记号
图字：01-2020-7689

原著封面印章

阿根廷管理期间路易斯·贝尔内使用的马尔维纳斯群岛及其毗连岛屿的政治和军事指挥部公章

献给多拉·马尔维纳和奥利维娅·莱亚

献给圣地亚哥

总序一

当今之世界，随着全球投资贸易不断增长，科学技术特别是信息技术飞速进步，通信和交通日益便捷，人文交流蓬勃发展，经济全球化、政治多极化、文化多元化、社会网络化、法律趋同化已成为天下大势。在这种背景下，作为国际社会最为重要的行为规范，国际法在全球治理中发挥着不可替代的作用。

今日之中国，秉持“创新、协调、绿色、开放、共享”五大发展理念，正在全面建设小康社会、全面深化改革、全面推进依法治国、全面从严治党、全面参与全球治理。在这个过程中，国家始终坚持统筹国内、国际两个大局，于内，追求实现“两个一百年”奋斗目标，追求实现中华民族伟大复兴的中国梦。于外，坚定不移对外开放，参与全球治理；坚持和平发展、合作共赢；积极构建中国特色大国外交，完善对外战略布局，既“请进来”，又“走出去”，加快推进“一带一路”建设；坚决维护国家主权、安全、发展利益，争取良好国际环境，维护世界和平稳定，促进各国共同发展，打造“人类命运共同体”。毫无疑问，坚持统筹国内、国际两个大局，不仅要全面推进依法治国，加强国内法治，而且要在全球治理中高度重视和善于发挥国际法的作用，加强国际法治，推进国内法治与国际法治良性互动，特别是要完善中国自己的涉外法律法规体系，积极参与国际规则的制定，增强中国在国际法律事务中的话语权和影响力，运用法治思维和法治方式依法处理涉外事务，强化涉外法律服务，加强国际法治合作。

当下之中国国际法学界，经过改革开放30多年的建设和发展，可以肯定地说，国际法学科体系不断健全，学术队伍不断壮大，国际学术交流与合作不断拓展，学术水平和创新能力不断提高，培养了一大批国际法专门人才。而且，广大国际法专家学者解放思想、实事求是、求真务实、与时俱进，深入研究和回答中国改革开放面临的国际法理论和实践问题，产出了一大批有分量的学术成果，为国际法学的繁荣发展和国家改革开放及现代化建设做出了重要贡献。但应该指出的是，中国国际法学领域还存在一些亟待解决的问题。比如，国家缺乏整体的国际法学科发展战略规划，国际法学科建设放任自流，各国际法机构各自为阵；国际法人才队伍学术原创能力和解决实际问题的能力不强，活跃在世界国际法舞台的人才不多，总体素质亟待提高；国际法人才培养体系不健全，德行教育与知识传授相分离、理论培养与实践训练相脱离、国内培训与国际培训相隔离；国际法学术研究缺少精品力作，还没有产出具有广泛国际影响的创造性思想成果和理论成果，在国际规则制定和国际法律事务中的话语权和影响力不大。可以这样说，中国国际法学界目前在学术命题、学术思想、学术观点、学术标准、学术评价、学术话语上的能力和水平同中国综合国力和国际地位还不太相称。

综上所述，国际法在国际社会中的重要地位日益凸显，中国全面推进依法治国、对外开放、参与全球治理，亟须掌握和运用国际法，中国国际法学界仍处于有数量缺质量、有专家缺大师以及作用没有充分发挥出来的状态。我们所处的时代表明，这是一个需要国际法的时代，这是一个需要国际法理论创新而且一定能够产生国际法新理论的时代，这是一个需要国际法思想而且一定能够产生国际法新思想的时代。所有这些，正是我们编辑出版“国际法文库”以推动国际法学繁荣发展的初衷。

“国际法文库”将坚持兼容并包、思想自由。主张立足中国、借鉴国外，挖掘历史、把握当代，关怀人类、面向未来，着力推进构建既具有中国特色、中国风格、中国气派，又能进入世界学术话语体系的国际法学。

“国际法文库”将坚持问题导向。面对中国改革开放的新常态、国际局势的新变化，世界范围内各种思想文化交流交融交锋的新形势，只有聆听时代的声音，回应时代的呼唤，认真研究国家深化对外开放、全面参与全球治理的重大而紧迫的问题，才能真正把握历史脉络，找到发展规律，推进国际法理论创新和全球治理实现良法善治。

“国际法文库”将坚持跨学科研究。国际法律问题涉及国际社会生活的方方面面，具有跨学科性，需要从多学科视角，运用学科交叉融合的方法，进行跨学科研究。也就是说，对于国际法律问题，不仅要从国际公法、国际私法、国际经济法等国际法学视角进行研究，而且还要从宪法、行政法、民商法、刑法、诉讼法等国内法学视角进行研究；不仅要从法学视角进行研究，而且还要从国际政治、世界历史、全球经济、人类社会变迁、多元文化交融、地球生态文明等视角进行研究。跨学科研究在于坚持用联系的发展的眼光看待问题，增强研究的整体性、系统性、协调性、战略性，促进问题合情、合理、合法的解决。

“国际法文库”将坚持创造创新。创新是一个民族进步的灵魂，也是引领理论发展的动力。创新，就是有所发现、有所发明、有所创造。国际法理论的生命力在于创新，只有不断进行探索，才能推进国际法思想创新、知识创新、理论创新、制度创新、方法创新。国际法理论创新要从问题开始，发现问题、筛选问题、分析问题、研究问题、解决问题的过程就是创新的过程。国际法理论创新不必贪大求全，发现新事实、新材料、新现象是创新，阐明一个新原理、提出一种新学说、揭示一条新规律是创新，发明一项新技能、找到一条新路径、创造一种新方法也是创新。

“国际法文库”设专著系列、译著系列、实务系列、文集系列，是法律出版社与武汉大学国际法研究所共同打造的学术品牌。法律出版社在中国出版界特别是法学、法律出版领域的龙头地位自不待言。这里有必要对武大国际法所多说几句。武大国际法所是我国著名法学家、教育家、国际私法一代宗师韩德培先生于1980年创办的，是我国高校设立的第一个国际法研究所。该所自创立以来，自强不息，追求卓越，先后培养了一大批已在学术和实务方面崭露头角的国际法专门人才，先后产出了一大批具有较高水平的国际法学术成果，先后两次被评为国家级重点学科，2000年被确定为教育部人文社会科学重点研究基地，2015年入选首批国家高端智库。可以肯定地说，武大国际法所是当今中国国际法领域的学术重镇，不断推进中国国际法人才培养、科学研究和新型智库建设，不仅是它义不容辞的责任，更是它崇高而神圣的使命。正是基于这种情怀，武大国际法所与法律出版社携手合作，设立了这个“国际法文库”。这是为中国国际法学界开辟一块新的学术园地，建造一个新的学术舞台。“国际法文库”是自由、开放、包容、多元的，海内外的国际法同仁都可以在这块园地里辛勤耕耘，春播夏种、秋收冬藏；也都可以在这座舞台上翩翩起舞，崭露头角、一展锋芒。我真诚希望，所有以国际法为志业、立志为中国国际法事业做出贡献的海内外同仁，都能把“国际法文库”视为我们共同的国际法事业的一部分，关心之、支持之、帮助之、鞭策之，勿忘初心、久久为功，去迎接我们共同期待的中国国际法学界百花齐放、百鸟争鸣的春天。

是为序。

*

2016 年 12 月 1 日于北京

---

* 黄进，中国政法大学教授，中国法学会副会长，中国国际私法研究会会长。

总序二

随着中国日益接近世界舞台的中央，我国迫切需要加强国际法律共同体建设，利用国际法维护世界和平和人类命运共同体以及可持续发展，保障中国的正当利益。因此，不管是国际法制度构建，还是国际法理论创新，抑或是国际法实践引领，中国都需要从“被动适应者”向“主动引领者”转变。

由我国著名法学家、教育家、社会活动家、国际私法一代宗师韩德培先生创办的武汉大学国际法研究所是1980年由原国家教委批准成立的中国高校第一个国际法研究机构；1981年设立博士点；1995年建立博士后流动站；1996年被列为“211”工程重点建设单位；2000年被教育部批准为普通高等学校人文社会科学重点研究基地；2004年被批准为“985”工程哲学社会科学创新基地；2015年被中宣部确定为首批国家高端智库试点建设单位。她一贯秉持国际公法、国际私法、国际经济法的全面和综合研究，积极拓展联合国法、欧洲联盟法、国际能源法、电子商务法、国际发展法、国际网络法、国际投资法、国际金融法、国际体育法、世贸组织法、海洋法和海商法等前沿学术领域，形成了学科研究方向齐全、学科发展水平一流、咨政服务能力突出、教学科研成果领先的鲜明特色。

但是，不管是作为教育部的人文社会科学重点研究基地，还是作为国家高端智库，仅仅依靠一个研究所的力量难以实现中国国际法理论的创新，难以实现中国从国际法的“被动适应者”向“主动引领者”的转变。当下，中国面临的问题在全球化进程中愈发凸显其复杂性，许多问题往往需要从不同学科、不同视角、不同谱系进行合理的理论解释、作出正确的政策选择；而不同学者、学术机构、智库在不同领域具有相对优势，或者因所在区域不同而存在区域政策问题的竞争优势。因此，团结、组织中国国际法学者共同攻关、协同创新是获得国际竞争优势、创新中国国际法理论，进而实现中国从国际法的“被动适应者”向“主动引领者”转变的必由之路。正是出于这种考虑，我们与法律出版社合作出版“国际法文库”，希望集中展示中国学者的国际法著述和学术见解，及时传播国外国际法学界的最新研究成果，协同研究中国面临的重大国际法实践问题，不断增强中国国际法理论的国际话语权，不断提升中国国际法制度的国际吸引力，不断提高中国国际法实践的国际影响力。

因此，“国际法文库”将面向中国国际法理论界和实务界广泛征集选题，通过自荐与他荐相结合的方式，由丛书编辑委员会根据其学术性、思想性和创新性决定出版选题。本文库分为专著系列、译著系列、实务系列和文集系列。

专著系列旨在集中呈现中国学者在国际法领域的理论研究成果，引导中国国际法学界关注国际学术动态、设置前沿学术议题、营造良好学术风气，推动中国国际法理论创新。以学术性和创新性为选题标准，主要出版中国学者关于国际法领域具体问题的创新性研究成果。

译著系列旨在全面推介国际社会国际法理论的经典著作和最新成果，促进中外国际法理论的交流与交锋，促使中外国际法实践的互动与创新。以思想性与新颖性为选题标准，主要出版国际社会在20世纪90年代以后创作或再版的国际法著作的译作。

实务系列旨在在中国国际法理论研究和实践运用之间架起桥梁，促使中国国际法研究更加贴近国家和社会的现实需要，在国际法理论的支撑下运用国际法规则分析和解决实践中出现的问题。以对策性与实用性为选题标准，主要出版针对实践中的国际法问题，特别是与中国密切相关的国际法问题的著作，强调贴合国家对外交往实际需要，关注操作层面的问题选择、分析和解决方案。

文集系列旨在及时反映中国国际法学界举办的学术会议成果，提高学术交流的质量，加强学术交流的深度，扩大学术交流的影响。以新颖性与可行性为选题标准，主要出版能够设置学术议题、引领理论前沿的论文集。

我们相信，在中国国际法学界同仁的关心、支持与积极参与下，“国际法文库”一定能够实现上述目的，为中国国际法的理论创新、制度变革和实践引领贡献她应有的智慧、发挥她应有的作用。

*

2017 年元旦于武汉

---

* 肖永平，武汉大学国际法研究所所长，长江学者，法学教授，中国国际私法研究会常务副会长。

中译本前言

很荣幸向中国读者推介我们这本关于阿根廷共和国与英国就马尔维纳斯群岛问题产生争端的历史和法律缘由的著作。这一殖民历史残余物的存在应该不会引起读者的诧异。与中国一样,阿根廷也是19世纪那个主要殖民列强行为的受害者,目睹了自己的一部分领土被上述列强肢解。

本书不仅是对英国为维持其在南大西洋的地位而在历史和法律方面所行操纵之举的反驳,而且通过法律分析这一争端的突出事件,证明了英国的政策只是基于武力。殖民主义在世界不同地方强加其统治的手段是多变的。即在有些事例中推行不平等条约,在另一些情况下连这样做都觉得没有必要。多亏了逐渐摆脱殖民主义及其统治羁绊的各民族的努力,如今的国际法是一门全球的法律,它包括禁止在国际关系中使用武力、尊重领土完整、各民族自由决定的权利和不干涉各国的内部事务。换句话说,当代国际法已经把殖民主义和外国控制排除在法律之外。尽管如此,在我们的地球上还留有殖民残孽,马尔维纳斯群岛案例便是其中之一。

读者将看到,在马尔维纳斯群岛事件中,年轻的阿根廷共和国,刚刚从西班牙的桎梏下解放出来没几年,就致力于这个南大西洋岛屿的人类开发活动,并取得了成果。这引起了英国列强的欲望,它发现可以轻而易举地通过武力驱逐马尔维纳斯群岛上的阿根廷人,以便在其视为南半球的战略要地建立自己的统治。这个新生的南美国家只能提出自己的正式抗议,而其占领者充耳不闻,直到联合国的新趋势强力推行去殖民化的义务。尽管如此,英国继续占领一块不属于自己的领土,并且拒绝通过国际法赋予各国使用的和平解决争端的手段来解决该冲突。

通过一份在尊重中华人民共和国主权、领土完整并实施特殊的自治制度框架下解决问题的条约,中国人民终结了英国在香港的殖民统治。这一解决办法为阿根廷提供了一个充满诱惑力的非凡范例。在世界各国人民的坚持和无法估量的支持下,总有一天这个拉美国家将维护法律在国际关系中的主导地位,而殖民最后残孽之一将成为历史。

马塞洛 · G. 科恩

法昆多 · D. 罗德里格斯

布宜诺斯艾利斯和日内瓦,2019 年 9 月 3 日

翻译说明

《法律与历史之间的马尔维纳斯群岛》是根据布宜诺斯艾利斯大学出版社（Editorial Universitaria de Buenos Aires）2015 年的原著西班牙语版本 *Las Malvinas entre el derecho y la historia* 一书翻译而来。需要说明的是：

1. 原著本身带有作者的注解，为帮助中国读者了解该事件所涉及的大量历史人物、地名、机构组织、领土纠纷案例，译者又以“译者注”的形式补充了相关信息。

2. 原著注解在每章内是连贯的，译文按国内习惯在每页重新编号，可喜的是原著注解上下互引没有受到影响。由于注解号码发生变化，为方便读者查阅原著，特在中译文页边标注出原文页码。

3. 中译本同时也参考了该书的英文版，对于西班牙语原著中所存在的一些人名、地名、时间和章节排序方面的纰漏，在跟原作者沟通、确认之后，译者对这些错误加以修订。

《法律与历史之间的马尔维纳斯群岛》资料翔实，论证严谨，对于解决各国领土争端具有很好的参考价值。翻译过程中可能存在的疏漏和谬误，敬请读者指正。

王　军

2020 年 7 月 9 日于燕园

缩略语对照

AECP（Affaires Étrangères，Correspondance Politique des Consuls）：法国外交事务，领事们的政治信函

AGN（Archivo General de la Nación）：阿根廷国家档案总馆

AGS（Archivo General de Simancas）：西班牙希芒卡档案总馆

AHN（Archivo Histórico Nacional）：西班牙国家历史档案馆

BFSP（British and Foreign State Papers）：英国及外国政府文件

CIJ（Corte Internacional de Justicia）：国际法院

CPJI（Corte Permanente de Justicia Internacional）：常设国际法院

FIG（Falkland Islands Government）：福克兰群岛政府

FO（Foreign Office）：外交部

FCO（Foreign and Commonwealth Office）：英国外交部

H. M. S. O（Her Majesty' Stationery Office）：英国皇家出版局

PRO（Public Record Office）：英国国家档案馆

RO（Record Office）：伦敦档案馆

SMC(Su Majestad Católica):天主教国王陛下

SMB(Su Majestad Británica):英国国王陛下

UN(United Nationes):联合国

前　言

2008年，格雷厄姆·帕斯科和彼得·佩珀，两位没 19
有学术背景的英国作者，用英语和西班牙语出版了一本
手册，标题为《官方历史之外：福克兰群岛/马尔维纳斯
群岛真实历史》。从那时起，该手册以各种版本问世，
其中一些版本比另一些更简略，2015年6月，英国政府
在联合国非殖民化委员会正式发行了最新版本，浮夸地
起名为《面对联合国组织有关福克兰群岛/马尔维纳斯
群岛的虚假历史：1964年阿根廷如何欺骗联合国组织
并继续为之》。这些手册在致力于马尔维纳斯群岛问
题的英国互联网网站上广泛流传。英国在联合国的官
方照会中以及面对向非殖民化委员会请愿的英国人时
再次采纳了这些文本所列举的理由。大致是在这一漫
长冲突的历史上首次摆出的理由和所谓的“事实”，与
该殖民强国在争端中所采取的立场明显矛盾。它仅仅
是一种重写历史的企图。出于这个原因，我们认为，应
该反驳那些包含在一份已变成半官方英国文件里的错 20
误、曲解和谎言。

我们评论的这份英国宣传册具有双重目的：攻击那些证明阿根廷主权的历史——法律方面的扎实论据，试图让读者信服，居住在马尔维纳斯群岛的民族来自多个国家，他们应该拥有自主决定的权利。在《官方历史之外：福克兰群岛/马尔维纳斯群岛真实历史》企图削弱阿根廷的论点时，自相矛盾地承认了英国的官方宣传几

十年间企图隐瞒的一系列事实。对于英国来说,关键的日期是,1592 年所谓英国水手约翰·戴维斯发现了马尔维纳斯群岛,1690 年另一位英国航海家斯特朗船长首次登上马尔维纳斯群岛,1766 年英国人在埃格蒙特港定居,1833 年英国占领马尔维纳斯群岛(和随之而来的阿根廷撤离)。在试图反驳阿根廷的论据时,帕斯科和佩珀的手册表示,发现马尔维纳斯群岛的是"葡萄牙"航海家。1540 年,也就是说,在所谓英国"发现"马尔维纳斯群岛之前许多年,一艘西班牙船在该群岛逗留数月。他们也承认西班牙确实占领这些岛屿直到 1811 年,1820 年布宜诺斯艾利斯政府特派员大卫·朱厄特①接管马尔维纳斯群岛,该岛目前所存的定居点是由贝尔内②建立的。当然,与上述认可相伴的是一系列不确切及歪曲之处,本书将对它们进行研究。

在企图证明英国政府呈现马尔维纳斯群岛"跨国"居民新形象是合理的时候,《官方历史之外:福克兰群岛/马尔维纳斯群岛真实历史》的作者承认,1833 年英国人占领路易港或索莱达港时,在马尔维纳斯群岛有过一个阿根廷居民点和阿根廷当局。实际上,历史上英国在索莱达岛或东岛从未有过最起码的存
21
在。英国着力的焦点是试图解释阿根廷居民没有被驱逐,而仅仅赶走了军事警卫队。这个虚假的论据也将受到详细的审查。

帕斯科和佩珀的手册也暴露了另一个明显的事实,他们企图驳斥阿根廷的论点时却证明了它的连贯性——阿根廷收复马尔维纳斯群岛的主张从独立时期起,一直是完全相同的。相反,出现在该手册的英国论点矛盾百出,互相抵消——由于马尔维纳斯群岛不该是阿根廷的,那么它们就该是英国的。只要把阿根廷基于 1820 年大卫·朱厄特实地占领马尔维纳斯群岛,以及 1829 年创建马尔维纳斯群岛及其毗连地区政治和军事指挥部的法令所列举的理由与阿根廷目前的论据比较一下,就足以表明在时间上有一个亘古未变的东西——阿根廷的依据是简单的、相同的。相反,把英国政府首次向阿根廷申明主权主张时所出示的论据与其目前的立场加以比较,就会显示出一种意味深长的修改,暴

---

① 大卫·朱厄特(David Jewett,1772—1842 年):美国海员、海盗,先获得阿根廷国籍,后获得巴西国籍。在英国与阿根廷的马尔维纳斯群岛之争历史上具有重要作用,因为他于 1820 年指挥"巾帼"号三桅战舰访问马尔维纳斯群岛,第一次在岛上升起阿根廷国旗。——译者注

② 路易斯·贝尔内(Luis Elías Vernet,1791—1871 年):在英帝国侵占马尔维纳斯群岛并对该岛殖民化之前,他是阿根廷第一任马尔维纳斯群岛及附属地区总督—指挥官。在该任命之前贝尔内是一个精明的商人,致力于马尔维纳斯群岛的繁荣,他在马尔维纳斯群岛投资,后因英国占领马尔维纳斯群岛而失去所有财富。——译者注

露其法律弱点。我们简要回顾一下双方的立场。

阿根廷的立场是明确的。一方面,因为阿根廷继承了西班牙的权利,自1810年独立进程开始,这个南美新国家就具体履行了对该群岛的主权,直至1833年英国夺走马尔维纳斯群岛,因为从1833年至今,阿根廷对英国占领马尔维纳斯群岛缺乏认可,所以马尔维纳斯群岛是阿根廷的。另一方面,西班牙的主权得到欧洲主要海上强国的承认,它延续了法国作为首位占领国(1764年)的权利,对马尔维纳斯群岛连续行使主权直到1811年,1774～1811年独享该群岛的主权,这些都证明阿根廷继承西班牙的权利是正当的。

相反,英国的立场从一开始就是有缺陷的、恶意的。1829年11月19日抗 22
议布宜诺斯艾利斯政府建立马尔维纳斯群岛政治和军事指挥部时,英国政府摆出其所谓的主权论据是他们发现并继而占领了马尔维纳斯群岛,而1771年西班牙修复英国在埃格蒙特港的定居点,1774年英国撤离该定居点并不意味着放弃他们所谓权利的事实。为了给这样的立场辩解,1829年11月19日的英国照会指出,留下了英国的主权标志以及未来重新占领该岛的意图。帕斯科和佩珀的手册本身就否认英国发现了马尔维纳斯群岛,此外,这点就其自身而言并不能赋予主权资格。接下来的占领也不是那么回事,因为英国人定居埃格蒙特港时,法国已提前两年占领了马尔维纳斯群岛。不仅归还埃格蒙特港是在保留西班牙主权的条件下进行的,而且自从英国撤离埃格蒙特港后,西班牙在马尔维纳斯群岛不间断的独家存在并没有遭到任何异议,英国政府对这两个事实保持缄默。手册也没有把西班牙毁掉埃格蒙特港的英国设施和标志放在心上,而伦敦方面也没有做出任何反应。

面对极端孱弱的英国主权主张,帕斯科和佩珀的手册寻找新的论据也就不足为怪了。其中,最新奇的一个论据是所谓阿根廷借签订1849年《阿拉纳—骚仁条约》放弃了自己的主权主张,通过该条约结束了英国对拉普拉塔河的封锁,该行动不仅影响到阿根廷,还影响到乌拉圭。本书将详细证明这样的托词有多么的错误。这里只需提到从1850年至2013年英国从未援引所谓阿根廷放弃主
权主张一事,假如这是事实的话,英国不乏时机援引它。在任何外交照会交换 23
或双方对马尔维纳斯群岛主权问题提出相反立场的国际会议上,英国政府什么也没说,也没有其殖民地或外交部官员做出一条内部评论,引起对这个问题的重视。例如,1947年1月3日,英国大使馆致阿根廷外交部长的照会,根据此照会以下列方式解释现存形势:

> 一个多世纪以来马尔维纳斯群岛已经不间断地处于英国的有效管理之下。的确在上述这个世纪阿根廷政府不时要求该群岛属于阿根廷,并对此保留意见。同一时期,英国的国王陛下政府也同样在每个场合阐明,不存在任何有关英国国王陛下对马岛主权权利的疑问。①

这是英国直到2013年的传统立场,之前从未援引阿根廷放弃马尔维纳斯群岛主权的那个条约的存在,面对一个不知晓条约商定的结果而提出的主张,任何国家都自然会援引那个条约的。

新的声明也显得很幼稚,据它说,贝尔内19世纪20年代建立的定居点得到了英国的批准。这一歪曲历史现实的徒劳企图,只会有助于突出某个不容争议的事实——阿根廷是第一个把文明成功带到马尔维纳斯群岛并在岛上发展
24 人类生存的国家。之前欧洲人的存在主要是出于军事目的。②这本书也将轻而易举地证明英国的这个新论断没有根据,在之前180多年的英—阿争端中从未被提及。

本书有6章,尽可能按照英国手册《官方历史之外:福克兰群岛/马尔维纳斯群岛真实历史》所阐发的论据顺序。本书作者对其内容负有完全、独家的责任,他们没有接受任何指令、资助或报酬来写作此书。

---

① Reproducido en Dagnino Pastore, Lorenzo, *Territorio actual y división política de la Nación Argentina*, Buenos Aires, UBA, Facultad de Ciencias Económicas, 1948, p. 228.

② 布干维尔(Bougainville)的计划是个例外,由于法国承认了西班牙主权,结果将其定居点转让给西班牙,因此他的计划未能成功。之后可以看到这点。

Contents

目录

图片清单

第一章　教皇诏书及马尔维纳斯群岛的发现英国承认西班牙主权 25

第一章探讨帕斯科和佩珀对教皇诏书、《托尔德西里亚斯条约》以及发现马尔维纳斯群岛等问题所做的分析，[1]实际上涉及的是次要话题，因为西班牙以及随之而来的阿根廷主权主张，其实质具有一个基于其他依据的重要理由，诸如：(1)海上强国(其中包括英国)承认该地区(包括马尔维纳斯群岛)属于西班牙；(2)西班牙继承第一占领国的权利；(3)西班牙对马尔维纳斯群岛持续、公开、和平地行使主权，直到1811年。

A. 教皇诏书与《托尔德西里亚斯条约》

授予教皇诏书，亦称为教皇训谕，是中世纪后期欧洲的通行程序，符合那一时期的公法。教皇经常以各种
各样的理由，从罗马皇帝君士坦丁捐赠所有岛屿到基督 26
教君主有义务在全世界传播信仰，授予一些主权所有权。

帕斯科和佩珀声称，1493年教宗亚历山大六世教宗下达的《附加令》(*Inter Caetera*)[他们没有提及《附加令拓展版》(*Dudum Siquidem*)，也没有提到尤利乌二世颁发的《托尔德西里亚斯条约修正案》(*Ea Quae*)]践

---

① Pascoe, Graham y Pepper, Peter, "Más allá de la historia oficial. La verdadera historia de las Falklands/Malvinas", 2008, pp. 3 - 6.

踏了罗马古典法学原则“nemo dat quod non haber”(“谁都不能赠予自己没有的东西”)。基于这个声明,他们坚称教皇没有权力出让某个不属于自己的东西。[1] 然而在教会分裂之前,所有的基督教君主都效仿这种惯例。1155 年英国受益于阿德里安四世的一项诏书,亨利四世被授予对爱尔兰的统治权。也可以回想一下,1297 年詹姆士二世被赐予科西嘉岛和撒丁岛的经营权,15 世纪下半叶给予葡萄牙国王特许权,确保其在非洲的征服,等等。

英国手册声称,法国和英国国王没有接受教皇诏书。可是他们根本没有说明,在颁布这些诏书的时代,上述国家的君主是天主教徒,承认教皇对基督教王子的权威性,使其诏书既能与西班牙和葡萄牙国王抗衡,也能与法国和英国国王抗衡。教皇在国际冲突和领土归属方面的介入,已经变成欧洲公法的一个惯例,普遍被那些视教皇为基督教世界最高权威的人所承认和接受。

英国对西班牙和葡萄牙主权要求的抗议,属于教宗亚历山大六世《附加令》(*Inter Caetera*)所适用的地理范围,而不是该诏书的有效性。对于伦敦来说,北
27 美没有被包括在该诏书里。那是由亨利七世颁给卡博托[2]的专利证书以及在新大陆北部的发现所具有的法律依据造成的。[3] 只是差不多一个世纪之后,英国伊丽莎白女王才把教皇诏书当作“捐赠”来反驳,虽然她承认西班牙对已建立的定居点或有过发现的地区之主权。

英国手册作者反对 1494 年西班牙与葡萄牙之间签订的《托尔德西里亚斯条约》,大概因为它漠视了印加人、阿兹特克人、玛雅人和其他现存民族的权利。[4] 显然这样的争论与马尔维纳斯群岛问题毫不相干。使用这样的论据为所谓英国对新大陆的权利进行辩护,值得引人注目,当时英国已是有史以来最重要的殖民强国,征服了所有大陆的一切民族。马尔维纳斯群岛问题本身就是英国鄙视一个刚刚独立的南美年轻国家权利的又一例子。

《托尔德西里亚斯条约》是一个双边条约,它生效时没有遭到英国的反对,并得到尤利乌二世 1506 年颁发的《托尔德西里亚斯条约修正案》(*Ea Quae*)的批准。其目的是解决契约双方的争端。因此,南乔治亚岛和南桑威奇群岛位于

---

① Pascoe, Graham y Pepper, Peter, *op. cit.*, p. 4.

② 塞巴斯蒂安·卡博托(Sebastián Gaboto, 1484—1557 年):意大利海员、地图绘制员及美洲探险者,曾为英国和西班牙效力。——译者注

③ Cf. Mamadou, Hébié, *Souveraineté territoriale par traité. Une étude des accords entre puissances coloniales et entités politiques locales*, París, PUF, 2015, pp. 58 – 73.

④ Pascoe, Graham y Pepper, Peter, *op. cit.*, p. 4.

《托尔德西里亚斯条约》所确定的划分线以东，这点在阿根廷与英国的争议中无足轻重。

英国手册试图削弱英国承认西班牙在美洲大陆南半球地区主权的重要性，但没有得逞。西班牙认为，这些土地和海洋属于其专属范围，通常只准许其他 28
列强在上述地区仅仅通过约定的途径定居或航行。下一步我们将研究西班牙与英国之间签订的条约体系，通过这些协议英国承认西班牙王室对世界这一地区的独家权利，即 1670 年的《马德里条约》、1713 年的《乌特勒支条约》、1790 年的《埃斯科里亚尔的圣洛伦索条约》或《努特卡海湾条约》，等等。

B. 帕斯科和佩珀承认英国未发现马尔维纳斯群岛

众所周知，18 世纪和 19 世纪的国家及大部分法学家认为，单纯的"发现"不足以拥有主权凭证。然而英国政府把所谓的"发现"变成其主要论据之一。在抗议阿根廷行使主权时英国推动该论据，直到现在还沿用此观点。不过一般而言，发现给予一种可能的主权凭证，之后还必须得到有效占领的完善，并且只有在相关地区没有受制于另一个列强的条件下。[1] 在马尔维纳斯群岛的相关问题上英国无法援引任何这些条件。

帕斯科与佩珀承认发现马尔维纳斯群岛的不是英国水手。只是与该岛的英国"政府"出版的另一个类似手册[2]一样，他们声称，所谓 1592 年约翰·戴维斯眺望马尔维纳斯群岛之举是第一个被公开的事件。不过帕斯科与佩珀承认 29
几十年前伊比利亚航海者就遥望过该群岛，西班牙水手甚至在马尔维纳斯群岛逗留数月，这些岛屿已经出现在各种地图上。[3]（见图 1）

---

① Laudo arbitral en el Asunto de la *Isla de Palmas*（*Estados Unidos/Países Bajos*），United Nations，*Reports of International Arbitral Awards*，Vol. II，pp. 829 – 971.

② Ver la sección "Our history" y el folleto "Our islands our home" en el sitio oficial del "Falkland Islands Government". http://www. Falklands. gov. fk/our-people/our-history/.

③ Pascoe，Graham y Pepper，Peter，*op. cit.*，p. 5.

图 1　1522 年佩德罗·赖内尔地图，上面可见马尔维纳斯群岛

马尔维纳斯群岛的英国“政府”手册更加离谱，继续坚称理查德·霍金斯先生①是第一位要求该群岛属于英国王室的人。值得一提的是，所谓霍金斯的发现/主权要求，直到1622年才公布（在所谓的该事件28年之后）。我们来看一 30
下霍金斯本人对其航线的“神奇”描述：

> 直到纬度49°30′一直是顺风，船在那里朝西转向[他的船只已经离开胡利安港][……]2月2日大概凌晨两点，在我们的西南方向发现了一片陆地，我们没有料到这么快就遇上陆地。我们靠近它，无法推测它会是什么陆地，因为我们几乎处于纬度48°。[……]该陆地是一片外貌不错的平原，有人居住；我们见到许多篝火，但无法与居民说话。[……]有大的淡水河流；不是多山地区；从外貌和温和的气候来看令人想起英国。②

这些描述是根本不可能对应马尔维纳斯群岛的，马尔维纳斯群岛位于南美大陆的东边。霍金斯朝圣胡利安港的西南方向航行，也就是说，朝南美大陆航行。他在南纬48°，而马尔维纳斯群岛在南纬52°。篝火最终排除了一切可能性，马尔维纳斯群岛当时无人居住，霍金斯所见（如果他看见了某个东西）的不是马尔维纳斯群岛。

从1502年起马尔维纳斯群岛被包括在地图和港口地图册里（1502年昆斯曼二世港口地图册、1504年麦欧略港口地图册、1505年尼古拉斯·德·卡维里奥港口地图册、1513年皮里·雷斯港口地图册、1519年洛波·荷梅姆港口地图册以及1522年佩德罗·赖内尔的地图，③等等）。众所周知，马尔维纳斯群岛的第一张专门地图绘于1520年，出自1586年的法国手稿《安德烈·泰韦〈大岛屿志与航行志〉，昂古莱姆人，国王的宇宙志家，在该书中包含几个有人居住和无 31

① 理查德·霍金斯（Richard Hawkins，1562—1622年）：英国航海家、海盗，第一位到达厄瓜多尔加拉帕戈群岛的海盗。1585年担任前往中、南美洲西班牙殖民地探险的英国船队船长。——译者注

② Groussac，Paul，*Les îles Malouines*（1892），Buenos Aires，Ediciones Argentinas SA，1982，pp. 81－82.

③ Arnaud，Vicente Guillermo，*Las islas Malvinas. Descubrimiento，primeros mapas y ocupación. Siglo* XVI，Buenos Aires，Academia Nacional de Geografía，2000，p. 235.

人居住的岛屿图，对这些岛屿进行了描述》，①收藏于法国国家图书馆，目前可以在网上查到。②（见图2）

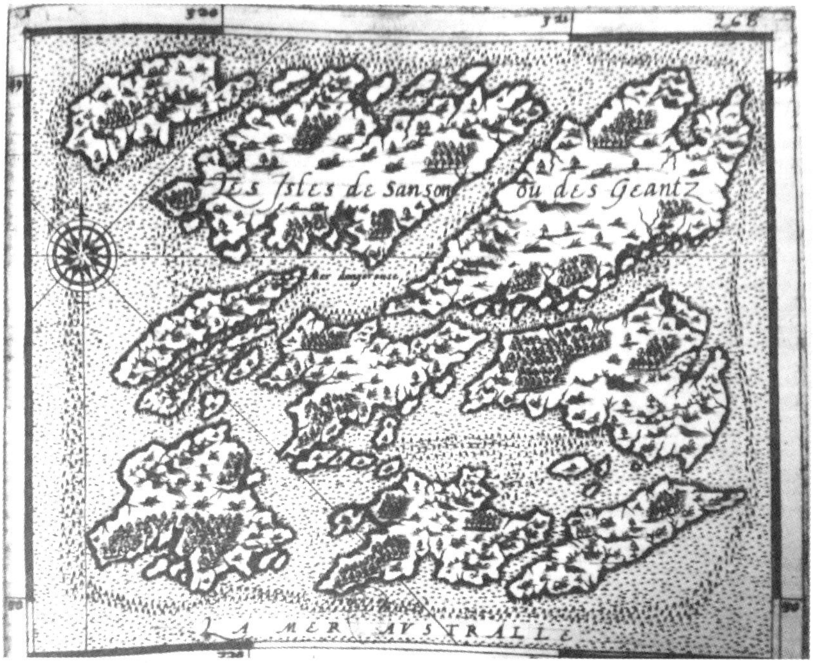

图2　1520年船长—领航员安德烈斯·德·圣马丁③制作的第一张马尔维纳斯群岛专门地图

该地图由麦哲伦探险队船员、船长—领航员安德烈斯·德·圣马丁制作，

① 安德烈·泰韦（André Thevet，1502—1590年）：方济各会修士、探险家、宇宙志学者及作家，16世纪前往巴西，在其著作《南极法国的特点》（*Particularidades de la Francia Antártica*）中详细描写了巴西及其土著居民以及有关法国在南极殖民探险、在里约热内卢定居的历史轶事。——译者注

② http://gallica.bnf.fr/ark:/12148/btv1b9065835g/f44.image.r=Le%20Grand%20Insulaire%20et%20pilotage%20d%C2%B4Andr%C3%A9%20Thevet.langFR.

③ 安德烈斯·德·圣马丁（Andrés de San Martín，？—1521年）：西班牙科学家，以其航海和天文学著作著称。在1518年麦哲伦的探险中担任领航员，与麦哲伦同死于马尼拉的一场海战。——译者注

大概是被麦哲伦探险队“圣安东尼奥”号船长阿尔瓦罗·德·梅斯基塔[1]带到了西班牙。第一个在马尔维纳斯群岛落脚的是该船的队员，这点出自阿隆索·德·圣克鲁兹[2]在其作品《世界所有岛屿总汇，由神圣天主教帝国皇帝和国王的首席宇宙志家阿隆索·德·圣克鲁兹献给陛下》中的记录，此书详细描述了 32
麦哲伦船队在圣胡利安港的停留以及对如今马尔维纳斯群岛的辨认，他称呼该群岛为“参孙和鸭子之岛”，泰韦称它们为“参孙或大力士之岛”。[3]

英国手册作者明显咨询、使用但没有提及的一本相关参考书，是前面引用过的维森特 G. 阿尔诺博士[4]的著作。正如该作者在其详尽的书中所言，1502 年 4 月 7 日（或 16 日、17 日，根据教皇格雷戈里的公历改革）马尔维纳斯群岛的发现应归功于亚美利哥·韦斯普奇的第三次美洲之行（1501 ~ 1502 年），这点出自韦斯普奇 1504 年 9 月 7 日写给索代里尼[5]的那封信，在信中韦斯普奇本人抵达南纬 52°之后说道：

> [……]4 月 7 日我们眺望到一块新陆地，对它大约巡视了 20 西班牙海里，遇到波涛汹涌的海岸，在陆地上没有见到任何港口或人员，我认为是由于强烈的寒冷，船队的任何人都无法避免或忍受。[6]

后来，韦斯普奇在其《四次航行》中扩大了说明：“这么可怕的大风浪持续

---

[1] 阿尔瓦罗·德·梅斯基塔（Álvaro de Mezquita）：葡萄牙航海家，麦哲伦的亲戚。作为编外人员参加了麦哲伦的第一次环球航行，担任“圣安东尼奥”号船长，直到 1520 年被埃斯特万·戈麦斯领导的暴动解职，让该船返回西班牙。在回程中“圣安东尼奥”号船大概是眺望到马尔维纳斯群岛，被命名为“圣安东岛”。这一假设得到 16 世纪欧洲大量绘图的支持，也得到乌拉圭著名历史学家罗兰多·拉瓜达·特里亚斯（Rolando Laguarda Trías）研究成果的支持，他在巴黎国家图书馆找到了该眺望的直接证人的证言。——译者注

[2] 阿隆索·德·圣克鲁兹（Alonso de Santa Cruz，1505—1567 年）：西班牙文艺复兴时期的历史学家兼宇宙志学者。——译者注

[3] Arnaud，Vicente，*op. cit.* ，p. 191.

[4] 维森特·G. 阿尔诺（Vicente Guillermo Arnaud，1925—　）：阿根廷著名外交家、作家、教授和翻译家，阿根廷国家地理学院院士、阿根廷环境科学学院院士、阿根廷国际法协会成员、墨西哥国际法学院院士，曾担任阿根廷驻英国、土耳其、埃及和沙特阿拉伯大使。——译者注

[5] 皮埃罗·索代里尼（Piero Soderini，1450—1522 年）：佛罗伦萨国务活动家，1493 年任驻法国大使。他是航海家亚美利哥·韦斯普奇的好友。——译者注

[6] Arnaud，Vicente，*op. cit.* ，p. 171.

了5天,其间我们只好完全不张帆地航行,驶入大海250西班牙海里。”[1]正如德·甘迪亚[2]向我们解释的,面对一幅地图,置身于南纬52°,沿着那条纬线离开海岸250海里,马尔维纳斯群岛确实就在那里。[3] 法国国王的宇宙志家安德
33 烈·泰韦的《大岛屿志》也对麦哲伦的探险发现深信不疑。

帕斯科和佩珀也承认,1540年一艘西班牙船在马尔维纳斯群岛上岸并逗留了数月。[4] 由于缺乏该船名的记录,尤里乌斯·戈贝尔——知名的美国大学教师,第一次深入研究有关马尔维纳斯群岛主权争端的作者——给它取外号为“谜”。[5]令人惊讶的是,帕斯科和佩珀却对这一事实轻描淡写,强调约翰·戴维斯的“无发现”。“谜”号船的探险得到布拉森西亚主教的赞助,[6]由阿隆索·德·卡马戈统率。根据该船航海日志,1540年2月4日眺望到马尔维纳斯群岛,日志上也说到那些岛屿“在地图上”(也就是说,它们不是陌生的岛屿)。“谜”号船在岛上过冬直到1540年12月3日,也就是说,1540年几乎一整年都是在马尔维纳斯群岛度过的。正如阿尔诺博士所持的观点,由于“谜”号船的航海日志中提到岛屿及海峡数量的详尽细节,因此该船拥有1520年麦哲伦探险的“参孙或大力士之岛”地图。[7]

英国手册说,马尔维纳斯群岛由费尔南多·德·麦哲伦的探险所发现并非事实,而前面的陈述证明恰好相反。此外还要加上布拉森西亚主教舰队的探险以及1540年它们在马尔维纳斯群岛的有效存在。所有这一切彻底推翻了1592年英国“发现”马尔维纳斯群岛的这一受到如此拥护的断言。

---

① Arnaud, Vicente, *op. cit.*, p. 171.

② 恩里克·德·甘迪亚(Enrique De Gandía, 1906—2000年):阿根廷历史学家及社会学家,曾先后在巴黎波旁大学及马德里康普登塞大学学习,在多所欧美大学执教,出版了一百多部作品。——译者注

③ De Gandía, Enrique, “Claudio Alejandro Ptolomeo, Colón y la exploración de la India Americana”, en *Investigaciones y ensayos*, Buenos Aires, Academia Nacional de la Historia, 1972, p. 75.

④ Pascoe, Graham y Pepper, Peter, *op. cit.*, p. 5.

⑤ Goebel, Julius (hijo), *La pugna por las islas Malvinas* (1927), Buenos Aires, edición y traducción del Servicio de Informaciones Navales, 1951, p. 33.

⑥ 西班牙加塞雷斯省布拉森西亚城(Plasencia)主教巴尔加斯于1539~1541年资助了3艘船的探险,号称“布拉森西亚主教舰队”,其目的是越过麦哲伦海峡,在巴塔哥尼亚殖民并推广福音,到达秘鲁海岸。只有阿隆索·德·卡马戈率领的那只船成功,它眺望到奇洛埃群岛(Chiloé)并到达秘鲁的阿雷基帕(Arequipa)。——译者注

⑦ Arnaud, Vicente, *op. cit.*, p. 231.

C. 马尔维纳斯群岛名称之“竞争” 34

关于马尔维纳斯群岛名称之“竞争”，帕斯科和佩珀的手册做了简短的题外话论述，其目的是得出英国名称比目前的西班牙名称早了一个世纪的结论。①显然这点在主权问题上没有任何法律影响。世上存在许多岛屿，其原名由一个国家的水手赋予，但岛屿属于另一个国家。假如不是这样，马尔维纳斯群岛西北端的塞瓦尔德斯群岛（英文叫贾森群岛）或火地岛的合恩角就该属于荷兰了，因为是荷兰航海者给它们起了这样的名字。

严重地是，英国作者歪曲历史，提到西班牙人从未给马尔维纳斯群岛起名。然而，我们看到该群岛的第一张地图是西班牙的，称它为“参孙和鸭子之岛”。正如面对英国企图派遣探险队去马尔维纳斯群岛，西班牙大臣何塞·德·卡瓦哈尔先生②在答复本哈明·基恩③时所指出的那样，后来西班牙人称该群岛为“狮子之岛”。④ 最后流行的西班牙语岛名确实是从法国名字派生出来的，恰好那时欧洲列强开始在马尔维纳斯群岛定居。下面我们将看到法国是马尔维纳斯群岛的第一个有效占领国，西班牙人延续了他们的定居。然而，不合逻辑的是，帕斯科与佩珀却忘记提起英国地名也是变化的，一度称马尔维纳斯群岛为“霍金处女地”。⑤

同一块领土或地理环境在不同语言中的名称不同，这没有什么特别的。马 35
尔维纳斯群岛的英文、法文和西文名字具有传统意义，应该在不同的语言里得到相同的尊重。先前就是这样的。令人遗憾的是，对主权争端的坚持，已经使名字的使用被赋予了政治意义，显然它并不具有这样的意义。这是一个次要问题，到冲突解决的那天无疑也会轻而易举地得到解决。

---

① Pascoe, Graham y Pepper, Peter, *op. cit.*, pp. 5 – 6.

② 何塞·德·卡瓦哈尔（José de Carvajal y Lancaster, 1698—1754 年）：西班牙政治家，作为费尔南多六世时期的国务秘书，推动了为实施 1750 年《西葡边界条约》而组织的奥里诺科河流域界限考察，通过该条约葡萄牙放弃了在萨克拉门托（Sacramento）的殖民地以及在拉普拉塔河自由航行的企图。——译者注

③ 本哈明·基恩（Sir Benjamin Keene, 1697—1757 年）：英国外交官，曾任英国驻西班牙大使。——译者注

④ Keene a Bedford, 21 de mayo de 1749, citado por Caillet-Bois, Ricardo: *Una tierra argentina. Las islas Malvinas. Ensayo en una nueva y desconocida documentación*, Buenos Aires, Ediciones Peuser, 2ª ed, 1952, pp. 46 – 47.

⑤ Groussac, Paul, *op. cit.*, pp. 82 – 83.

D. 双边条约证实英国承认西班牙在马尔维纳斯地区的主权

帕斯科与佩珀毫无章法地肤浅分析了 1670 年、1713 年和 1790 年的条约。[①]这里我们将按照国际法的要求，把条约文本置于其语境之中，根据其意图和目的以及列强对它们的解释和运用来加以分析。在这些条约中英国以不同的方式承诺，不去美洲的西班牙地区航行或与它们进行贸易往来。

(a)1670 年《马德里条约》

英国手册提到的第一个条约是 1670 年 7 月 18 日西班牙与英国之间签订的《马德里条约》。根据该条约前言，其目的是“弥补分歧，遏制捕猎，协调西班牙王室与英国王室在美洲的和平”。该条约第 7 条规定：

36 已经约定，最尊贵的英国国王及其继承人、继位者永远凭借完全的主权、所有权和占有权权利，享有、拥有、占有目前该英国国王及其臣民在西印度或美洲任何地方所具有和拥有的一切土地、省份、岛屿、殖民地和领土：因此永远不得因为本约定或出于其他任何借口，可以或应该谋求其他别的东西，任何争端不得脱离此约定。[②]

帕斯科与佩珀幼稚地断言，该条约就这样承认了英国在北美和加勒比地区的领地，但没有一款类似的条约让英国承认西班牙在美洲其余地方的主权。[③]上述作者再次“忘记”了西班牙主权是“新大陆”的惯例，而英国主权是个例外。质疑英国主权的是西班牙，但英国方面没有同时提出质疑。把一个没有争议的问题处置列入条约没有意义。不过下一个条款就澄清了所有相关疑问。正如我们将要看到的，条款涉及的是禁止英国向西班牙在美洲的领土航行或与它们进行贸易往来。显然，对那些根本不能去的地方是无法获得主权的。

英国手册认为，断言存在“全面禁止在被视为西班牙的属地航行(除非西班牙许可)”这样的禁令是“荒唐”的。是，断言存在的命令。然而，1670 年《马德

① Pascoe, Graham y Pepper, Peter, *op. cit.*, pp. 6 – 7 y 9.

② Calvo, Carlos, *Colección completa de los tratados, convenciones, capitulaciones, armisticios y otros actos diplmáticos de todos los Estados de la América Latina comprendidos entre el golfo de México y el Cabo de Hornos, desde el año* 1493 *hasta nuestros días*, París, A. Durand, 1862, T. Ⅰ, pp. 168 – 169.

③ Pascoe, Graham y Pepper, Peter, *op. cit.*, p. 6.

里条约》第 8 条是有说服力的。它规定：

> 英国国王的臣民将不得把自己的贸易带到天主教国王在西印度所拥有的 37
> 港口或地方，或去这些地区航行，也不能在这些地方做生意；对等的是，西班牙国王的臣民不能去英国国王拥有的地方航行，也不能在那些地方做生意。①

与帕斯科及佩珀所做的阐释相反，该条约第 15 条没有规定绝对的航行自由。该条款规定：

> 本条约绝不会废除同盟国的任何一方在美洲海洋、海峡和任何水域的优势地位、权利和管控；而是在法律赋予他们的相同范围内具有并保留这一切；但必须永远明白，绝对不会中断航行自由的条件是不触犯或做违背这些条款真实意义的任何事情。

换句话说，航行必须尊重该条约第 8 条的规定，否则这一条款将失去所有意义。

英国手册企图援引英国拥有圣埃莱娜岛，作为英国可以在南大西洋航行的证据，②但是，那根本不能证明任何事情，西班牙从来不认为圣埃莱娜岛是自己的，因为它位于《托尔德西里亚斯条约》所划定的葡萄牙范围。英国手册声称该条约“签订时考虑到北美和加勒比地区”。正如我们之前所见，西班牙承认英国
领地，但另外文本清楚地指涉“西印度”或“美洲”，这些术语对于每个列强在其 38
美洲各自地区航行的处置权范围及主权和优势地位的承认，毋庸置疑。

1670 年《马德里条约》构成了当时海上强国之间的一张协议之网，其目的是保护西班牙在自己领地的专属权，并由马德里授予其他列强某些特许。天主教国王陛下保护其在美洲的殖民地，英国在其占有下的北美实施相同的原则。这就是该条约的目标和目的，在我们即将分析的以下文件中也会得到体现。

(b)1713 年《马德里条约》和《乌特勒支条约》

根据 1713 年 3 月 27 日的《马德里条约》，西班牙准许英国在西班牙美洲殖民地从事贩奴贸易。这里相关的一点是航行问题。上述奴隶贸易意味着废除

---

① Calvo, Carlos. *op, cit.*, T. Ⅰ, pp. 169 – 170.

② Pascoe, Graham y Pepper, Peter, *op. cit.*, p. 6.

与西班牙殖民地贸易往来以及在附近海域航行的禁令。此条约第 14 条规定:

> 英国女王陛下已同意当然要向所有臣民公布最严厉的禁令并置于最严苛的惩罚之下,以免除了贩卖黑奴的公司船只,任何英国船只进入南海,[①]或在西印度的其他西班牙所属地方做生意。[②]

39 1713 年《马德里条约》证实了我们对 1670 年《马德里条约》的解释,驳斥了英国作者的阐释。这里明确且不含糊地承认禁止英国船只在南海航行,但英国贩奴公司船只例外。

1713 年 7 月 13 日西班牙与英国签订了《乌特勒支条约》。根据该条约第 8 条确认之前存在的美洲贸易与航行的范围,西班牙承诺不向法国或其他国家出让其在美洲的领土,也不准许他们为了在西班牙领地做生意而航行于此处。第 8 条以下列方式继续声明:

> 相反,为了能够完整保留西班牙在美洲的领地,假如西班牙在西印度领地的旧分界线在任何一处以任何方式出现被践踏和缩小的情况,英国女王保证尽力帮助西班牙人,以便把它们恢复和建立到所提及的天主教国王卡洛斯二世时期的那种状态。[③]

与帕斯科和佩珀的断言相反,这一条款没有使用被西班牙"占有的领土"表述,[④]而是保证所有属于西班牙王室的领土完整性。它指的是"西班牙领地的旧分界线"。除了已被其他国家占有的领地,唯一的"分界线"是由《托尔德西

---

① 本书中出现的"南海"(mar del Sur)是早期西班牙在美洲探险时对如今太平洋的称呼,而不是指中国的南海。下同。——译者注

② Tratado preliminar de paz y amistad entre las coronas de España y de Inglaterra, Del Cantillo, Alejandro (comp.): *Tratados, convenios y declaraciones de paz y de comercio que han hecho con las potencias extranjeras los monarcas españoles de la Casa de Borbón desde el año* 1700 *hasta el día*, Madrid, impr. Alegría y Charlain, 1843, p. 43.

③ Tratado preliminar de paz y amistad entre las coronas de España y de Inglaterra, Del Cantillo, Alejandro (comp.): *Tratados, convenios y declaraciones de paz y de comercio que han hecho con las potencias extranjeras los monarcas españoles de la Casa de Borbón desde el año* 1700 *hasta el día*, Madrid, impr. Alegría y Charlain, 1843, p. 77.

④ Pascoe, Graham y Pepper, Peter, *op. cit.*, p. 6.

里亚斯条约》划定的。[①]

(c)条约适用的一个案例:西班牙反对英国1749年访问马尔维纳斯群岛的计划 40

两个王室之间现有条约适用的一个清晰案例与马尔维纳斯群岛问题直接相关,涉及的是1749年英国海军上将安森[②]前往马尔维纳斯群岛探险的企图。耐人寻味的是,英国政府通知了西班牙政府此次探险之目的,说明他们无意在岛上建立任何定居点。英国的这个态度证实了两个基本点:第一,1749年伦敦不认为自己是马尔维纳斯群岛主权国;第二,相反地,承认西班牙对该地区的主权。

海军上将安森向英国政府提交了一份计划,准备前往马尔维纳斯群岛(以及不存在的"佩帕斯"群岛)探险,该计划被西班牙驻伦敦大使里卡多·沃尔[③]发现,他立马向英国政府及安森抗议。西班牙对马尔维纳斯群岛以及它们属于西班牙、英国没有任何理由前往这些岛屿的事实做了清晰的描述。西班牙照会解释:

> 如果此次出行之目的是在马尔维纳斯群岛建立定居点,这将是针对西班牙的敌意行为,但如果是出于好奇,可以向英国提供所有需要的消息,不必付出探险的代价来满足好奇心。[④]

英国驻马德里大使本哈明·基恩不得不澄清,英国只想发现新的版图,不想在那里建立定居点,并且奉当时在英国国务秘书处南方局任职的贝德福德公爵之令,基恩说:

> 由于没有在任何这两个岛屿建立殖民地之意图,国王陛下的战舰不会接触 41

---

① Cf. Zorraquín Becú, Ricardo, *Inglaterra prometió abandonar las Malvinas*, Buenos Aires, Ed. Platero, 1975, p. 115.

② 乔治·安森(George Anson, 1697—1762年):英国海军上将,18世纪英国贵族,曾做过环球航行,在英法七年战争期间监管英国皇家海军。——译者注

③ 里卡多·沃尔(Ricardo Wall, 1694—1777年):为西班牙效力的爱尔兰裔将军、外交官及大臣,1747年被卡瓦哈尔秘密派往英国,担任全权公使。1752年被任命为西班牙驻英国大使。——译者注

④ Rodríquez Berrutti, Camilo, *Malvinas, última frontera del colonialismo*, Buenos Aires, Eudeba, 1975, p. 40.

也根本不会靠近西班牙海岸的任何部分，国王完全不能理解该计划会在马德里引起任何不满。①

西班牙人再次斩钉截铁地予以否定答复。基恩大使告知贝德福德，西班牙大臣向他表示：

> 获取那些地方的更多信息将是多么的无用，还补充说是西班牙人发现了那些地方，由于那里的海岸有数量可观的海狮，所以给它们取名为“狮子之岛”，在西印度事务院的登记册里十分详尽地描写了这些岛屿的面积和其他状况[……]如果我们不想占领那些岛屿，再次勘察它们有何用途？我们在世界的那个地区没有领地，因此不需要锚地或港口来补充给养。②

由于西班牙的强烈反对，英国人放弃了自己的计划。往来的照会清晰地表明：(1)虽然西班牙在马尔维纳斯群岛没有实际居住，但为了维护其主权，反对英国到达该群岛的任何企图；(2)英国没有对该群岛主权做出丝毫要求，也没有拒绝西班牙的主权主张；(3)按照西班牙对英国的要求，英国同意不派遣自己的探险队。这个具体事例恰好涉及马尔维纳斯群岛本身，它清楚地表明了两个列
42 强之间签订的有关各自在美洲大陆领地的条约意义。马尔维纳斯群岛是西班牙的，英国对此没有异议，也没有要求为自己收复该群岛。

(d)帕斯科与佩珀承认1790年的《埃斯科里亚尔的圣洛伦索条约》或《努特卡海湾条约》适用于马尔维纳斯群岛

英国手册付出了相当大的努力来贬低一个承认西班牙对马尔维纳斯群岛的主权及英国有义务尊重该主权的关键条约，但未能成功。这就是1790年的《埃斯科里亚尔的圣洛伦索条约》，③也被称为《努特卡海湾条约》，1790年10月28日由西班牙王室与英国王室在埃斯科里亚尔签订。尽管做出了努力，但是帕斯科与佩珀不得不承认该条约适用于马尔维纳斯群岛，因此英国承诺不占领

---

① Goebel, Julius, *op. cit.*, p. 225.

② Caillet-Bois, Ricardo, *op. cit.*, pp. 46 – 47.

③ 埃斯科里亚尔的圣洛伦索行宫(San Lorenzo de El Escorial)：位于马德里郊外，这个皇家建筑群建于1563～1584年，包括一座皇宫、一座大教堂、一个皇家陵墓、一个图书馆和一个修道院，曾是西班牙王室的夏宫。它是西班牙和欧洲最独特的文艺复兴建筑之一。——译者注

它们。[1]

争执起源于1789年，当时一名西班牙海军军官受墨西哥总督的委派，在努特卡海湾（温哥华岛附近）抓捕了两艘英国船只，命令其船长和船员转移到墨西哥圣布拉斯港。西班牙抱怨英国臣民践踏了西班牙王室的法律，而英国要求在讨论该问题的实质之前向英国国旗赔礼道歉。为解决这个事端，也为了避免未来的争执，两国签订了1790年《努特卡海湾条约》。[2]

该条约第4条表示：

> 英国国王承诺使用最有效的方法使其臣民在太平洋或南海的航行和捕鱼 43
> 不充当与西班牙定居点非法贸易的借口；为此还明确规定，英国臣民不在上述海域离西班牙占领的海岸不足10海里的任何地方航行或捕鱼。[3]

禁令是明确的，与签订该条约的那一刻西班牙是马尔维纳斯群岛的唯一拥有者这一事实同样清楚。到那时为止西班牙已经任命了其第13届马尔维纳斯群岛总督。毫无疑问，禁令包括马尔维纳斯群岛，帕斯科与佩珀承认这点。[4]

正如尤里乌斯·戈贝尔所言，“根据推论，第6条的条件禁止任何在马尔维纳斯群岛的登陆，因为该群岛已被西班牙占领”。[5]西班牙政府是这样理解的，并采取一切必要措施保护其海岸。该条约适用于马尔维纳斯群岛的一个具体案例是，1794年3月4日马尔维纳斯群岛总督佩德罗·桑吉内托先生发给拉普拉塔总督尼古拉斯·德·阿雷东多[6]的简报，向他通报已经实施了41天的航行，以便执行对马尔维纳斯群岛的巡逻及管控任务。该简报也告知在该地区出现了不同国籍的船只（包括英国船只），并向它们发出了警告，告知它们除非在“灾难或缺水”的情况下，禁止捕鱼和上岸。[7]

---

① Pascoe, Graham y Pepper, Peter, *op. cit.*, p. 9.

② Ferrer Vieyra, Enrique, *Las islas Malvinas y el derecho internacional*, Buenos Aires, Ediciones Depalma, 1984, p. 67.

③ Del Cantillo, Alejandro, *op. cit.*, p. 624.

④ Pascoe, Graham y Pepper, Peter, *op. cit.*, p. 9.

⑤ Goebel, Julius, *op. cit.*, p. 481.

⑥ 尼古拉斯·德·阿雷东多（Nicolás Antonio de Arredondo Pelegrín, 1726—1802年）：西班牙军人、政治家，1789～1795年任拉普拉塔总督。——译者注

⑦ AGN Sala Ⅸ 16-9-8.

当英国作者无法否认一清二楚的事情时，便试图寻找某种诡辩。为此他们
44 想到要强调一个方面，而它不仅不能为英国立场辩解，反而更加支持西班牙/阿根廷的论点。这就是《努特卡海湾条约》第6条，它规定：

> 亦已商定，关于南美东、西海岸及附属岛屿，未来各国臣民不在已由西班牙占领的同一海岸及附属岛屿以南的这些沿海地区建立任何定居点。上述各国臣民只有出于捕鱼、建茅屋以及只为这些意图服务的临时工程之目的，才将保留在这些地方的海岸及岛屿登陆的权利，这点得到充分了解。

显然，该条款不仅再次重申了禁止在已被西班牙占领的海岸和岛屿航行和捕鱼，而且禁止在那些地方建立定居点。

英国作者竭力声称，根据1790年《努特卡海湾条约》的这一条款，准许英国臣民登陆和建造茅屋，等等，[1]但这个许可根本无助于英国的论点。这一许可证明了三点：(1)马尔维纳斯群岛是西班牙的，英国对此予以承认；(2)是西班牙准许英国臣民在其领地开展私人性质的临时活动；(3)在任何情况下这些活动与对西班牙领地行使主权的可能性无关。

对此英国手册最形象的矛盾在于对1790年《努特卡海湾条约》秘密条款的
45 分析。如果其他列强在西班牙占领的海岸和附属岛屿以南定居，该条款便取消了在这方面对英国的禁令。按照《官方历史之外：福克兰群岛/马尔维纳斯群岛真实历史》作者的观点，由于19世纪20年代末阿根廷占领了马尔维纳斯群岛，而1790年它们被西班牙占领，因此秘密条款可以适用，“只要阿根廷在马岛定居，英国立刻”就有资格在该群岛定居。[2] 下面我们将会看到，在同一份手册里，既承认贝尔内的定居是阿根廷的国家行为，几页之后又试图证明相反的观点，想让人以为那是一个私人行动并得到了英国的批准。[3]

英国手册声称，该秘密条款是英国考虑到马尔维纳斯群岛而提出的。[4] 为此援引了一位阿根廷作者的著作，该书汇集了3封写给智利记者兼外交官康拉

① Pascoe, Graham y Pepper, Peter, *op. cit.*, p. 9.

② Pascoe, Graham y Pepper, Peter, *op. cit.*, p. 9.

③ Pascoe, Graham y Pepper, Peter, *op. cit.*, p. 9.

④ Pascoe, Graham y Pepper, Peter, *op. cit.*, p. 9.

德·里奥斯·加利亚多①的私人信函。这纯粹是阿根廷作者的推测,没有提供任何证明。即便这样的推测是正确的,也根本改变不了《努特卡海湾条约》对主权问题明确而具体的影响——1790 年对马尔维纳斯群岛行使主权的是西班牙,英国承诺不妨碍西班牙拥有该主权。

除了明显的矛盾,帕斯科与佩珀的推理还缺乏针对性。如果按照他们的推理思路,1790 年英国担心的应该是法国再次在马尔维纳斯群岛定居或新生的美国对马尔维纳斯群岛的控制,因为在该地区捕鱼和打猎的很多人是新生的美国公民。1790 年还没有发生拉美独立运动,独立运动爆发时,它们被视为西班牙 46
帝国内部战争的一部分。无论是从对自己有利还是对西班牙或阿根廷不利的角度,英国都不能援引秘密条款,正如下面的解释。

关键的一点是,1790 年的《埃斯科里亚尔的圣洛伦索条约》或《努特卡海湾条约》绝对清楚地证明,1810 年阿根廷独立运动开启时,马尔维纳斯群岛是西班牙的,英国承认这一点,并承诺尊重这样的主权。尽管 1833 年阿根廷占领了马尔维纳斯群岛,但英国无法忽视,对于西班牙来说,马尔维纳斯群岛与刚诞生的阿根廷的所有领土一样,依旧是其西印度帝国的一部分。出于以下几种原因也不能从对阿根廷不利的角度援引秘密条款。第一,因为阿根廷继承了西班牙对马尔维纳斯群岛的权利。英国承认阿根廷独立,与其建立外交关系并于 1825 年签订友好条约时,应该尊重阿根廷的领土完整。第二,即便秘密条款生效,可以抗衡阿根廷(情况并非如此),也由于阿根廷继承了西班牙的权利,因而没有"其他列强的臣民"定居,而是继续履行其继承的权利。

英国资料一致认为,1790 年的《努特卡海湾条约》制止英国在马尔维纳斯群岛定居。任何严肃的英国作者、英国政府本身或公务员,都不会认为一旦发生阿根廷的独立,那个秘密条款还能适用。1983 年 1 月 17 日,M. 迪斯教授在众议院②坚持认为:

> 1790 年签订了《努特卡海湾条约》,根据此条约英国放弃未来在南美东西 47

① 康拉德·里奥斯·加利亚多(Conrado Ríos Gallardo,1896—1983 年):智利记者兼外交官,1927~1929 年担任智利外交部长,先后任驻西班牙、秘鲁和阿根廷大使。——译者注

② "Notes on the issue of Falkland Islands sovereignty for House of Commons, Committee on Foreign Affairs", Great Britain Parliament, House of Commons, Foreign Affairs Committee, sesiones 1982 – 1983, Falkland Islands, Minutes of Evidence, 17/1/83, Londres, HMSO, 1983, pp. 127 – 137.

海岸及其附属岛屿建立定居点的行动，皇家海军漠然通报西班牙在（马尔维纳斯）群岛的后续行动。总之，我们踏上一脚（但已有别的脚了）又离开了。[①]

第二个资料可以在约翰·W. 菲尔德撰写的一份日期为 1928 年 2 月 29 日的英国外交部备忘录中看到，作者在此表示：

1790 年 10 月 28 日我国与西班牙签订了一个条约，其第 6 条规定，在南美东、西海岸或附属岛屿，未来任何一方不得在西班牙已占领的同一海岸和岛屿以南建立任何定居点……根据这一条款显然英国被排除在占领福克兰群岛任何地方之外。1795 年 10 月西班牙向英国宣战，这一条约于是被废除。不过，1814 年 8 月 18 日在马德里签订的《1814 年 7 月 5 日英国与西班牙友好同盟条约》附属条款的第 1 条恢复了 1790 年条约。[②]

之前，1910 年 12 月 7 日的英国外交部历史司备忘录得出了相同结论，"根据这个条款（1790 年条约第 6 条）显然英国被制止占领马尔维纳斯群岛的任何部分"。[③]

48 总而言之，《努特卡海湾条约》巩固了西班牙对整个马尔维纳斯群岛的主权。假如 1774 年之后英国人希望重新定居埃格蒙特港，原本是可以在西班牙面前援引 1771 年条约这么做的，下一章我们将对它进行分析。然而，从 1790 年起英国人承诺不这么做。此外《努特卡海湾条约》第 6 条还阻止英国对西班牙主权提出异议、占领任何马尔维纳斯群岛海岸。至于其内容，类似于常设国际法院在东格陵兰岛问题上对"伊伦声明"所做的阐释情况，区别在于不容置疑英国 1790 年承担义务的条约性质：

由此可见，作为对 1919 年 7 月 22 日的伊伦声明所阐发的理解结果，挪威有义务放弃与丹麦争夺在整个格陵兰岛的主权，更加有义务放弃占领部分格陵

① 是指英国定居埃格蒙特港一事。Cf. Ferrer Vieyra，E.，*Las islas Malvinas... op. cit.*，p. 4.

② Memorandum Respecting the Falkland Islands and Dependencies，Confidential（13336），por Field，John. W.，29 de febrero de 1928（FO 37/12735）.

③ Memorandum Respecting the Falkland Islands，Confidential（9755），por De Bernhardt，Gaston. Printed for the use of Foreign Office，January 1911，p. 12.

兰岛。[①]

1810年,是确定阿根廷继承西班牙权利的相关之年,马尔维纳斯群岛毫无疑问是西班牙的。英国不能占领它,也不能要求得到它。阿根廷独立之后在马尔维纳斯群岛的行动绝对不会影响并不存在的英国主权。

---

① Estatuto jurídico de Groenlandia Oriental, CPJI Serie A/B No. 53, pp. 71 – 73.

第二章　第一批马尔维纳斯群岛定居点。1771 年的《马塞拉诺声明》与英国的离港。西班牙的离岛

绪　论

49 本章将研究 1764 ~ 1811 年这个阶段,18 世纪在马尔维纳斯群岛有了第一批欧洲定居点,因此引起法国、西班牙和英国之间的争端。我们将看到,法国是第一个占领马尔维纳斯群岛的国家,但随即承认之前存在的西班牙主权,并把这一占领转让给其合法的主权国。我们也将看到,英国占领该群岛一个岛屿的港口违背了先前存在的条约外,是迟来的、不稳固的、秘密的,之后放弃了该占领。除了前一章研究过的条约外,1770 年事件、1771 年西—英达成的《马塞拉诺声明》、得到西班牙准许的英国撤退、几十年间西班牙对马尔维纳斯群岛实施独家占有和主权直至 1810 年阿根廷独立进程开端,这些都表明阿根廷所继承的西班牙权利是无可争辩的。

50 A. 法国,首位占领国

帕斯科与佩珀一开始正确地声明,路易 – 安托万 ·

德·布干维尔[①]首先在马尔维纳斯群岛建立了一个定居点。[②] 它位于索莱达岛或东岛,布干维尔将它命名为“路易港”,以此向法国国王致敬。考虑到法属殖民地加拿大已经落到英国手中,布干维尔航行之目的是在**马洛伊内**(Malouines)群岛[③]建立定居点,以便“控制南海贸易”。他的计划迅速得到法国当局的批准。1763 年 9 月 15 日,布干维尔与 150 名人员乘坐“鹰”号三桅战舰,在“斯芬克斯”号小型护卫舰的陪同下一起从圣马洛港出发。1764 年 2 月初在马尔维纳斯群岛上岸,3 月 17 日开始殖民地的建造工程。1764 年 4 月 5 日要塞建造完工,布干维尔以国王路易十五的名义举行了占领整个群岛的官方仪式,1764 年 9 月 12 日法国国王批准了这一占领行动(并公之于众)。[④]

B. 英国的秘密出现

法国人占领马尔维纳斯群岛时,英国海军准将约翰·拜伦于 1764 年 6 月 21 日朝东印度方向起航。此行之目的是保密的,到达巴西海岸时披露了本次探险的真正目的:

> 停靠在国王陛下的岛屿,它位于大西洋麦哲伦海峡附近,被命名为“福克兰
> 群岛和佩帕斯群岛”,以便在岛上从事比迄今为止所实施的考察更加仔细的勘 51
> 察,挑选最合适的一个或数个地方,建立一个或数个新殖民地。[⑤]

拜伦于 1765 年 1 月 12 日眺望到陆地(也就是说,在布干维尔正式占领马尔维纳斯群岛几乎一年后),在大马尔维纳岛以西的一个小岛桑德斯岛(特立尼

---

① 路易-安托万·德·布干维尔(Louis-Antoine de Bougainville,1729—1821 年):法国海军军官,是法国第一位完成环球航行的探险家。1764 年他在马尔维纳斯群岛建立了一个小小的法国殖民地,他的行动引起了西班牙帝国的严重关注,因为该群岛离西属大陆的领地实在是太近了。经过一番交涉,法国把它让给了西班牙,但可以随时使用此地,作为到太平洋探险的中转补给站,而布干维尔也获得了全部损失的补偿。——译者注

② Pascoe, Graham y Pepper, Peter, *op. cit.*, p. 7.

③ 这个法国岛名是为了纪念布干维尔探险的出发地圣马洛港(圣马洛是法国布列塔尼地区的一个城市,前往美洲的殖民者很多是圣马洛人),后转变成西班牙语的马尔维纳斯群岛。——译者注

④ Universidad de Buenos Aires, *Colección de documentos relativos a la historia de las islas Malvinas*, Buenos Aires, Facultad de Filosofía y Letras, Instituto de Historia, 1957, Vol. I, p. 351.

⑤ Conway a Lores del Almirantazgo, 20 de julio de 1765 (State Pappers) en Goebel, Julius, *op. cit.*, p. 263.

达岛)登陆,他在那里指示以国王乔治三世的名义在一个名叫埃格蒙特港的地方(西班牙语为“圣战港”)占领“那个港口和附近所有岛屿”。①

值得注意的是,给拜伦的命令是指“福克兰群岛和佩帕斯群岛”,后一个群岛多次被认为是位于马尔维纳斯群岛附近的一个地区,但它们并不存在,英国政府也以为它们是由英国国王陛下的水手“发现的”。在完全知晓数年前西班牙表示反对的情况下,英国政府向其水手下达了秘密指令,使拜伦以为他要勘察的岛屿已经属于英国王室。然而,拜伦接到的指令不包含任何有关占领马尔维纳斯群岛的内容,他只需进行勘察。帕斯科与佩珀赋予了拜伦的行动所缺乏的合法意义。如果把他们对拜伦占领埃格蒙特港的分析与对 1820 年朱厄特为阿根廷占领马尔维纳斯群岛的分析加以比较,就会陷入明显的矛盾境地。正如我们将看到的,帕斯科与佩珀试图剥夺 1820 年阿根廷占领马尔维纳斯群岛的一切意义,因为他们说没有找到布宜诺斯艾利斯政府明确指示朱厄特必须占领马尔维纳斯群岛的命令。但是这两个作者却把主权的价值归属给予拜伦这样
52 的行为。然而,在该行动中他明显僭越了所接受的指令,因为拜伦并未得到占领马尔维纳斯群岛的指示。②

与布干维尔建立殖民地的行动相反,拜伦只是做出自己的声明,竖起英国旗帜,没过几天(1 月 27 日)便起航,没有留下任何定居点,一个月后他派遣“佛罗里达”号船带上新消息前往大不列颠。1765 年 6 月 21 日“佛罗里达”号船到达埃格蒙特港,英国政府决定在该港口建立居民点,因为他们已经得到法国人建立定居点的消息了。

C. 西班牙的抗议及法国承认“依法占有”(uti possidetis)的主权

就西班牙方面来说,法国定居点的消息使其拉响了警钟。1765 年 9 月,西班牙国务大臣格里玛尔迪侯爵③向富恩特斯大使发出指令,让他基于西班牙主

---

① 英国关于马尔维纳斯群岛的“政府”手册提到拜伦在大马尔维纳岛(西福克兰岛)登陆,这是不正确的,因为桑德斯岛(特立尼达岛)与主岛不同。

② Pascoe,Graham y Pepper,Peter,*op. cit.*,p.7.

③ 格里玛尔迪侯爵(Pablo Jerónimo Grimaldi y Pallavicini,1710—1789 年):意大利裔西班牙政治家、外交家,为费尔南多六世和卡洛斯三世效力。曾先后担任西班牙驻瑞士公使、驻法国和低地国家大使,后被任命为国务大臣。1776 年被解职,又出任西班牙驻意大利大使。——译者注

权、法律和政治利益的考量,向舒瓦瑟尔[1]呈送法国撤离马尔维纳斯群岛的正式请求。[2] 面对舒瓦瑟尔的第一次拒绝,西班牙驻法国大使馆大使助理费尔南多·德·马加利翁,对他谈到1749年在得知安森的探险计划时,西班牙是如何在英国面前维护了本国的权利。仅仅24小时之后,舒瓦瑟尔与富恩特斯会晤,接受了西班牙的请求。布干维尔回来时,舒瓦瑟尔向他通报了形势,告知他必须前往马德里商谈转让细节。

D. 秘密占领埃格蒙特港 53

从英国方面来说,1765年9月26日,J. 麦克布赖德少校得到在"福克兰群岛埃格蒙特港"建立要塞的命令。[3] 1766年1月8日少校进入该港口,1766年12月2日麦克布赖德的手下眺望到法国定居点,12月4日他们出现在路易港,之后于1767年1月向英国出发。虽然英国水手声明这些岛屿属于英国国王陛下,但是英国政府并没有对法国出现在马尔维纳斯群岛提出任何正式抗议。与法国的占领及后来阿根廷1820年接管马尔维纳斯群岛相反,英国在埃格蒙特港的定居没有公开宣布。这一事实以及英国抗议的缺失表明,英国政府知道这样的占领违反了与西班牙签订的条约,并且法国首先占领了马尔维纳斯群岛,因此英国只能秘密维持自己的占领。

E. 法国向西班牙移交占领区

1766年4月9日,布干维尔前往马德里,其意图是通报有关殖民地的状况,并把它转交给西班牙。同年5月西班牙大臣们已经得知这位法国水手本人的备忘录,请求补偿在路易港损耗的费用,当月9日,布干维尔在其文件《关于圣马洛人如何在马洛伊内岛定居的思考》中指出,哪些是西班牙在马尔维纳斯群岛定居所必须考虑的目标。[4]

1766年9月13日法国交付了定居点转让的相关文件,并商定了对殖民地 54

---

① 舒瓦瑟尔公爵(Étienne-François, duque de Choiseul, 1719—1785年):曾担任法国驻意大利大使和路易十五的国务秘书、外交秘书。——译者注

② Lennox a Shelbourne, 17 de septiembre de 1766 (RO State Papers, France, 271).

③ Universidad de Buenos Aires, *op. cit.*, T. Ⅰ, pp. 102 - 103.

④ Caillet-Bois, Ricardo, *op. cit.*, p. 102.

所耗费用的赔付。英国手册声称法国与布干维尔不承认先前存在的西班牙权利,[1]布干维尔的文件恰好证明了相反的情况。1766年10月4日,布干维尔递送了他所获赔偿费用的款项收据,该收据的内容如下:(见图3)

路易·德·布干维尔先生,最虔诚的基督教徒国王军队上校。我收到了618,108镑、13个苏埃多、11个迪内罗,[2]这是我提交的一份开支清单所值的价钱,赔偿圣马洛连在天主教国王陛下的马尔维纳斯群岛建立非法居民点而进行探险所造成的损失……通过这些支付并因此遵照天主教国王陛下的命令,我承诺尽全力向西班牙王室上交那些定居点,包括族人、房屋、工程、木料,在那里建造并在探险中使用过的船只。总之,定居点所有属于圣马洛连的东西,如包括在清单中的东西,全部付清了费用,自愿转让给最虔诚的基督教徒国王,圣马洛连及其任何相关人员永远不得向天主教国王的国库收回这一切,也不能索要更多的金钱或其他赔偿。[3]

---

① Pascoe, Graham y Pepper, Peter, *op. cit.*, p. 7. 马尔维纳斯群岛的英国"政府"手册断言西班牙"购买"了该群岛。

② 镑(libra)、苏埃多(sueldo)和迪内罗(dinero)都是西班牙古时的货币单位,1镑=20苏埃多=240迪内罗。——译者注

③ AGN Sala Ⅹ 3-4-5.

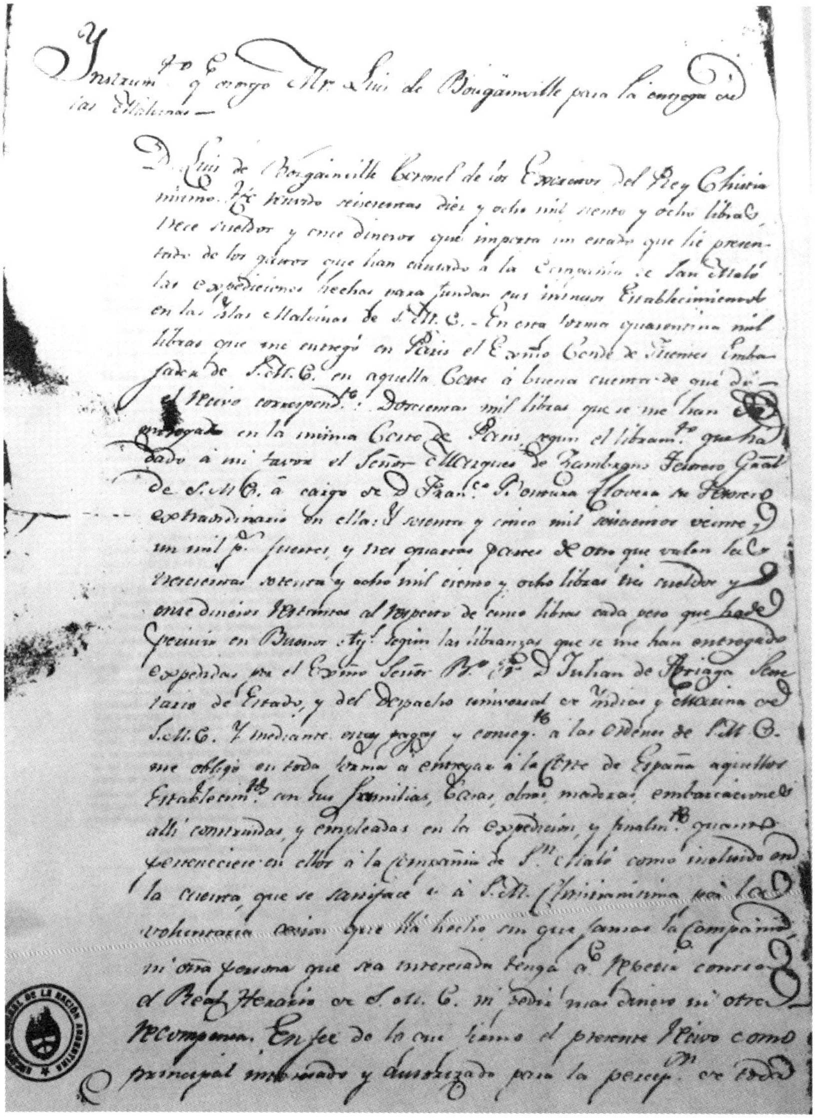
Instrum.to q.e entregó Mr. Luis de Bougainville para la entrega de las Malvinas —

D. Luis de Bougainville Coronel de los Exercitos del Rey Christianisimo. He recivido seiscientas diez y ocho mil ciento y ocho libras trece sueldos y once dineros que importa un estado que he presentado de los gastos que han causado á la Compañia de San Maló las expediciones hechas para fundar sus intrusos Establecimientos en las Islas Malvinas de S.M.C. – En esta forma quarenta mil libras que me entregó en Paris el Exmo Conde de Fuentes Embaxador de S.M.C. en aquella Corte á buena cuenta de que di el Recivo correspond.te Doscientas mil libras que se me han entregado en la misma Corte de Paris, segun el libram.to que ha dado á mi favor el Señor Marques de Zambrano Tesorero Gral de S.M.C. á cargo de D. Fran.co Ventura Llovera su Tesorero extraordinario en ella: Y sesenta y cinco mil seiscientos veinte y un mil p.s fuertes, y tres quartos pesos de oro que valen las trescientas setenta y ocho mil ciento y ocho libras trece sueldos y once dineros restantes al respecto de cinco libras cada peso que he de percivir en Buenos Ayres segun las libranzas que se me han entregado expedidas por el Exmo Señor B.o Fr. D. Julian de Arriaga Secretario de Estado, y del Despacho universal de Indias y Marina de S.M.C. Y mediante estos pagos y conseq.te á las Ordenes de S.M.C. me obligo en toda forma á entregar á la Corte de España aquellos Establecim.tos con sus familias, Casas, obras, maderas, embarcaciones alli construidas, y empleadas en la expedicion, y finalm.te quanto perteneciere en ellos á la Compañia de S.n Maló como incluido en la cuenta, que se satisface, á S.M. Christianisima por la voluntaria cesion que ha hecho sin que jamas la Compañia ni otra persona que sea interesada tenga que repetir contra el Real Herario de S.M.C. ni pedir mas dinero ni otra recompensa. En fee de lo cual firmo el presente Recivo como principal interesado y autorizado para la percep.on de toda

图 3　路易 – 安托万 · 德 · 布干维尔把殖民地转让给西班牙、承认西班牙权利的收据凭证（阿根廷国家档案总馆 X3 – 4 – 5 室）　55

这清楚、明确地表明，布干维尔正式承认其定居点是建造在西班牙领土上，转让该定居点是自愿的。

56 在其著名的《环球纪行》中，布干维尔也以不容置疑的方式叙述了该事件的情况：

> 由于法国已经承认天主教国王对马尔维纳斯群岛的权利，西班牙国王根据众所周知的公法原则，不拖欠任何费用的偿还。不过，由于他接收了我们定居点所包括的船舰、商品、作战物资和粮食储备，那位如此公平和慷慨的国王愿意补偿我们的开支，上述款项一部分在巴黎，其余部分在布宜诺斯艾利斯由其司库交付给我们。①

关于这一点，只需回顾一下舒瓦瑟尔向英国驻巴黎大使所表达的观点，②它不仅证明法国承认西班牙先前存在的权利，而且让英国政府知道了这点。在这种情况下，英国政府再次没有表达任何主权主张，这证明英国不把自己视为主权国，或者尽管自认为是主权国，但放弃在第三方国家面前维护该权利。

在同一场合，费利佩·鲁伊斯·普恩特舰长先生接受命令，他作为马尔维纳斯群岛总督必须负责该殖民地，且岛上当局将隶属于布宜诺斯艾利斯省省长和总司令弗朗西斯科·德·宝拉·布加雷利先生，③必须服从他们的命令。也就是说，马尔维纳斯群岛的管理，从行政角度属于布宜诺斯艾利斯军区司令管辖区的一部分。（见图4）

---

① Bougainville, Louis-Antoine de, *Voyage autour du monde*［1771］, París, Press Universitaires de París-Sorbonne, 2001, cap. Ⅲ, p. 86.

② Lennox a Shelbourne, 17 de septiembre de 1766（RO State Paper, France, 271）.

③ AGN Sala Ⅹ 8－10－3.

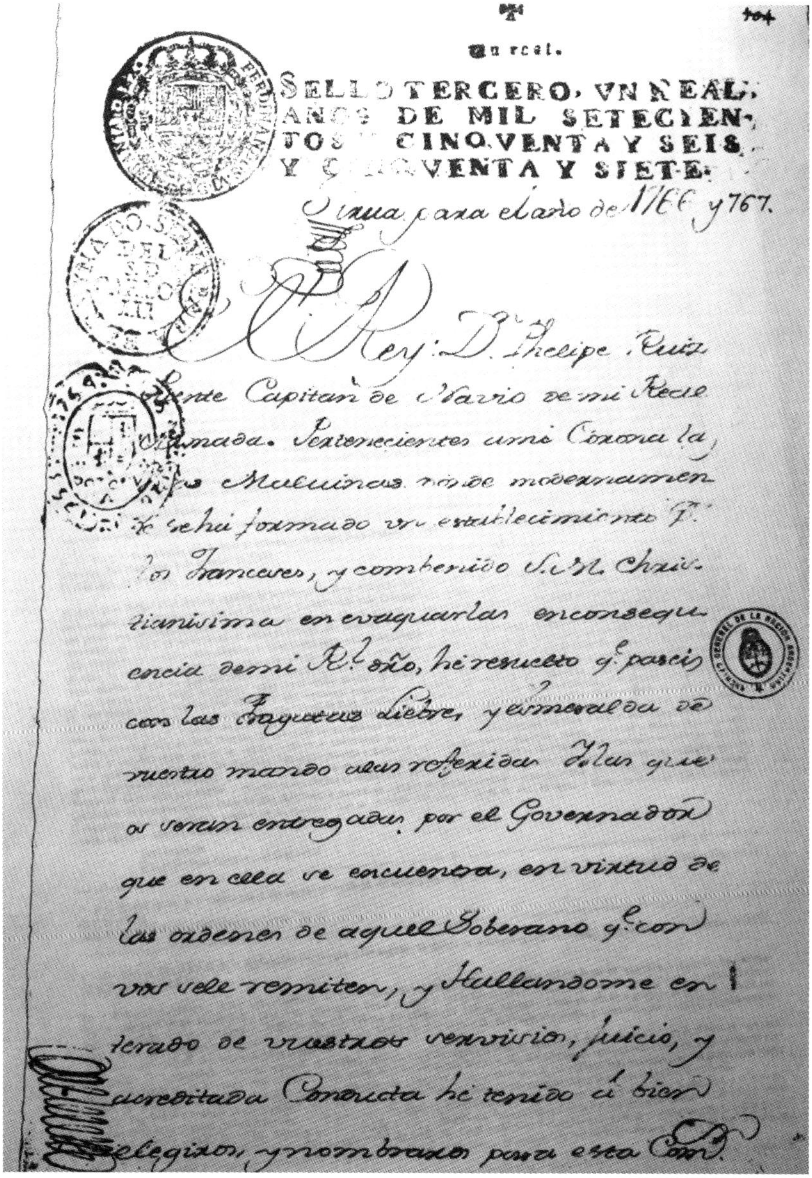
un real.

SELLO TERCERO, VN REAL, AÑOS DE MIL SETECIEN-TOS CINQUENTA Y SEIS, Y CINQUENTA Y SIETE.

Sirva para el año de 1766 y 767.

El Rey: D. Phelipe Ruiz Puente Capitan de Navio de mi Real Armada. Pertenecientes a mi Corona las Islas Maluinas, donde modernamente se ha formado un establecimiento p. los Franceses, y combenido S.M. Christianisima en evaquarlas en consequencia de mi Rl. dro, he resuelto q. paseis con las Fragatas Liebre, y Esmeralda de nuestro mando a las referidas Islas que os seran entregadas por el Governador que en ella se encuentra, en virtud de las ordenes de aquel Soberano q. con vos se le remiten, y Hallandome enterado de vuestros servicios, juicio, y acreditada Conducta he tenido a bien elegiros, y nombraros para esta Com.

图 4　**任命鲁伊斯·普恩特为马尔维纳斯群岛总督且该群岛隶属于布宜诺斯艾利斯省军区司令管辖区的皇家命令（阿根廷国家档案总馆 X8－10－3 室）** 57

1767 年 4 月 1 日,西班牙新总督与路易 – 安托万 · 德 · 布干维尔一起登陆马尔维纳斯群岛。正式向西班牙王室移交这个殖民地,把“路易港”名字改成“索莱达港”。

58 布干维尔明确提及移交的是整个马尔维纳斯群岛,而不像一些英国作者试图证明的仅仅移交了路易港。只要回忆一下这位法国著名航海家的有关话语即可:

> 1764 年 2 月,法国已经在马尔维纳斯群岛设立了一个定居点。**西班牙要求收复这些岛屿,作为南美洲大陆的附属地区,其权利得到国王的承认**,我接到命令,把我们的定居点交付给西班牙人,然后在热带地区穿过南海,前往东印度。[①]

F. 法律角度的马尔维纳斯群岛形势

大约在 1767 年已经有 3 个不同列强定居马尔维纳斯群岛,具有不同程度的合法性。法国可以把第一占领国的权利归于自己,虽然面对西班牙的抗议法国承认这些群岛属于西班牙。这一归属出于该地区被视为西班牙领地的事实,那个时代其他列强也是这样承认的。而拜伦所做的声明缺乏任何法律效应。英国已经承认它们是西班牙的地区,且其他列强确实占领了该群岛,在这个时候做出这种声明纯粹是一种象征性行为。而数年后由麦克布赖德在埃格蒙特港实施的正式占领患有相同的缺陷:不因占领而获得对一块并非“*terra nullius*”(无主地)的主权,既是因为已在岛上定居的国家承认该领土属于其他国家(西班牙),也是因为该领土处于(被法国)占领的事实。

在国际法里,如果没有任何其他国家存在于该群岛的另一部分,占领主岛
59 即占领整个群岛,正如莱维 · 卡内罗法官[②]在**曼達尔群岛**和**艾達胡群岛**事件中面对国际法院所做的解释。[③] 这就是被法国占领时马尔维纳斯群岛的形势。

前一章分析的把西班牙与英国联系在一起的条约体系,使英国不可能在属

---

① Bougainville, Louis-Antoine de, *op. cit.*, p. 61.

② 莱维 · 卡内罗(Levi Fernandes Carneiro, 1882—1971 年):巴西律师、法学家和作家。在国际法领域是巴西在海牙国际法院的成员,1951 ~ 1954 年为该法庭的法官。——译者注

③ 莱维 · 卡内罗法官的个人观点:“……一个国家占领海岸或一个岛屿的重要部分等于完全占领该岛——也应该认为占领一个群岛的主要岛屿也包括了对同一群岛确实没有被其他国家占领的小岛和石礁的占领。”*Asunto de las Minquiers y Ecreos*(*Francia/Reino Unido*), CIJ Recueil 1953, p. 99.

于西班牙王室的美洲海域和领土航行或从事贸易。马尔维纳斯群岛便位于那些西属地区，正如 1749 年安森上将所建议的行动遭到西班牙拒绝所证实的，定居埃格蒙特港明显违反了上述承诺，因此违背了国际法的基本原则——“**契约必须遵守**”（pacta sunt servanda），根据该原则，条约必须得到尊重。

此外，即便假设那一时期马尔维纳斯群岛领地是“**无主地**”（terra nullius）（并非如此），埃格蒙特港的建立也根本没有达到能够获取主权的有效占领的最起码要求。正如我们所见，与法国完成的占领不同，英国的占领是根据埃格蒙特勋爵的命令，在绝对秘密的状态下进行的。[①]理由很清楚，即英国政府知道该领地处于西班牙的职权范围。一项自愿秘密维持的行动是无法与其余国家抗衡的。上述秘密状态到了如此地步，连英国议会本身都不知晓它的存在，因此 60
从未提交对它的相应批准，所以也从未合法地成为英国王室的领土。[②] 正如法国驻伦敦代表弗朗塞斯[③]对英国首相诺思阁下[④]所指出的，英国人实施的“偷偷摸摸”定居没有得到西班牙的承认，无法让西班牙失去自己的权利；关于那个原则的公正性，诺思表示同意。[⑤]

英国定居点显然是一种恶意的占有。英国知晓法国的第一个定居点、西班牙的抗议以及随后的转让，1766 年 9 月 17 日舒瓦瑟尔通报了此事，英国政府对此没有提出任何异议。

可以用布干维尔本人的描述来做出相关结论，他描述完马尔维纳斯群岛之后，以下列方式正确地总结了该群岛的法律形势：“这就是我们把马尔维纳斯群岛交给西班牙人时的状况，首次占领该群岛所赋予我们的无可争辩的权利更加支撑了西班牙的在先权。”[⑥]

---

① Egmont al duque de Grafton, 20 de julio de 1765, *Records of the Admiralty. State Papers, Foreign, Spain, Suplementary, Miscellaneous Papers, 1761 – 1770*, en Ferrer Vieyra, Enrique, *Segunda Cronología Legal Anotada sobre las Islas Malvinas (Falkland Islands)*, Córdoba, EGB, 1993, p. 364.

② Zorraquín Becú, Ricardo, *op. cit.*, 1975, p. 130.

③ 弗朗塞斯，即弗朗索瓦（Étienne-François, 1719—1785 年）：1753 年被任命为法国驻意大利大使，完成了对教皇《唯一诏书》（*Unigenitus*）所引起的骚乱的谈判。这一成功使他被任命为国务和外交秘书（1758 ~ 1761/1766 ~ 1770 年），在七年战争期间领导法国外交。——译者注

④ 诺思（Frederick North, 1732—1792 年）：英国贵族，1770 ~ 1782 年担任英国首相。美国独立战争期间的大部分时间是他在主宰英国的命运。——译者注

⑤ Frances a Choiseul, 22 de diciembre de 1770, AECP, Angleterre, v. 494, f. 418 en Ferrer Vieyra, *Segunda Cronología.... op. cit.*, p. 327.

⑥ Bougainville, Louis-Antoine, *op. cit.*, p. 92.

G. 西班牙驱逐英国要塞

1766年西班牙驻伦敦大使马塞拉诺王子获悉英国一支舰队被派往南大西洋,他立刻向马德里汇报。得知英国人位居一块属于西班牙王室领地的地区
61 时,卡洛斯三世便指示马塞拉诺请求英国政府报告正在发生的相关事件。一开始伦敦的答复要么是不了解情况,要么是拒绝对事件背景做出声明。会谈陷入停滞,因此1766年12月布宜诺斯艾利斯省长弗朗西斯科·德·宝拉·布加雷利先生奉命派人考察马尔维纳斯群岛、巴塔哥尼亚和火地岛海岸,直到合恩角,目的是获取英国定居点方位的信息。①

由于担心英国无限期定居在西班牙领地,西班牙的立场变得强硬。西印度国务秘书胡利安·德·阿里亚加先生明确命令布加雷利"不准许任何英国人的定居点;如果警告不管用,就遵照法律,使用武力把他们从已建好的定居点驱逐出去,不需要更多的命令或指示"。②根据1768年10月15日的这道命令,一支由海军少将胡安·伊格纳西奥·德·马达里亚加率领的舰队从加的斯起航。

进入1769年11月下旬,英国定居点终于被一艘西班牙纵帆船发现。总督鲁伊斯·普恩特立即派出步兵中尉马里奥·布拉塔,由于侵入者在那些地方的滞留"完全与《和平条约》的信念及宗教准则相抵触",③布拉塔奉命责成他们撤离。12月10日英国上尉安东尼·杭特做出回复,声称马尔维纳斯群岛属于英国国王陛下,勒令西班牙人在6个月内撤离索莱达港。

62 1770年2月,布宜诺斯艾利斯省长派遣一支舰队勘察英国定居点并抗议"英国人进入别国领地",④之后,5月他派海军少将马达里亚加、4艘三桅战舰和两条较小船只驱逐入侵者。6月7日至9日,双方互相敦促和威胁,没有取得较大结果。10日马达里亚加认为局势已经无法维持,于是下令占领英国定居点。面对第一批炮弹的轰鸣,英国人投降了,156人交出了武器,埃格蒙特港摆脱了入侵者。

---

① Real Orden del 29 de diciembre de 1766, en Zorraquín Becú, Ricardo, *op. cit.*, p. 38.

② Real Orden del 25 de febrero de 1768, en Zorraquín Becú, Ricardo, *op. cit.*, p. 40.

③ Ruiz Puente a Hunt, 30 de noviembre de 1769, en Zorraquín Becú, Ricardo, *op. cit.*, p. 41.

④ Nota de Rubalcava a Hunt del 20 de febrero de 1770 en Hidalgo Nieto, Manuel, *La cuestión de las Malvinas, contribución al estudio de las relaciones hispano-inglesas en el siglo* XVIII, Madrid, CSIC, 1947, pp. 645 - 646.

H. 避免战争的谈判

1770 年 9 月，英国王室获悉马尔维纳斯群岛发生的事件并向西班牙抗议，西班牙人和法国人准备启动新的谈判，目的是避免或至少延迟武装冲突的爆发。本书无意探究那些漫长而艰难的外交谈判，双方的立场可以按以下方式基本概括：英国人寻求获得无条件的补偿，重建埃格蒙特港；而西班牙提出不赞成布加雷利的行动，恢复对埃格蒙特港的占有。作为交换，英国国王陛下需责备杭特上尉的勒令和威胁，明确保留西班牙对马尔维纳斯群岛的主权问题。

谈判讨论并排除了各种提议，陷入僵局。外交谈判完成时，双方王室都在
加快准备其军事力量。当一切都暗示唯一的出路将是武力时，又发生了一些变 63
化，达成和解变得可能。其中一个变化是英国大臣所做的口头承诺，如果给予英国人所要求的东西，他们之后会放弃埃格蒙特港。以后我们将深究这个问题。为了说服西班牙接受解决方案，不惜任何代价避免新的战争，法国国王路易十五在西班牙国王卡洛斯三世面前援引了一个论点，根据此论点，使用武力不能剥夺单纯的占有，不考虑后者的弊端如何：

> 英国人已经在**马洛伊内**群岛（Maluinas）建立了一个定居点，我知道任何权利都没有批准过他们，但是英国人被陛下武力驱逐时，他们是占有马尔维纳斯群岛的。根据所有法律，一个被剥夺的拥有者应该得以复位，之后再讨论其意图的背景，这点是始终不变的。这就是英国人通过一份声明向陛下所要求的。①

请注意，1833 年英国对阿根廷采取的态度截然相反，当时英国以毫无根据的主权理由开始使用武力驱逐阿根廷的占领。

于是 1771 年 1 月 22 日达成谅解，由马塞拉诺王子做出一份声明，英国政府接受了它。这份著名声明的相关部分如下：

> ……马塞拉诺王子宣布，其天主教国王陛下承诺立马下令，把大马尔维纳
> 岛被称为埃格蒙特港的物件恢复到与 1770 年 6 月 10 日之前完全相同的状态。 64
> 为此天主教国王向他的一名军官下令，把称为埃格蒙特的要塞和港口交给英国

---

① Luis XV a Carlos III，20 de diciembre de 1770 en AHN，Estado，leg. 2850.

> 国王陛下授权的军官，包括所有的大炮、物资供应和属于英国国王陛下及该地现有臣民的货物……马塞拉诺王子同时以其国王主子的名义宣布，天主教国王陛下向英国国王陛下承诺恢复其对埃格蒙特港口和要塞的拥有，但这绝对不能也不应影响马尔维纳斯群岛、也被称作福克兰群岛的主权在先权问题。①

英国手册声称，阿根廷使用了《马塞拉诺声明》的虚假译文，并且主权的保留适用于双方国家。②这两个声明是错误的。上述引文与帕斯科及佩珀手册所包含的是同一段引言，它根本无助于支撑主权“相互”保留的论点。英国的接受只局限于接受西班牙王室的声明，将它视为“对冒犯英国王室的赔礼道歉”。③

65 帕斯科与佩珀强调，在谈判过程中英国政府没有接受任何一项明确承认西班牙主权的建议。假如接受的话，会被视为丢脸和无法接受的，因为英国公众舆论一直十分关注英国从埃格蒙特港被强行驱逐出去的消息。但没有使用明确的方式承认西班牙主权这一事实，并不意味着西班牙放弃自己的立场、委婉地接受对方的立场。在最后的文本里，其中只有一方提出保留主权，这一方即西班牙，另一方则没有提出。西班牙方面唯一归还的是一个要塞的占有，并声明该归还并不影响主权问题。此处的主权除了西班牙主权还能涉及什么主权呢？正如英国手册天真地断言，一个肯定自身主权的国家保留另一个国家的所谓主权，这应该是荒唐的。

再者，马塞拉诺的声明没有谈到法律补救或恢复主权权利，而仅仅是占有地的归还，不是整个群岛，也不是特立尼达岛或桑德斯岛（英国定居点位于此

---

① 该文本在大量作品中重复。例如请看 Goebel, Julius, *op. cit.*, p. 400, AGS, Estado, legajo 6980, anexo a la carta No. 2042；De Martens, Geo. Fred., *Recueil de traites d'alliance, de paix, de trève, de neutralité, de commerce, de limites, d'echange etc... des puissances et etats de l'Europe... depuis* 1761 *jusqu'à présent*, Tome 1 (1771 - 1779), Gotinguen, 2ªed., Librairie Dieterich, 1817, pp. 1 - 2；Parry, G., *The Consolidated Treaty Series (1767 - 1772)*, Vol. 44, Nueva York, Oceana Publication Inc., 1969, pp. 425 - 426；Del Cantillo, Alejandro, *Tratados*, *op. cit.*, pp. 519 - 520；Almon, J., *A Collection of All the Treaties of Peace, Alliance and Commerce, between Great-Britain and Other Powers: From the Revolution in* 1688 *to the Present Time*, Londres, Vol. II, Opposite Burlington, 1772, pp. 328 - 330；British and Foreign State Papers 1833 - 1834, Vol. 22, Londres, 1847, pp. 1387 - 1388。

② Pascoe, Graham y Pepper, Peter, *op. cit.*, p. 8, y de los mismos autores: *Historia falsa sobre las Falklands/ Malvinas ante la Organización de las Naciones Unidas: Cómo Argentina engañó a la ONU en* 1964 *y sigue haciéndolo*, 2012, p. 3.

③ AGS, Estado, Legajo 6980, anexo a la carta No. 2042；en Zorraquín Becú, Ricardo, *op. cit.*, pp. 199 - 200.

岛)或附近的大马尔维纳岛,而只是“称为埃格蒙特的要塞和港口”。仅仅是外形复原了英国对港口和要塞的占有。英国也同样表达了接受,却没有澄清也没有修正地理位置,而唯一明确谈及的也是“埃格蒙特港口和要塞”。[1] 英方也没有提到恢复其主权权利,而仅仅是恢复事实上的**现状**(statu quo),最后,同样重要的是,英国对于西班牙在其声明最后一段所做的权利保留什么也没说,以这种方式形成了对该声明不言而喻的接受。法国驻伦敦代表强调了这一点,他认 66
为:“英国接受这一主权保留而没有提出异议时,它就默默承认了西班牙的权利,由于英国的沉默,这些权利……获得了新的效力。”[2]

威廉·皮特[3] 1771 年 1 月 25 日在英国议会上称《马塞拉诺声明》“像是一个可耻的承诺。没有赔偿也没有赔礼道歉。权利没有得到保障,甚至归还也是不完整的:只归还了埃格蒙特港,但不是福克兰群岛”,[4]当时他同样是这样理解该声明的。

在缺乏任何引文支撑的情况下,英国手册声称,那个时代的英国著名知识分子塞缪尔·约翰逊博士[5]“证实”了手册作者的阐释,即两国保留各自对主权的立场。这并非出自约翰逊博士有关埃格蒙特港冲突的出版物,相反地,这位英国知名作家在其短文中说:

(西班牙主权)的保留助长了许多怨声。假如声明中没有包括这点,或许英国大臣会更满意。但是,由于我们得到了所要求的一切,为何还要抱怨没得到

---

[1] AGS, Estado, Legajo 6980, anexo a la carta No. 2042; en Zorraquín Becú, Ricardo, *op. cit.*, pp. 199 - 200.

[2] Frances a La Vrilliere, 22 de enero de 1771, en AECP, Angleterre, Vol. 495, fols. 79 - 81; cit. Zorraquín Becú, Ricardo, *op. cit.*, p. 86.

[3] 威廉·皮特(William Pitt, 1708—1778 年):查塔姆公爵,英国辉格党政治家,首相。七年战争中,英国的实际领导人。他的精力和战略眼光使得他能够获得一系列的胜利,从而改变了未来几个世纪的世界面貌。——译者注

[4] *The Parliamentary history of England from the earliest period to the year* 1803, Vol. XVI, A. D. 1765 - 1771, Londres, Hansard, 1813, p. 1339.

[5] 塞缪尔·约翰逊(Samuel Johnson, 1709—1784 年):英国作家、文学评论家和诗人。1728 年进入牛津大学学习,因家贫而中途辍学。经过 9 年的奋斗,终于编成《英语大辞典》(1755),从此扬名。1764 年协助雷诺兹成立文学俱乐部,参加者有鲍斯韦尔、哥尔德斯密斯、伯克等人,对当时的文化发展起了推动作用。一生重要作品有长诗《伦敦》(1738)、《人类欲望的虚幻》(1749)、《阿比西尼亚王子》(1759)等,还编注了《莎士比亚集》(1765)。——译者注

> 更多的东西呢?①

英国人要求的全部东西是恢复对埃格蒙特港的占有及对所遭受的冒犯赔礼道歉。约翰逊还说:

> 67 询问我们在埃格蒙特港的定居是否践踏了西班牙的权利,那就等于卷入一场争论,政治辩论者的坚持会使争论没完没了地继续下去。因此我们要求归还(埃格蒙特港),不是作为权利的转让,而是作为名誉的补偿。②

约翰逊博士的分析根本没有维护英国手册大胆而不公平的阐释。总之,西班牙仅仅归还了对埃格蒙特港的占有,并保留它对整个马尔维纳斯群岛的主权,英国政府乐于接受这一切,作为对其名誉受到武力行动玷污的赔礼道歉,丝毫没有要求恢复其所谓的主权。

I. 英国撤离埃格蒙特港的秘密承诺

从 1771 年签订条约的那一刻起,关于秘密承诺的存在已经书写、评论了很多,根据此承诺,归还埃格蒙特港、挽救英国名誉之后,该港口随后将被放弃。由于国内政治和公众舆论等问题,该承诺无法以书面形式履行。帕斯科与佩珀大胆表示这样的承诺不存在。他们使用的唯一理由是,1829 年英国政府在几乎半个世纪里,首次重新对马尔维纳斯群岛产生兴趣时,国王律师赫伯特·詹纳先生声称无法找到证明此承诺是真实的文件。③ 显然这是一个十分贫乏的论
68 据,尤其当知道詹纳的意图在于找到为所谓英国对马尔维纳斯群岛的主权进行辩护的论据时。

即便没有找到一份包含该承诺的书面文件,也存在大量证据清楚地表明,至少存在这种口头承诺及其内容。西班牙及法国驻伦敦大使的信件往来、英国外交照会、英国议会和媒体的辩论形成了存在这种承诺的一整套十分牢靠的

---

① Johnson, Samuel, *Thoughts on the late transactions respecting the Falklands Islands*, 2ª ed., Londres, Cadell, 1771, p. 36.

② Johnson, Samuel, *Thoughts on the late transactions respecting the Falklands Islands*, 2ª ed., Londres, Cadell, 1771, p. 64.

③ Pascoe, Graham y Pepper, Peter, *op. cit.*, p. 8.

迹象。

诺思阁下在数个场合向西班牙及法国驻伦敦代表马塞拉诺和弗朗塞斯表示,应该相信英国人,如果满足他们的要求,他们将放弃马尔维纳斯群岛,这点出自马塞拉诺和弗朗塞斯的照会。①罗奇福德大人指出“英国人没有保留福克兰群岛的意图”②时,他也表达了同样的看法。

尽管马塞拉诺对是否相信英国人的善意犹豫不决,但他还是于 1770 年 12 月 9 日通报,英国国王陛下的大臣“等待我们的邮件回复,想看看国王是否同意最后这项计划,愿意相信该内阁的善意,他们暗示在我们给予其所要求的赔礼道歉之后将撤离大马尔维纳岛。”③这毫无疑问地表明承诺存在。同月末马塞拉诺再次报告:

> 诺思坚持要我们相信他们,给予他们所要求的赔礼道歉,不要犹豫……这
> 位大臣不愿意让人说是他向马塞拉诺建议了(此协定),两位国务秘书也不肯卷 69
> 入其中,因为他们打算在上议院表示,绝对没有从一开始就打消要求无条件赔礼道歉的念头:他们说,这样的话,今后在处理权利问题或自动放弃一座不仅海军军官而且民众也认为开支庞大的岛屿时,他们更有掌控力;他们断言无法通过协议渠道答应最后一条,因为议会大概会说他们投靠西班牙,不懂得维护英国的权利,这不仅会让他们丢了职位,而且会掉脑袋。④

这封信,加上法国国王不惜任何牺牲维持和平的请求,造成的结果是 1771 年 1 月 2 日格里玛尔迪向马塞拉诺下达命令,表示:

> 既然(英国人)不愿意同意就撤离马尔维纳斯群岛一事作出明确约定,以为如果撤离是有条件的,那赔礼道歉就被淡化了,但向我们保证之后他们会撤离

---

① Carta de Masserano a Grimaldi, noviembre 28 de 1770, No. 2003, en AHN, Estado, leg. 4274 (1), p. 7. Carta de Masserano a Grimaldi, diciembre 3 de 1770, No. 2008, en AHN, Estado, leg. 6980.

② Carta de Frances a Choiseul, noviembre 29 de 1770, en AECP, Angleterre, Vol. 494, fols. 259 – 263.

③ Carta de Masserano a Grimaldi, diciembre 9 de 1770, en AGS, Estado, leg. 6980, carta No. 2011.

④ Carta de Masserano a Grimaldi, diciembre 31 de 1770, en AGS, Estado, leg. 6980, carta No. 2020.

福克兰群岛，希望我们相信他们的话；国王已决定将该计划调整如下，即保全英国的面子，搁置撤离马尔维纳斯群岛的谈判，英国人需接受这个提案，即便是口头的。阁下要尽可能以最佳方式达成此约定。[1]

大量英国来源的证据是一致的。《马塞拉诺声明》之后没几天，英国驻马德里代表报告，“据说我们已经口头做出了两个月内撤离福克兰岛的承诺”。[2]（见图5）

70 **图5 有关西班牙—英国谈判的讽刺形象，上面可见马塞拉诺王子踩着英国国旗，诺思阁下在他面前鞠躬，把一张写有“福克兰群岛”的纸条交给王子**[3]

---

① Carta de Masserano a Grimaldi, enero 2 de 1771, en AHN, Estado, leg. 4261(2).

② Harris a Rochford, febrero 14 de 1771 (Record office, State Papers, Spain, 186, No. 80).

③ Courtesy of the John Carter Brown Library, Brown University, Providence, U. S. A.

下院议员伊萨克·巴雷上校①致信威廉·皮特，表达以下观点：

我怀着最诚挚之心提笔告知大人，我刚从下议院回来，诺思阁下在那里向我们通报，马塞拉诺王子今天上午提交了一份西班牙国王签署的声明，国王陛下已经接受了该声明，下周五它将被送至国会……根据我得到的消息，条款不是十分体面……岛屿将由我们占有，据说存在一个秘密条款，拯救西班牙王室在该群岛的权利和野心，这好像是我们承诺将来某一天要偷偷放弃这个地方。② 71

1771 年 3 月 5 日托马斯·波纳尔③在英国国会的表态也十分明确：

不管协议可公开的方式是什么，目的挑明了，我们一方将以实际转让岛屿或逐渐放弃它而告终。没有任何这些想法，即一旦弥补了被暴力和敌对的方式从那个岛屿驱逐出去而对我们的声誉所造成的伤害，一旦我们被置于自发离岛的境地，不言而喻，明摆着我们得转让它；没有一点这样的想法，整个谈判是无法解释和理解的，但采取这种方式，正如着手彼此商定的事项，一切都是明确和清晰的，只有一种解释。④

查塔姆公爵在其发言中也毫不含糊："看来存在一个可耻的承诺。没有赔礼道歉也没有赔偿。权利没有得到保障，归还是不完整的；只归还了埃格蒙特港，而不是福克兰群岛。"⑤

查塔姆公爵的分析无可辩驳： 72

罗奇福德大人与马塞拉诺王子谈判的时候，斯图亚特·麦肯齐先生与法国驻伦敦大使馆的秘书弗朗索瓦（弗朗塞斯）先生谈判。总之，1771 年 1 月 22 日

---

① 伊萨克·巴雷（Isaac Barré，1726—1802 年）：爱尔兰军人和政治家，随英国军队参加七年战争，后成为英国国会议员，威廉·皮特的坚定支持者。——译者注

② "Correspondence of William Pitt, Earl of Chatham", Vol. Ⅳ, edited by William Stanhope Taylor, Esq, and Captain John Henry Pringle, Londres, A. Spottiswoode, 1840, p. 71.

③ 托马斯·波纳尔（Thomas Pownall，1722—1805 年）：英国政治家、殖民地军官，1757～1760 年担任马萨诸塞湾省长。1760 年返回英国，继续关注殖民地事物。——译者注

④ Hansard, XXVI, 1385－1402.

⑤ "Correspondence of William Pitt, Earl of Chatham", Vol. Ⅳ, *op. cit.*, p. 87.

国会开会之前1小时左右,在法国的命令下西班牙大使签署了一份声明,商定了一份赔偿,以便把福克兰群岛归还给英国国王陛下,但里面没有提及获得这份声明的重要条件。这个条件即英国军队一旦占领了埃格蒙特港口和要塞之后,必须尽早撤离福克兰群岛。①

笔名为朱尼厄斯②的著名作家或记者,在《公共广告人》发表来信,他以相同的措辞表达了自己的批评,如他在1771年1月30日的那封信中表示,《马塞拉诺声明》把埃格蒙特港描述为:

不是作为国王领地的一部分或个人领域,而仅仅是一种占有,明确选择这个词是为了让它与权利的概念对立,并且被排除在权利概念之外,为了让我们准备好最终既放弃权利又放弃占有……看来许诺了根据一项秘密约定任何东西都可以放弃,那就得小心一点,以便在公众面前保全面子。③

73 朱尼厄斯在1771年2月13日的另一封来信中重提此事,关于《马塞拉诺声明》他断言:

……那个条款也包括一个私下的暗示或鼓励天主教国王等待一个明确的保障(虽不能说是确切的,倒更有可能),即不仅现在还给我们的埃格蒙特港,而且整个岛屿,将在适当的时候(只要他们敢启动此事)交给西班牙王室。④

而《公共广告人》也声称:"……西班牙协议包括了几项秘密条款,我们在

---

① "Anecdotes of the Right Honourable William Pitt, Earl of Chatham", Vol. Ⅲ, cap. 39, en Zorraquín Becú, Ricardo, *op. cit.*, p. 95.

② 朱尼厄斯是1769～1772年在伦敦一家报纸上发表一系列抨击英国内阁的不知名作家的笔名。——译者注

③ "Junius: including letters by the same writer under other signatures; to which are added his confidential correspondence with Mr. Wilkes, and his private letters to Mr. H. S. Woodfall; a new and enlarged edition...", by John Wade, 2 vols., Londres, 1884, Letter XLⅡ, Ⅱ, 318－319, en Zorraquín Becú, Ricardo, *op. cit.*, p. 97.

④ John Wade, 2 vols., Londres, 1884, Letter XLⅡ, Ⅱ, 343－344, en Zorraquín Becú, Ricardo, *op. cit.*, p. 98.

其中可耻地出让了自己对马尔维纳斯群岛的权利。”①

英国手册只是忽略了所有这些大量的文件。可以得出结论的是，关于英国方面做出放弃埃格蒙特港——随之而来的所有主权幻想——的秘密承诺，证据无可争辩。这一证据既来自谈判的直接参与者，也来自介入此事的官员。后来的事实也确认了这一证据：1774 年英国撤离埃格蒙特港，虽然留下了一块匾牌和一面国旗，但英国再也没有实施任何占有、管辖或抗议行动，尽管西班牙待在整个马尔维纳斯群岛，特别是马尔维纳斯群岛的西班牙当局摧毁了要塞，撤掉了英国的象征物。这种承诺是有约束力的，即便没有正式签订。**契约必须遵守原则**（Pacta sunt servanda）。不管怎样，即便不存在这种承诺，英国也撤离了埃格蒙特港，并且没有在西班牙面前保留任何主权，我们之后将看到这点。

J. 一归还埃格蒙特要塞英国就开始逐步撤退 74

1771 年 9 月 16 日，受马尔维纳斯群岛西班牙总督费利佩·鲁伊斯·普恩特派遣，西班牙军官弗朗西斯科·德·奥杜尼亚将埃格蒙特港交付给英国舰长约翰·斯多特。② 英国作者好像忘记了一个不可抗拒的逻辑：如果马尔维纳斯群岛是英国的，那么准许西班牙出现在岛上的应该是英国。那一切将不会发生，而是完全相反，然而在整个历史上根本不存在英国抗议西班牙出现在马尔维纳斯群岛的照会。

1772 年年初，英国政府开始他们的行动，把埃格蒙特港驻军缩减到最少，这得到了海军部的同意。同年中旬进行换防时，英国的存在缩小到 50 人和一条小船。这次兵员缩减向英国驻马德里大使做了通报，以便他告知西班牙政府。③ 1774 年 2 月 10 日，罗奇福德大人向西班牙驻伦敦大使通报，由于“经济体制”的后果，英国人决定撤离马尔维纳斯群岛的守军，正如之前向马塞拉诺所表示的，如果西班牙坚持要英国放弃马尔维纳斯群岛，那英国人是不会这么做的，但如果让英国人自由地做自己想做的事，那么他们会在最意想不到的时候放弃马尔维纳斯群岛。④第二天罗奇福德致信英国驻马德里大使，出于“减少西印度海上

---

① AGS, Estado, leg. 6980.

② Caillet-Bois, Ricardo, *op. cit.*, p. 148.

③ Rochford a Grantham, marzo 6 de 1772, *British and Foreign State Papers*, Vol. 22, p. 1393.

④ Francisco de Escarano a Grimaldi, febrero 11 de 1774, en Hidalgo Nieto, Manuel, *op. cit.*, p. 261.

军力的目的”，将遣返设置在马尔维纳斯群岛的部队，并且“考虑到之前发生的
75 相关事情，他倾向于认为西班牙人会对该行动感到满意”。[1]强调英国通报西班牙之举是很有趣的。如果英国自认为是主权国，那就不可能有这样的通告。即便有通告，目的应该是保留主权，尤其是撤退的列强知道另一个列强将逗留在这片领土上。而英国既没有这类保留主权的通告，也没有要求西班牙撤离的请求，更没有“批准”西班牙留在该领土上。另外，所援引的动机令人难以置信。50名人员在英帝国的军事预算上能有什么经济影响？其换岗每年进行一次，不管怎样他们将被调用到其他地方。如果弃岛的动机是减少在西印度的海军，为什么只遣返埃格蒙特港的守军？

总之，1771年的英国是那个时代最大的军事强国之一，准备为埃格蒙特港开战，但第二年对配置在那里的兵员进行了相当大的缩减，仅仅2年之后，“因经济问题”下令50人的守军弃岛。很容易就可以理解放弃埃格蒙特港是出于比纯粹的预算调整性质更加重要的动机所在。

不可抗拒的事实是，1771～1774年英国政府唯一希望的是挽回自己的形象。如果没有条件维持其在埃格蒙特港的阵地，离开时留下其象征物的单纯事实，将绝对无法维持英国对该地区的任何所有权，我们接下来将看到这点。

76 **K. 1774年英国对埃格蒙特港的放弃以及西班牙对整个群岛的独占**

无论英国放弃的动机是什么，该行动于1774年5月中旬开始实施，留下了一块铅匾，在上面声称马尔维纳斯群岛属于英国国王。正如我们通过美洲大发现所见，仅仅一个象征性行动（如立一个十字架或一块牌子）不足以建立主权权利，这样的象征性行动更不可能在时间的变迁中维持一个（不存在的）主权权利。这还不是全部。

甚至在英国人正式离开之前，马德里的西班牙政府就已向马尔维纳斯群岛总督发布命令，确保英国人不再回到岛上。在1774年4月9日的备忘录中，西印度国务秘书胡利安·德·阿里亚加对马尔维纳斯群岛总督说：

由于伦敦王室最近提出放弃在大马尔维纳岛所建的定居点，从那里撤离为数不多的部队和居民，国王希望您知晓此事，目的是因此谨慎、小心地观察英国

---

① Rochford a Grantham, febrero 11 de 1774, en Goebel, Julius, *op. cit.*, p. 456.

人是否确实放弃了上述定居点,没有在那边附近地区开启另一个新的定居点,如果您在英国人申明的条件内核实了此事,要不时地重复这一差事,确保英国人不回到那个地方,向我尽可能详细通报那里无论现在还是将来所发生的一切。[①]

这份备忘录特别重要,原因有几个:(1)因为很明显西班牙政府得到了英国撤离的正式通报,并将它理解为放弃;(2)因为西班牙政府明确表达了对直至那 77
时由英国占领的港口实施主权的意图;(3)因为西班牙明确表达了不允许英国人返回的意图,这意味着实施主权和独占马尔维纳斯群岛的意志;(4)因为无论是英国的举动还是西班牙的备忘录,都证实了 1771 年英国承诺一旦埃格蒙特港被归还就放弃它的论点。

首先在 1774 年 11 月,之后在 1775 年 2 月,这些命令得以执行。1775 年年末,胡安·德·拉培尼亚船长能够确认已无人在英国定居点或来到此地。1776 年 1 月 24 日,领航员胡安·帕斯夸尔·卡耶哈斯撤掉英国人留下的匾牌,把它挪到了布宜诺斯艾利斯。[②] 1777 年 6 月 30 日,西印度事务院大臣何塞·德·加尔韦斯[③]向拉普拉塔河总督发布了一道皇家命令,以便“着手烧毁已完成的或开工的所有类型的建筑,对出于同一动机积存的物资采取相同的处理办法”。[④] 1780 年年初,由卡耶哈斯率领的一支探险队执行了这道命令,清除了英国在马尔维纳斯群岛存在的所有遗迹。(见图 6)

---

① AGN Sala Ⅶ,Fondo Biblioteca Nacional,T. 189.

② Caillet-Bois,Ricardo,*op. cit.* ,p. 152.

③ 何塞·德·加尔韦斯(José Bernardo de Gálvez y Gallardo, 1720—1787 年):西班牙法学家和政治家,被视为波旁王朝改革的主要推动者之一。1776 年被任命为西印度事务院大臣,同年他设立拉普拉塔总督辖区,主要目的是扩大该地区的人口定居,抵制英国的渗透。——译者注

④ Real Orden del 30 de junio de 1777,“Memoria de Gobierno ppresentada al Marqués de Loreto por su antecesor el Virrey de Buenos Aires don Juan José de Vértiz”,en *Revista del Río de la Plata*,Vol. 2,Buenos Aires,Impr. Y Lib. de Mayo,1871,p. 647.

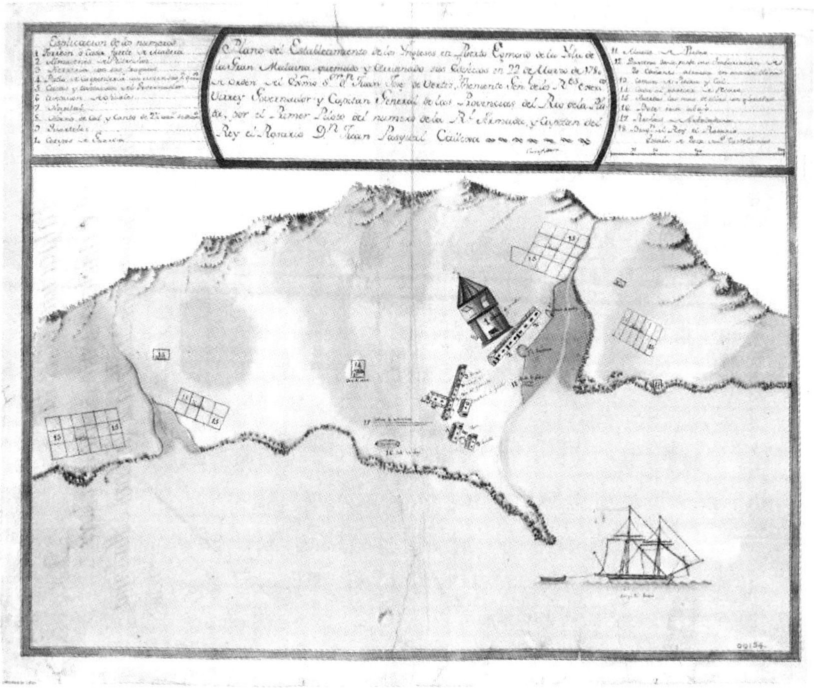

78 **图 6 被西班牙人摧毁的埃格蒙特港地图，上面写着说明：“英国人在大马尔维纳岛埃格蒙特港定居点地图，1780 年 3 月 22 日，皇家海军在编大副、‘玫瑰经’号国王的舰长胡安·帕斯夸尔·卡耶哈斯先生，根据皇家军队陆军中将、拉普拉塔总督辖区总督兼总司令，尊敬的胡安·何塞·德·贝尔蒂斯先生的命令，烧毁并夷平了该定居点的房屋。”**

从这份重要的命令及对它的执行得出几个结论，即西班牙对整个马尔维纳斯群岛保持控制，该命令是在与英国保持和平的时期发送的（也就是说，不是纯粹的战争行动也没有战争动机），最后，同样重要的是，掌控马尔维纳斯群岛管理的人（马尔维纳斯群岛隶属于该当局管理），即拉普拉塔总督，得到（并执行）了该命令。

1774 年英国放弃了埃格蒙特港，从那时起的 55 年里，英国在马尔维纳斯群
79 岛没有官方存在，也没有与该群岛相关的官方活动，更无对马尔维纳斯群岛或与马尔维纳斯群岛相关的有效主权行动，而是完全相反，即对于西班牙方面摧毁埃格蒙特港定居点没有任何官方反应，对西班牙在马尔维纳斯群岛独家且不

间断的存在、有 32 位隶属于布宜诺斯艾利斯的总督没有异议，签署《努特卡海湾条约》时也什么都没说，包括根据该条约第 6 条，制止英国在马尔维纳斯群岛定居。1806～1807 年，英国军官在入侵布宜诺斯艾利斯并找到那块遗留在从前英国定居点的铅质匾牌时，什么也没说。有人也可能会问，根据英国的说法，马尔维纳斯群岛应是英国的，为什么在试图征服拉普拉塔总督辖区时，英国没有尝试对西班牙存在于该地区唯一的英国领地采取丝毫反对行动？如果 1771 年问题没有得到解决，这是一次朝着对英国有利的方向加以解决的绝佳机会。从西班牙方面来说，撤掉留在埃格蒙特港的匾牌，明确表达了西班牙不承认任何英国主权企图的意愿。对于西班牙当局常规控制埃格蒙特港以及后来摧毁它的行动，英国缺乏反应，即便把这点搁置一边，不能不提的是，1806～1807 年英国人在布宜诺斯艾利斯找到了那块被西班牙人撤掉的匾牌，但是却没有任何官方反应，更没有企图恢复或重立一块类似性质的牌子。而且对于西班牙向岛上的英国王室臣民实施治安行动，也没有任何来自英国的官方反响，后面我们将看到这一点。对于 1810～1829 年新生的阿根廷政府实施的几个主权行为，英国也没有回应。

1774 年的撤离不是简单地从埃格蒙特港的物体撤离，而是构成了英国方面对马尔维纳斯群岛所有主权主张的彻底放弃。面对几乎 40 年的西班牙存在，加上拉美独立运动开始之后直至 1829 年的阿根廷行动，55 年间没有任何类型的英国存在或官方活动，这清楚地表明，不仅英国缺乏**占有的物体**（orpus 80
posessionis），而且缺乏自视为主权国的意图。①

L. 西班牙在马尔维纳斯群岛不间断的独家存在直至 1811 年

在相关的那个时期，从 1767 年 4 月 1 日，路易－安托万·德·布干维尔把 1764 年法国建立的定居点转让给西班牙当局，到 1811 年 2 月 13 日索莱达港的西班牙分队撤离，西班牙在马尔维纳斯群岛不间断地存在。上述存在是以“主权国的资格”实施的，1766 年 10 月 4 日，国王卡洛斯三世任命费利佩·鲁伊斯·普恩特先生为马尔维纳斯群岛总督，并声明这些岛屿隶属于布宜诺斯艾利斯军区司令管辖区，均证实了这点。西班牙的官方存在是持久的，其政权在整个这段时期的更替中没有中断（32 名总督/指挥官由布宜诺斯艾利斯总督任

① 关于主观（以主权国身份行动的意图）和客观（主权实施行为的落实）两种因素的要求，请看 *Estatuto jurídico de Groenlandia oriental*，fallo，1933，CPJI serie A/B No. 53，pp. 45－46。

命),根据西班牙国王的命令,这些官方人士必须在每年 12 月中旬至 1 月中旬之间轮换。[①]指挥官配有一名皇家司库,定期举行管理会议,当时在索莱达港逗
81 留的主要船只的船长也参加此类会议。[②]驻扎在马尔维纳斯群岛的是一个军事分队、囚犯、殖民地居民和天主教神父。孤独圣母教堂在索莱达岛运作,该教堂用石头建造,于 1801 年 11 月 4 日完工。[③]

英国资料在提及西班牙定居点时仿佛它是一座监狱,这大概出自对词语"监狱"(presidio)的翻译以及它目前的意义。然而,在西班牙语美洲,"presidios"不是监狱或牢房,而是用来称呼那些位于边境地区的定居点,作为防御海盗或走私者频繁袭击的工具、实施和保护主权的手段,以阻止其他列强的定居。此外,即便西班牙的唯一存在是监狱,它也足以作为国家主权有效行使的行为。

管理马尔维纳斯群岛的人主要致力于维持西班牙在帝国最南端的存在,控制其他列强在该地区的活动。这是一个公开的官方存在,任何海上强国都没有忽视也无法忽视,西班牙在该地区对整个群岛履行其法律,在群岛及周围执行治安权,频繁在马尔维纳斯群岛周围航行并前往巴塔哥尼亚海岸。岛上的西班牙当局对被视为皇家国库财富的现有牲畜同样实施详尽的控制,努力使军事设施保持良好状态,正如指挥官们定期向布宜诺斯艾利斯发送的有关这两个事项的报告所证实的。

82 西班牙当局实施管控的例子有数百个,但为了说明此事我们认为以下例子就足够了。"圣埃莱娜"号三桅帆船的"英国人",在马尔维纳斯群岛非法捕鱼作业时被发现,1790 年 8 月 17 日的备忘录要求支付移交这些人的费用及定量口粮。[④]同样,另一个例子出自 1806 年 2 月 26 日马尔维纳斯群岛第 239 号公函,马尔维纳斯群岛指挥官安东尼奥·莱亚尔·德·伊瓦拉"通报起获英国'圣阿

---

① Oficio del Capitán de Navío de la Real Armada y Comandante en Jefe del Apostadero Naval de Montevideo José Marñia Salazar del 4 de enero de 1811. Archivo de Marina Don Álvaro de Bazán. El Viso del Marqués(Ciudad Real). Expediciones de Indias No. 524. Fojas 10,11 y 12.

② 例如,可以参看 Gómez Langenheim,A. ,*op. cit.* ,T. Ⅰ,pp. 178 – 179 里提到的 1800 年 4 月 18 日的管理协议,那个时期末,马尔维纳斯群岛指挥官也是驻在该岛的主要船只船长。

③ Para una "Relación del Estado en que se hallan las Baterías y edificios de esta colonia" a comienzos del siglo XIX, véase la hecha por el Gobernador Francisco Xavier de Viana fechada en "Soledad de Malvinas 28 de febrero de 1801",en Gómez Langenheim,A. ,*op. cit.* ,T. Ⅰ,pp. 180 – 181.

④ AGN Sala IX 16 – 9 – 8.

古斯丁’号双桅帆船(别名‘塔尔卡人’号)及其货物和之后发生的事情,并告知南海海盗的一些消息”。这是一艘被英国海盗缴获的西班牙船只。致布宜诺斯艾利斯总督索布雷蒙特①的备忘录交代了从索莱达港起对该地区海岸和海域实施控制的任务:“已经派了 6 个武装人员去勘察这座岛的南部海岸,以防敌人偷袭,他们好几次暴露骚扰的计划……”该备忘录声称在被称为“狮子和鸟儿之港”的海岸找到了敌人,从西班牙人手里抢劫的双桅帆船抛锚在附近的圣伊莎贝尔岛,船长安德烈斯·琼森(根据原文的书写)和他的 5 名船员被俘,全部为英国人。② 类似的例子还可以在 1794 年 3 月 4 日佩德罗·桑吉内托从马尔维纳斯群岛发给总督尼古拉斯·德·阿雷东多的报告中看到,指出已经向在马尔维纳斯群岛附近从事“捕鲸”的法国、美国和英国渔船发出警告。③ 另一个例子出自 1810 年 1 月 15 日马尔维纳斯群岛指挥官赫拉尔多·博尔达斯向布宜诺斯艾利斯总督西斯内罗斯的报告:

> 直到本月 18 日(原文如此)我还不知道发生在我们半岛的不幸事件,进入 83
> 本港口的皇家海军二副巴勃罗·纪廉先生理所当然向我报告了这些事,他带着自己指挥的“卡洛塔”号双桅纵帆船来接替我……同时,由于其地理位置,本殖民地是君主国中唯一不知道半岛发生了任何事情的地方。所以恰好是唯一没有宣誓向国王和当然的主子效忠的地方;我马上想到要做这件事,本月 14 日上午 8 点至 9 点,在这个教堂的院落,随着紧跟而来人们的欢呼,尽最大可能庄严地举行了效忠仪式。④

正如我们所见,其他任何国家都没有坚持任何主权主张,也没有在马尔维纳斯群岛的任何地方举行过公共权力仪式,没有因西班牙公共权力无数持久的表现而提出过任何抗议。正如英国外交部本身在回答下院外交事务委员会提出的一个问题时所断言:“从 1774 年到 1811 年西班牙的占领没有受到任何其

① 索布雷蒙特(Rafael de Sobremonte y Núñez,1745—1827 年):西班牙军人、贵族,获“索布雷蒙特侯爵”称号。1783～1797 年被任命为科尔多瓦首位代理省长,1804～1807 年担任第九位拉普拉塔总督。——译者注

② AGN Sala Ⅸ 17－1－3.

③ AGN Sala Ⅸ 16－9－8.

④ AGN Sala Ⅹ 2－3－15.

他列强的干扰。”①英国外交部关于马尔维纳斯群岛的各种内部备忘录都表达了相同的意思。在其中的两份(1911 年和 1928 年的备忘录)读到以下文字:

> 看来英国方面对于西班牙人占领索莱达岛没有提出任何异议,据 R. 格里
> 84 诺说,他们不仅对东福克兰岛,而且对整个群岛继续坦然地行使所有主权权利,直到 1808 年。然而根据其他作者,直至后来的一段时期,西班牙人好像还在实施那些权利。G. A. 汤姆森在 1812 年出版的《美洲和西印度地理和历史字典》里声称,“现在西班牙人把犯人送到那些不适宜居住的海岸”;G. 哈瑟尔博士在 1817 年出版的《地理—统计袖珍字典》中说:“西班牙人在最大岛屿的索莱达港还占领着一个小居民点。”关于这一时期索莱达港的西班牙定居点规模我们没有不同的报告。该居民点的遗址显示,尽管它小,但建造得很好,说得过去,配有一栋政府大楼、一座教堂、仓库和要塞,都是用石头建的。它受一个头衔为“马尔维纳斯群岛指挥官”的军官主管,此人隶属于拉普拉塔总督,战舰不时从布宜诺斯艾利斯派来,在岛屿之间巡逻,警告所有其他国家的船只不要擅自闯入他们的海岸……西班牙在 19 世纪前 25 年放弃了福克兰群岛,从那些年起没有直接要求收复该群岛。代表西班牙以那些岛屿的拥有者身份出现的是布宜诺斯艾利斯政府。②

英国外交部研究室准备的 1946 年 9 月 17 日备忘录前言也能说明问题,③
85 相关的副标题不容置疑——1774～1811 年西班牙的国家主权。该备忘录承认,英国从埃格蒙特港撤离之后,马尔维纳斯群岛的西班牙总督得到指示,确保英国人不再回来,摧毁其设施,9 位总督在索莱达港继任,确定西班牙的撤离日期为 1811～1813 年。

---

① Pregunta No. 3, House of Commons, Foreign Affairs Committee, Session 1982 – 1983. Falkland Islands, Minutes of Evidence, Monday 17 January 1983.

② Memorandum respecting the Falkland Islands. Confidential (9755), por De Bernhardt, Gaston. Printed for the use of the Foreign Office, January 1911, pp. 13 – 15 (FO 881/9755); Memorandum Respecting the Falkland Islands and Dependencies. Confidential (13336), por Field, John W., Foreign Office, February 29, 1928, pp. 7 – 8, par. 51 – 57 (FO371/12735). 众所周知,独立运动解放了西班牙的旧殖民地,在此背景下,西班牙要求的是它在美洲整个殖民帝国的主权。

③ Research Department, Foreign Office, Preliminary Memorandum on the Falkland Islands. Secret (17111), September17, 1946 (FO AS 5728/311/2), p. 6.

这一整套文件表明,就英国人而言,对西班牙在马尔维纳斯群岛的主权问题不存在质疑。不是一个孤立的肯定,而是 30 多年间相继出现的一致观点,其中突出的是一名外相(Foreign Secretary)安东尼·艾登①的观点,还有对该问题内部研究之后构成英国外交部工作资料的 3 份备忘录。

不足为奇的是,英国手册往往拿与主权问题毫不相干的论据把西班牙在马尔维纳斯群岛的存在缩小到最低程度。帕斯科与佩珀所肯定的一切就是以下这点,而不是研究西班牙完全独占马尔维纳斯群岛的那个时期的法律影响:

> 西班牙在那里保留了一个分队和一个刑事殖民地。很快就禁止妇女出现,岛屿成为一个惩罚的目的地,西班牙指挥官和其手下人员都憎恶它,对于流放到那里的罪犯来说更是如此。这段时间英国和美国的船只继续使用福克兰群岛,无视西班牙人。②

显然,被派到岛上的人员是否情愿待在那里而不是比马尔维纳斯群岛更适宜居住的其他地区,与主权完全不相干。至于英国和美国船只继续使用马尔维纳斯群岛,“无视”西班牙人,我们已经看到西班牙人追捕他们,让他们遵守西班牙法律。不管怎样,它们不是官方船只,因此其行为对于主权问题而言无足轻重。 86

面对无可争辩的西班牙独占马尔维纳斯群岛的证据,互联网上一些活跃的、没有学术素养的英国评论员,正如该手册的作者,努力试图证明西班牙只是控制了东岛(索莱达岛)。他们基于一些孤立的参考资料,如贝尔纳多·博纳维亚③担任指挥官时的备忘录:“在此日期我被授予马尔维纳斯群岛索莱达岛的指挥和管理权……”④不过其他大量资料笼统地谈及马尔维纳斯群岛,因此使用复数。我们见过一些这样的材料和在整个群岛,包括在埃格蒙特港的具体行

---

① 罗伯特·安东尼·艾登(Robert Anthony Eden,1897—1977 年):第一代亚芬伯爵,英国政治家,第二次世界大战时担任外相,后来在 1950 年代出任英国首相。——译者注

② Pascoe,Graham y Pepper,Peter,*op. cit.*,p. 8.

③ 贝尔纳多·博纳维亚(Bernardo Bonavía,1745—1819 年):西班牙海员,曾效力于西班牙皇家海军,担任马尔维纳斯群岛总督。1810 年阿根廷五月革命后,加入阿根廷独立运动。——译者注

④ AGN Sala Ⅸ 17 - 1 - 3. Carta de Bernardo Bonavía al Virrey Sobremonte. Documento No. 43. El Documento No. 44 contiene el Oficio No. 293 por el cual el Teniente de Navío Antonio Leal de Ibarra informa haber entregado la plaza el 21 de marzo.

动。弗朗西斯科·哈维尔·德·比亚纳[1]在1800年4月18日马尔维纳斯群岛索莱达岛的政府协议上,自我介绍为"该马洛伊内群岛总督"。[2] 安东尼奥·莱亚尔·德·伊瓦拉作为"马尔维纳斯群岛指挥官"签署公函,通报抓获英国"圣阿古斯丁"号双桅帆船。[3] 之前提到的事实,如摧毁英国在埃格蒙特港的要塞、定期巡防以验明英国人没有回来,以及对位于马尔维纳斯群岛其他岛屿的船只行使管辖权,确凿地表明西班牙的主权扩展到了整个群岛。一年一次核实英国
87 人没有重新定居埃格蒙特港/圣战港,这个直接出自西班牙国王的指示是绝对明确的。[4] 确保该结论的事实是,1811年撤离索莱达港定居点的决定规定,"每年派一条船去检查索莱达港,核实上述岛屿其他港口的相同情况,以免任何其他列强定居岛上或占有它们"。[5] 最后这个声明的重要性在于,它构成了西班牙撤退之前的最后决定,它成为对整个群岛**支配意图**(animus domini)的明确证据。

另外,考虑到该领土的岛屿性质、地理位置以及缺乏第三国的任何其他占有,毋庸置疑的是,在索莱达岛的持续存在以及在附近海域和海岸的定期活动,赋予了西班牙对整个群岛的主权。马尔维纳斯群岛确实构成典型的地理单元,正如上面所见。

---

① 弗朗西斯科·哈维尔·德·比亚纳(Francisco Javier de Viana,1764—1820年):阿根廷海员和军人,曾积极参与拉普拉塔总督辖区最后几年及拉普拉塔联合省的政治。1798~1799年和1800~1801年任马尔维纳斯群岛总督。——译者注

② Gómez Langenheim, A., *op. cit.*, T. Ⅰ, pp. 178-179.

③ AGN Sala Ⅸ 17-1-3.

④ 作为例子,请看1774年4月9日发给布宜诺斯艾利斯总督的皇家命令、1778年6月18日马尔维纳斯群岛总督拉蒙·德·卡拉萨致布宜诺斯艾利斯总督塞瓦略斯的备忘录、1780年3月4日马尔维纳斯群岛总督萨尔瓦多·德·梅迪纳致布宜诺斯艾利斯总督贝尔蒂斯的备忘录。第一个写道:"阁下根据所附的复件将得知,在那个日期提醒马尔维纳斯群岛总督关于英国人必须放弃大马尔维纳岛定居点之事;我通知阁下国王陛下的命令,以便您这方面也注意此事的完成。"第二个开头:"阁下,船只还没有从布宜诺斯艾利斯省过来,在合适的季节对埃格蒙特港进行侦查,正如国王陛下希望每年都这么做……"第三个最后声明:"在去年10月22日的公函里,承蒙阁下命令我摧毁埃格蒙特港的一切,对这个地方继续侦查……"(Gómez Langenheim, A., *op. cit.*, T. Ⅰ, pp. 92, 98, 100.)

⑤ Archivo de Marina Don Álvaro de Bazán. El Viso del Marqués (Ciudad Real). Expediciones de Indias No. 524. Fojas 10, 11 y 12.

M. 英国渔船的出现及西班牙对它们行使的管辖权

互联网上的英国评论员试图把这一时期英国渔船的活动视为主权行为。
私人行动不构成主权的表达,对此国际裁决惯例是绝对明确的。阿维斯岛案 88
例①的仲裁人持这种观点,他认为圣欧斯塔基奥岛和萨瓦岛的居民,去有争议的阿维斯岛抓乌龟和捡鸟蛋的行为与主权不相干。② 假如渔民和打猎者的行为应该被视为主权行为,那么美国和法国也应该认为自己对马尔维纳斯群岛实施了主权行为,这是荒唐的,更何况当时西班牙政府在整个群岛对上述行为实施治安管理权。

英国本身并没有视其国王陛下的臣子渔民行动为官方行为。西班牙驻伦敦大使抗议英国船只出现在马尔维纳斯群岛时,英国大臣在回复中保证放弃马尔维纳斯群岛,并且他们怀疑船只是美国殖民地的。1776 年 2 月,此事由马德里通报给布宜诺斯艾利斯,③此外在布宜诺斯艾利斯指出,如果在埃格蒙特港遇到英国人,就开始训斥他们,以便他们撤离。同年 8 月 9 日的一道皇家命令与 1774 年的命令意义相同,通报英国的弃岛已经得到伦敦王室的核准,并且命令提醒英国人不再回到埃格蒙特港。④

1796 年西班牙与大不列颠之间重新爆发战事状态之后出现了更多的戒备。在 1798 年 8 月留给马尔维纳斯群岛总督的指令里,向他指示,万一在埃格蒙特
港或附近与美国或英国船只相遇该如何行动。这些指示规定,万一与停泊在上 89
述港口的这些国家的某条船只相遇,“立即准备战斗”“开始检查许可证和航海日志”,并且:

假如通过许可证和航海日志确认他们是美国人,阁下便有礼貌地谨慎敦促

---

① 阿维斯岛(Isla Aves):又称伯德岛,西班牙语的意思为“鸟岛”,是加勒比海东部一座沙洲,目前委内瑞拉与多米尼克之间对该岛存在归属争议,岛上无常住居民。——译者注

② La Pradelle-Politis, *Recueil des arbitrages internationaux*, 2ªed., París, ed. A. Pedones, 1957, tomo II, pp. 414 – 415. Ver también el laudo arbitral *Dubai/Sharjah*, *International Law Reports*, 1993, Vol. 91, p. 606, y entre los fallos de la Corte Internacional de Justicia: *Controversia fronteriza territorial, insular y maritima*(*El Salvador/Honduras-Nicaragua*(*interviniente*)), CIJ Recueil 1992, p. 400, par. 66 y p. 419, par. 97.

③ AGN Sala Ⅸ 27 – 3 – 10.

④ AGN Sala Ⅸ 24 – 2 – 3.

他们在24小时内离开属于天主教国王陛下的那个港口……假如某条英国渔船停泊在那里……阁下就忠告它投降,如果不同意阁下发布的通令,那就尽量占据有利位置……并向它开火。①

以上再度旁征博引西班牙如何认为自己是整个群岛,包括埃格蒙特港的主权国。这个备忘录也有利于显示英国官方船只与私人船只之间的区别对待,对于后者,不能认为它们在从事政府当局的行为。

N.《亚眠和约》与法国重返马尔维纳斯群岛的意图

英国手册讲到1801~1802年的《亚眠和约》谈判,一方是法国与其盟国,另一方是英国。② 它提到布干维尔向该和约的法国谈判者拿破仑提出的请求,即谈判包括法国对马尔维纳斯群岛的抗议。一位英国博客博主更加离谱。他声称法国在亚眠承认了英国对马尔维纳斯群岛的所谓主权,因为法国大概向英国政府申请了一个马尔维纳斯群岛定居点,而英国对该请求的拒绝构成了英国政府的主权行为。这是完全错误的。

90 以下是事实:路易-安托万·德·布干维尔目睹其殖民事业失败,不得不把自己的定居点转让给西班牙,即便那是合法的,之后也得到其国王的批准,但他一直无法释怀。布干维尔抱怨西班牙人只是把马尔维纳斯群岛当作监狱来利用,而不是继续他的殖民计划。布干维尔甚至谈到把3万居民带到马尔维纳斯群岛的计划。拿破仑·波拿巴掌权时,这个法国水手决定重提他过去的想法,1801年3月19日,布干维尔寄给拿破仑一份《布干维尔将军关于在马洛伊内群岛定居点的计划备忘录》,③强调在马尔维纳斯群岛定居的好处。他把该群岛描写为无法攻克的,是进入"大洋"和东印度的钥匙。考虑到纽芬兰岛和加拿大的领地属于英国人,将来与加勒比一样会落到美国手里,布干维尔认为马尔维纳斯群岛对渔业至关重要。他指出,马尔维纳斯群岛距离欧洲列强的其他任何定居点有500多海里。他表示西班牙所拥有的权力是假想的,认为法国可以利用"其首位占领国的神圣资格"。布干维尔觉得这是请求西班牙放弃权利、

---

① AGN Sala Ⅸ 16-9-10.

② Pascoe, Graham y Pepper, Peter, *op. cit.*, p. 7.

③ Martin-Allanic, Jean-Etienne, *Bougainville navigateur et les découvertes de son temps*, París, PUF, 1964, T. Ⅱ, p. 1543.

让英国同意该行动、对法国有利的恰当时机。①

布干维尔的备忘录清楚地表明,他把马尔维纳斯群岛视为西班牙的,而不是英国的。布干维尔确实为当年法国国王承认西班牙主权而感到惋惜,因为马尔维纳斯群岛位于一个被认可为西班牙的地区,而这对他来说是“假想的”。这个声明与他的有效行为发生矛盾:他接受那一切并亲自将其在马尔维纳斯群岛的定居点移交给西班牙当局。因为布干维尔打算重新殖民马尔维纳斯群岛,所 91
以可以理解他 1801 年的这个态度。这个法国水手不认为马尔维纳斯群岛属于英国,这就解释了他为何明确把加拿大和纽芬兰岛作为英国王室的领地加以区分。同样布干维尔认为西班牙定居点距离欧洲列强的其他任何定居点有 500 多海里,表明他了解埃格蒙特港的被弃和被毁,在岛上不存在英国定居点。最后,布干维尔在指出应该放弃权利的国家是西班牙时表达得十分清楚,他知道西班牙王室是对群岛行使全部主权的唯一列强。他只是表示,在欧洲列强之间正在讨论和平的背景下,由于英国是典型的海上强国,并知道本国(以及美国)渔民在那些海域捕鲸,应同意西班牙把主权转让给法国。

然而,1801 年 3 月 21 日,先于布干维尔的备忘录几天,西班牙和法国签署了《阿兰胡埃斯条约》,根据此条约,除了其他事项之外,西班牙王室把路易斯安那的领土转让给法兰西共和国。布干维尔的计划来迟了。

从 1801 年 4 月起,法国与英国开始为在亚眠签订和平条约而磋商预备协议。法国外交部部长查尔斯 – 莫里斯 · 德 · 塔列朗②看到了纳入捕鱼议题的机会,因为他对整体的渔业,特别是在纽芬兰岛捕鱼的结果不满意,这是 1783 年英法条约的后果,于是他命令法国驻伦敦代表路易 · 纪尧姆 · 奥托把这个议题纳入谈判中。1801 年 9 月 7 日,双方举行了一次会议,涉及捕鱼议题,英国大臣 92
霍克斯伯里对此表示,处理上述条款将花费太多时间,他觉得在将来的一份条

① *Memoire du géneral Bougainville sur un proyect d'etablissement dans l'ile Malouine*, en Martin-Allanic, p. cit., T. Ⅱ, p. 1543.

② 查尔斯 – 莫里斯 · 德 · 塔列朗(Charles-Maurice de Talleyrand-Périgord, 1754—1838 年):法国神父、政治家、外交家和国务活动家,在 18 世纪末和 19 世纪初的事件中具有极其重要的影响,被视为那个时代最杰出的外交官之一,曾四次担任法国外交部长,领导了法国大革命时期和拿破仑帝国的外交政策,在维也纳会议中起到突出作用。——译者注

约里处理那些“纯粹的商业”事项会更方便些。① 不过考虑到两国渔民没有提出任何抱怨,他认为 1783 年的条约足以解决渔业问题。这个答复没有让法国代表满意,因此他决定把该问题留到后面处理。塔列朗获悉此事后给奥托发去一份备忘录,向他通报该备忘录的内容是“法国政府明确而恰当的遗憾”。② 在上述备忘录里根本没有提及捕鱼问题,更没有提到马尔维纳斯群岛。

1801 年 10 月 1 日在伦敦签署了预备条款,把捕鱼问题作为第 13 条加入,根据英国谈判代表的提议,维持**战前状态**(status quo ante bellum),即保持 1783 年条约所商定的条件。马尔维纳斯群岛主权问题与该谈判毫无关系。

英国博客博主坚称,在这些谈判中法国政府提出了有关马尔维纳斯群岛的第一个请求。这个声明与法国官方文件不符,③与拿破仑·波拿巴的信函不
93 符,④也与法国议会的档案不符,⑤它们在任何地方都没有提及马尔维纳斯群岛。

从 1801 年 11 月起,基于之前签署的预备条款开始进行谈判,以便所有受牵连的列强之间签订一份最终和平条约。由于西班牙谈判者迟迟未到,法国人决定不等他们,开始与英国人谈判,包括将要影响西班牙利益的话题。考虑到布干维尔的备忘录,塔列朗决定再次从另一个角度提出渔业问题。他知道大量英国渔民在南部海洋从事捕鱼和猎鲸,南部海洋比北部海洋丰盛得多,塔列朗

---

① Stockdale, J., *The whole correspondence between the governments of Great Britain and France, prior to the signature of the definitive treaty of peace, together with the consular manifesto, &c, &c. complete. To which are added, the orders of council for letters of Marque and Reprisals; with the republican comments thereon. Translated from the latest publication of the French government*, Londres, Picadilly, 1803, pp. 58 – 60. &c. &c.

② Stockdale, J., *The whole correspondence between the governments of Great Britain and France, prior to the signature of the definitive treaty of peace, together with the consular manifesto, &c, &c. complete. To which are added, the orders of council for letters of Marque and Reprisals; with the republican comments thereon. Translated from the latest publication of the French government*, Londres, Picadilly, 1803, p. 61.

③ Chez Garnery: *Pièces officielles relatives aux préliminaires de Londres et au traité d'Amiens*, Paris, Imprimerie de la República, 1803.

④ Imprimerie Imperiale, *Correspondance de Napoléon Ier; publiée par ordre de l'Empereur Napoléon* Ⅲ, Vol. 7, Paris, Imprimerie Imperiale, 1861.

⑤ Centre National de la Recherche Scientifique, *Archives parlementaires: de 1787 à 1860: Recueil complet des débats législatifs et politiques chambres françaises*, Vol. 5, Paris, Libr. P. Dupont, 1865.

指示将要负责最终和平条约谈判的何塞·波拿巴[①]修改预备条款的第 13 条，提出放弃圣佩德罗岛和米格龙岛以及 1783 年条约所承认的法国权利，以换取对纽芬兰岛海岸及其附属岛屿的主权。同样他坚持拥有在北部海洋、格陵兰岛、冰岛、德国海域、道奇滩的捕鲸自由，并要求达成一项为在马尔维纳斯群岛捕鲸而建立法国定居点的协议。

这些要求被包括在 1801 年 12 月何塞·波拿巴递交给英国代表康沃利斯[②]的反提案里，康沃利斯将它寄给霍克斯伯里，后者于 1802 年 1 月 1 日回复康沃利斯，指示他已经在预备谈判中讨论了渔业及马尔维纳斯群岛事项，因此不能在最终条约里再次提出。[③] 然而，在预备谈判中从未提及马尔维纳斯群岛的主权问题，更没有进行讨论，研究的仅仅是在该地区的捕鱼问题。 94

在 1802 年 1 月 19 日的会议上，何塞·波拿巴再次坚持用圣佩德罗岛和米格龙岛的主权来换取纽芬兰岛的一部分主权、为在马尔维纳斯群岛捕鱼而建立定居点（这是法国官方文件里唯一提到该群岛）以及战时捕鱼的中立性，又一次没有涉及任何马尔维纳斯群岛主权的问题。康沃利斯的答复即霍克斯伯里命令他给予的回复——在预备谈判中研究了那些议题。[④] 也就是说，双方把那些问题视为一个整体，具有唯一的目的——捕鱼。

以上所述表明，法国从未把英国视为马尔维纳斯群岛主权国，仅仅是利用一个谈判框架，为了获得马尔维纳斯群岛的定居点以便捕鲸和捕鱼，西班牙必须参与其中。而英国也从未使用所谓的对马尔维纳斯群岛的主权。如果英国自认为是该群岛的主权国，那么《亚眠和约》将是一个援引它的新的机会（或至少在谈判中利用该证据来“买卖”领土，如英国对世界其他地方的所作所为），

① 何塞·波拿巴（José I Bonaparte，1768—1844 年）：拿破仑的大哥，法国政治家、外交家和律师。1800～1804 年任国务委员，1808～1813 年法国入侵西班牙期间，被拿破仑扶持为西班牙国王。——译者注

② 查尔斯·康沃利斯（Charles Cornwallis，1738—1805 年）：英国军人、殖民地官员及政治家，第一代康沃利斯侯爵。早年曾参与七年战争，1776 年前往北美参加美国独立战争，自 1778 年起出任北美英军副总司令。1781 年在约克镇战役大败后率大军投降，标志着英军在美国独立战争中大势已去。1786 年至 1793 年出任印度总督，1798 年被任命为爱尔兰总督，1802 年代表英国与法国的拿破仑签订《亚眠和约》。1805 年再度获委任为印度总督，同年 7 月于加尔各答上任，10 月 5 日于印度加济布尔病逝。——译者注

③ Murry，John，Correspondence of Charles，First Marquis of Cornwallis，Londres，William Clowes and Sons，1859，Vol. 3，pp. 426－427.

④ Chez Garnery，*op. cit.*，p. 193.

就像10年前在《努特卡海湾条约》谈判期间一样，英国根本什么也没做。另外，法国与英国之间这些有关捕鱼和猎鲸的谈判是背着西班牙进行的，而西班牙的
95 确对马尔维纳斯群岛行使了主权。西班牙王室没有签署预备条款，西班牙代表阿萨拉侯爵[1]在1802年2月法国最后一次请求之后的一个月才签署最终条约。谈判没有在法国的官方文件上公布，也没有向法国议会报告。西班牙在马尔维纳斯群岛的有效存在以及1801～1802年对该群岛的主权行使，剥夺了英国作者和博主这一最新解释的所有严肃性。

结　论

总之，西班牙直至1811年对马尔维纳斯群岛的占有，汇集了有效性、唯一性、不间断性以及和平、公开和善意的特点。[2] 毫无疑问，有十分充足的理由认为，阿根廷独立的那一刻马尔维纳斯群岛处于西班牙主权之下，由拉普拉塔总督辖区管理。在1774～1811年不存在任何英国的国家行为，英国也没有要求得到对马尔维纳斯群岛或仅仅对埃格蒙特港的主权。试问如果英国在南大西洋存在一块领土，为什么从1808年起，在南美建立的英国军港没有设在那里，而是在外国领土上（里约热内卢）？其职能里至少没有定期视察马尔维纳斯群
96 岛这一项。[3] 南美的英国军港没有忽视西班牙在马尔维纳斯群岛的存在：在军港主管1809年2月24日的备忘录里提到布宜诺斯艾利斯的一场暴动，报告该起义被镇压，"反对市政府的头目被逮捕并用一只小船将他们送到马洛伊内群岛（原文如此）或福克兰群岛"。[4] 对于上述问题的回答是简单的，那一时期不

---

① 何塞·尼古拉斯·德·阿萨拉（José Nicolás de Azara y Perera，1730—1804年）：西班牙政治家、外交家和艺术赞助者。自1798年3月起被任命为西班牙驻法国大使，与法国保持友好关系。1802年3月27日以国王卡洛斯三世的名义签订了《亚眠和约》。——译者注

② 例如，可以参看帕尔玛斯岛事件中的仲裁裁决（"国家主权连续且和平的展开"，Naciones Unidas RIAA，Vol. Ⅱ，p. 839）和 *Dubai/Sharjah*（"国际法……要求主权的表示既是公开的，也是和平的，要求获得领土的国家行使主权应该是连续的，有一定的持续时间"，International Law Reports，1993，Vol. 91，p. 624）。

③ 南美航海站以赤道以南、西经30°的子午线以西的南美海岸和海域为界，也包括太平洋东部海岸。Gough，Barry M.，"Sea Power and South America：The 'Brazils' or South American Station of the Royal Navy 1808－1837"，Salem，*The American Neptune*，1990，Vol. 50，No. 1，p. 29，quien cita como fuente：*Admiralty minute*，18 December 1816，Adm. 3/88，Public Record Office，Kew.

④ Smith a Pole，24 de febrero de 1809，Graham，Geraldy y Humphreys，R. A.（eds），*The navy and South America 1807－1823. Correspondence of the Commanders-in-Chief on the South American Station*，Londres，Navy Records Society，1962，p. 24.

仅西班牙人，而且英国人本身或其他任何列强都没有把马尔维纳斯群岛视为英国领土。

正如国际法院在柏威夏寺事件①中所表示的，我们在这里面对无数“事态至此，要求当局在合理的时间范围内做出某些反应”②的局面，其中面对西班牙在马尔维纳斯群岛行使主权，英国当局有 40 年时间采取应对，但是他们没有这样做，因此毫无疑问，构成了对西班牙主权的接受。对于暹罗缺乏对丹龙亲王访问柏威夏寺一事做出反应，海牙法庭在下面一段话所持的声明，适用于英国就西班牙在马尔维纳斯群岛实施的一切和每个公权行为的反应缺失。这是一种默认：

> 面对明显的权利竞争主张，为了肯定或保留所有权，在一个需要做出反应的事态里，反应的缺失便意味着默认。明摆着的是，或暹罗事实上不认为自己具有任何资格……或决定不予以肯定，这就意味着它接受法国的权利主张或接 97
> 受在地图上那样画的柏威夏寺的国界线。③

英国对桑德斯岛/特立尼达岛、大马尔维纳岛或整个马尔维纳斯群岛的所有主权意图，无法与西班牙在 40 年里实施的持续且未受到反驳的公权行为竞争。英国手册仅仅选择忽视该问题的历史及法律分析这一基本方面。

---

① 柏威夏寺位于柬埔寨柏威夏省与泰国接壤的边境地区，其最早的历史可追溯到公元 9 世纪，是高棉帝国的君主下令建造的，建于公元 10 世纪中叶至 12 世纪初。它矗立在 550 米高的峭壁上，俯瞰整个柬埔寨平原，由于地处偏远，地形险要，柏威夏寺保存得相当完好。泰柬两国在历史上都宣称对该寺所属区域拥有主权。1962 年海牙国际法院将柏威夏寺判归柬埔寨，这一裁决结果在泰国引发争议。——译者注

② CIJ Recueil 1962, p. 23.

③ CIJ Recueil 1962, p. 31.

99

第三章　阿根廷继承西班牙的权利（“依法占有”）

绪　论

帕斯科与佩珀的手册很少说起新生国家继承老殖民强国之领土时的基本规则。[①] 因此，正如我们将看到的，这个规则在实践和国际法中被广泛接受，在英国作者看来接受继承西班牙权利的规则，亦称为“依法占有”（uti possidetis iuris）原则。然而一丝不苟地遵循英国作者手册的英国博主却质疑这个规则。本章将证明该原则的恰当、它与英国的抗衡以及英国对它的接受，也将证实阿根廷是继承西班牙对马尔维纳斯群岛权利的国家。

100

A. 一条被广泛承认的规则：“依法占有”或国家对领土的继承

1810 年的“依法占有”是西班牙美洲殖民地在国家继承领土问题上所遵循的相关规则。南美洲选择独立的日期与宣布独立的日期不吻合，因为从 1810 年起南美各省不再承认殖民地当局，即使更晚才正式宣布独立。在 1810 年的行政划分框架内，新兴国家继承了属于西班牙王室的领土。

“依法占有”是一个普遍适用于新兴国家领土的不

---

① Pascoe，Graham y Pepper，Peter，*op. cit.*，p. 4.

成文规则。国际法院在有关布基纳法索与马里边界争论的案例中这样表示：

……虽然首次在西班牙美洲殖民地援引这个原则，但不是一条仅仅属于国际法特殊体制的规则。它是与获得独立的现象有必然联系的一条普遍原则，无论发生在哪里。①

提到的这个原则结果也再次肯定了作为独立进程的后果，在拉丁美洲没有“无主地”（terrae nulius）。换句话说，承认西班牙和葡萄牙的领土主权范围，就必须相应地承认新生的拉丁美洲国家的领土范围。这一原则的主要政治目的是遏制那一时期其他列强完全任性的新殖民主义路线。国际法院的分庭在 101
《（萨尔瓦多/洪都拉斯，尼加拉瓜居中）陆地、岛屿和海洋边界争端》里也采用了“依法占有”原则，虽然中美洲采纳该原则的日期是 1821 年，即该地区独立之年。分庭清清楚楚地肯定：

（国际法院）法庭毫不怀疑决定岛屿主权的出发点必须是 1821 年的“依法占有”原则。丰塞卡湾的岛屿于 1522 年被西班牙发现，3 个世纪里处于西班牙王室的主权之下。中美洲国家于 1821 年独立时，没有一个岛屿是“无主地”，因此对这些岛屿的主权不能凭借占领其领土而获得。②

类似的分析完全吻合马尔维纳斯群岛的处境，区别在于西班牙对马尔维纳斯群岛的所有权不仅基于简单的发现，而是基于对该群岛的有效占领直至 1811 年，并得到了其他列强的承认。

B. “依法占有”抗衡英国

英国政府的态度表明，由于马尔维纳斯群岛属于西班牙主权，“依法占有”原则是可以与该政府抗衡的，拉美不存在“无主地”的声明没有引起欧洲列强的

---

① Controversia fronteriza (Burkina Faso/Mali), fondo, CIJ Recueil 1986, p. 565, par. 20 (v. tambien *ibid.*, p. 566, par. 23).

② Controversia fronteriza territorial, insular y marítima (El Salvador/Honduras-Nicaragua interviniente), fondo, p. 416, par. 333. 我们顺便说一下英国在 19 世纪曾想占领虎岛，讨论中的丰塞卡湾岛屿之一，是对国际法的一个新的公开践踏。

102 任何对立反应。[①] 研究拉美国家与该大陆之外列强的领土争端案例的国际法理论与实践,可以得出结论,即依法占有原则适用于该大陆之外的国家。

在19世纪委内瑞拉与低地国家发生对立的阿维斯岛事件里,西班牙摄政女王伊萨贝尔二世的仲裁裁决决定该争议对委内瑞拉这个拉美国家有利。最大的理由是该岛在殖民地时期属于加拉加斯法院,并且:

> 委内瑞拉形成独立国家的时候,其名下的军区司令辖区领土也获得了独立……因此可以视阿维斯岛为西班牙委内瑞拉省的一部分……委内瑞拉政府是第一个在那里拥有武装部队并行使主权行为的国家,这样就确认了它凭借从西班牙衍生出来的总体资格而获得的领土。[②]

于是视主权行动为确认通过先存在的继承而得到的资格。那么对1820年阿根廷占领马尔维纳斯群岛可以做出相同的分析。

特林达德岛问题对于解决马尔维纳斯群岛问题具有更大的意义,因为英国直接卷入此事。1895年英国国王陛下的一条船占领这座巴西岛屿时它是无人居住的,多亏了葡萄牙政府的调解,这场官司最终得以解决,葡方认为巴西有理,英国接受调解国的观点。葡萄牙的建议明确无误地肯定:

103 依照1825年8月29日的《里约热内卢条约》,葡萄牙宣布其过去的殖民地独立时,特林达德岛连同它所属的群岛一起被转让给巴西,正式由新帝国接管。对于那一点国王陛下的政府头脑里没有任何疑问,即便在所涉及的条约里没有特别提到这次转让,此岛隶属于里约热内卢军区司令管辖区,出于管理目的它被并入圣灵省。[③]

---

① 例如,可以参见 Decencière-Ferrandière, André, "Essai historique et critiques sur l'occupation comme mode d'acquérir les territories en droit international", *Revue de droit international et de législation comparée*, 1937, Vol. 64, pp. 388 – 390。根据这位作者的观点,那个时代的做法证明,在拉丁美洲排除了把实际占领作为获得主权的方式,不论是与第三国有关,还是在拉美各国之间。

② Texto español en Gros Espiell, Héctor: *España y la solución pacífica de los conflictos limítrofes en Hispano-América*, Madrid, 1984, pp. 128 – 129, y comentario del autor citado en pp. 47 – 52.

③ Marston, Geoffrey, "The Anglo-Brazilian dispute over the Island of Trinidade", *British Year Book of International Law*, 1983, Vol. LIV, p. 238.

鉴于英国调解阿根廷和巴西之间有关东岸①的冲突，外交大臣乔治·坎宁②澄清了关于拉美新生国家领土范围的所有疑问。在1826年3月18日坎宁大人致英国驻巴西政府全权公使庞森比大人的指示中说道：

阁下将提醒巴西部长们，除了出于一项不成文的总体协议，在地理权利和边界方面新大陆国家之间必须跟原来作为殖民地时恰好一致，否则由于冲突和竞争企图，将不可避免地出现最大混乱的问题。整个美洲大陆，无论是西班牙的还是葡萄牙的，将对有进取心的冒险家开放，他们可能觉得为自己侵占新的版图是合适的。③

这份文件确凿无疑地承认，拉美国家在殖民地时期所存在的边界内继承西班牙和葡萄牙。后来的实践证实了英国对拉美现存法律局面的理解。 104

即便“依法占有”作为可适用的不成文法（除非有关方面有相反的规定）被搁置，也可以得出相同的结论，虽然是通过不同的途径。另一条便捷的途径是研究交战状态所引发的后果和南美诸省最终与西班牙帝国分离这一事实。鉴于南美诸省的起义局面，从国际法角度来看，西班牙美洲殖民地的形势等同于一场内战。面对西班牙，起义者无法援引独立的权利——必须获得独立。第三国必须接受中立的政策（它们也是这么做的），这意味着，它们无法利用上述形势占据起义省份的领土。④ 的确，内战或起义没有把遭遇上述紧急情况的国家领土变成辽阔的“无主地”，这些土地要求一方或另一方占有它们，否则就容易遭到外国的侵占。

---

① 东岸（Banda Oriental）：曾是一块位于乌拉圭河以东、拉普拉塔以北的土地，在南美大西洋海岸，是拉普拉塔河总督辖区最东端的领土。——译者注

② 乔治·坎宁（George Canning，1770—1827年）：英国律师、政治家，在拿破仑战争及后来的“重建欧洲”期间担任英国外交大臣。——译者注

③ Marston，Geoffrey，“The Anglo-Brazilian disputer over the Island of Trinidade”，*British Year Book of International Law*，1983，Vol. LIV，p. 238.

④ 1819年12月7日门罗总统在致美国国会的信函中声明，“在西班牙与这个半球其诸省现有的内战中，已经尽力来履行用于保持公平中立的法律”（Moore，John Bassett，A Digest of International Law，Washington，Government Printing Office，1906，Vol. Ⅰ，p. 83），然后在1822年3月8日的信函里，该总统说：“（革命）运动一进入稳定和持久的状态，使得各省的成功变得可能，国际法赋予内战的平等各方的权利就扩展到它们。”（Moore，John Bassett，A Digest of International Law，Washington，Government Printing Office，1906，Vol. Ⅰ，p. 174.）

1823 年 3 月 4 日，乔治·坎宁清晰描述了英国的立场：

> 1818 年西班牙与自己殖民地之间展开了极其激烈的战斗，西班牙王室向英国政府提出请求，禁止英国臣民效力于暴乱的殖民地军队。出于此目的通过了一项议会法律，但认为在向西班牙做出该让步时，宗主国和它的殖民地都应该被英国置于英国所取得的中立立场之上。禁止在南美军队效力的禁令因此也扩展到西班牙的军队，这才是公平的。①

105 英国是在 1820 年之后**合法**(de iure)承认阿根廷的，这一事实根本改变不了这个结论，英国确实于 1818 年承认南美各省的交战方性质，正如之前引用的乔治·坎宁备忘录所清晰呈现的。

从我们关心的角度来看，无论是保皇派政权还是南美政权所采取的行使国家职权的行为，必须一并加以考虑。的确，双方政权争夺对同一块领土的权力行使。根据国际法一条很明确的规则，从起义者或叛乱者变成这个国家的实际政府或开始形成新国家的那一刻起，他们的行为就被归为国家行为。② 那就意味着，无论是依据 1810 年的“依法占有”原则还有关内战和分裂国家的规则，这两种情况下领土都没有变成“无主财产”。至于马尔维纳斯群岛，假如摒弃 1810 年的“依法占有”原则，按照国家分裂的情况下要求有效占有的理论，得出的结论将是马尔维纳斯群岛直到 1820 年还是西班牙的，那年拉普拉塔河联合省③政府接管了该群岛。

106 1922 年 3 月 24 日，瑞士联邦委员会在有关哥伦比亚与委内瑞拉边界冲突的仲裁裁决里所提出的理由，对于这个议题特别重要：

> ……(这是一条)绝对规则，从权利的角度来看，在过去的西班牙美洲殖民

---

① Smith, Herbert Arthur, *Great Britain and the Law of Nations*, Londres, King&Son, 1932, Vol. 1, p. 280.

② 请参看国际法委员会所采纳的国家责任条款第 10 条(联合国大会决议 56/83 附件)。

③ 拉普拉塔联合省(Provincias Unidas del Río de la Plata)是阿根廷独立战争时期创立的国家组织形式。1810 年在布宜诺斯艾利斯爆发反西班牙殖民统治革命运动，建立临时政府，取代拉普拉塔总督辖区，1816 年宣布成立拉普拉塔河联合省，或称南美联合省。名义上包括今阿根廷、巴拉圭、乌拉圭和玻利维亚，实际上巴拉圭、乌拉圭、玻利维亚均分别建国。1826 年改组为阿根廷联邦。——译者注

地不存在任何没有主人的土地；没有被西班牙人占领或开发的地区在法律上被视为属于每个接替了西班牙省的共和国，根据老西班牙宗主国过去的皇家命令，那些领土已被判给西班牙省。①

让我们观察一下英国资料对相关议题说了什么。M. 阿克赫斯特教授斩钉截铁地说，“阿根廷继承了西班牙的权利。国际法的规则是，之前曾是殖民地的新独立国家继承过去殖民地边境内的所有领土”。② 加斯东·德本哈特在其1910年12月7日的外交部备忘录里声称：

关于西班牙在索莱达岛的分队规模……他们处于一位头衔为“马尔维纳斯群岛指挥官”的军官主管之下，此人是拉普拉塔总督的下属……试图接管西班牙对这些岛屿（马尔维纳斯群岛）权利的一方是布宜诺斯艾利斯政府。由于西班牙在拉普拉塔总督辖区的霸权被推翻，除了巴拉圭，那些领土变成了一个号称为“拉普拉塔联合省”的共和国，总督辖区的首府布宜诺斯艾利斯进而成为共 107
和国政府所在地。③

在1911年7月18日的备忘录里，外交部官员罗纳德·H. 坎贝尔在总结英国所有权的弱点时也表达了同样的意思，他提到这点时说：“……不久之后（1820年）马尔维纳斯群岛被要求归还，1年或2年之后被布宜诺斯艾利斯联合省占领，这个殖民地作为西班牙所有权的继承者，刚刚从西班牙那里赢得独立。”④

关于英国对“依法占有”的立场，英国在最近的《查戈斯群岛附近海洋保护区》（毛里求斯 vs. 英国）仲裁中的辩诉状是不容置疑的：

……众所周知，一个独立的新国家领土是在它独立的那一刻确定的。这体现在“依法占有”原则，它尤其适用于非殖民化的案例里，但不仅仅局限于那些

---

① Colombia v. Venezuela (1922), "Reports of International Arbitral Awards", Vol. 1, p. 228.

② Ferrer Vieyra, E.: "An annotated legal...", *op. cit.*..., p. 130.

③ Memorándum de Gastón de Bernhardt del 7 de diciembre de 1910 (FO881/9755), pp. 11 – 12.

④ Minuta de Ronald H. Campell del 18. 07. 1911 (texto en castellano en Ferrer Vieyra), E., *Segunda cronologia*..., *op. cit.*, p. 413.

案例。①

总之,“依法占有”原则是无可争辩的,根据此原则,独立的那一刻新国家在当时存在的领土范围内继承过去宗主国的领土主权。

108 **C. 谁继承了马尔维纳斯群岛?**

当无法避免把“依法占有”原则或国家的继承运用到马尔维纳斯群岛案例时,帕斯科与佩珀便坚持了一条任何国家都没有提出的论据。按照这些作者的观点,拉普拉塔总督辖区也包括了如今的乌拉圭、巴拉圭、玻利维亚等国以及智利和秘鲁的一部分(根据他们的说法),那就出现了“继承人的身份”问题。② 这个论据也是站不住脚的。在殖民时期,马尔维纳斯群岛直属于布宜诺斯艾利斯军区司令辖区,③在根据 1776 年 8 月 1 日的皇家法令设立拉普拉塔总督辖区之后,马尔维纳斯群岛便隶属于该总督辖区。④ 布宜诺斯艾利斯是总督所在地,其他现有的行政部门(市政府、法院、省政府)享有有限的自主权,隶属于总督辖区当局。根据 1782 年地方行政长官的皇家法令,布宜诺斯艾利斯主管区包括由沿海城市及各自管辖区域所组成的布宜诺斯艾利斯主教辖区、蒙得维的亚省、马尔维纳斯群岛省、巴塔哥尼亚东部地区、火地岛和其余构成旧拉普拉塔省的领土,除了建在巴拉那河流域并入亚松森主教管辖区的 13 个传教区。⑤ 因此,任何后来形成独立国家(1811 年巴拉圭,1825 年玻利维亚和乌拉圭)的行政区
109 域,在 1810 年都无权管理马尔维纳斯群岛。另外,这些国家的独立构成拉普拉塔联合省分裂的案例。(见图 7)

---

① Chagos Marine Protected Area Arbitration (Mauritius v. United Kingdom), Counter-Memorial of the United Kingdom, 15 de julio de 2013, p. 189, par. 7. 8.

② Pascoe, Graham y Pepper, Peter, *op. cit.*, p. 7.

③ AGN Sala Ⅸ 8 – 10 – 3.

④ AGN Sala Ⅸ 8 – 10 – 4.

⑤ San Martino de Dromi, María Laura, Intendencias y provincias en la historia argentina, Buenos Aires, Ed. Ciencias de la Administración, 1992, pp. 44 – 45. Fuente citada: “Real Ordenanza para el Establecimiento e Instricción de Intendentes de Exército y provincias en el Virreinato de Buenos Aires. Año de 1782. De orden de su Magestad”, Madrid, Imprenta Real, 1782, en Archivo General de Indias, L. A., s. XVIII (sig. Ant. H – 18).

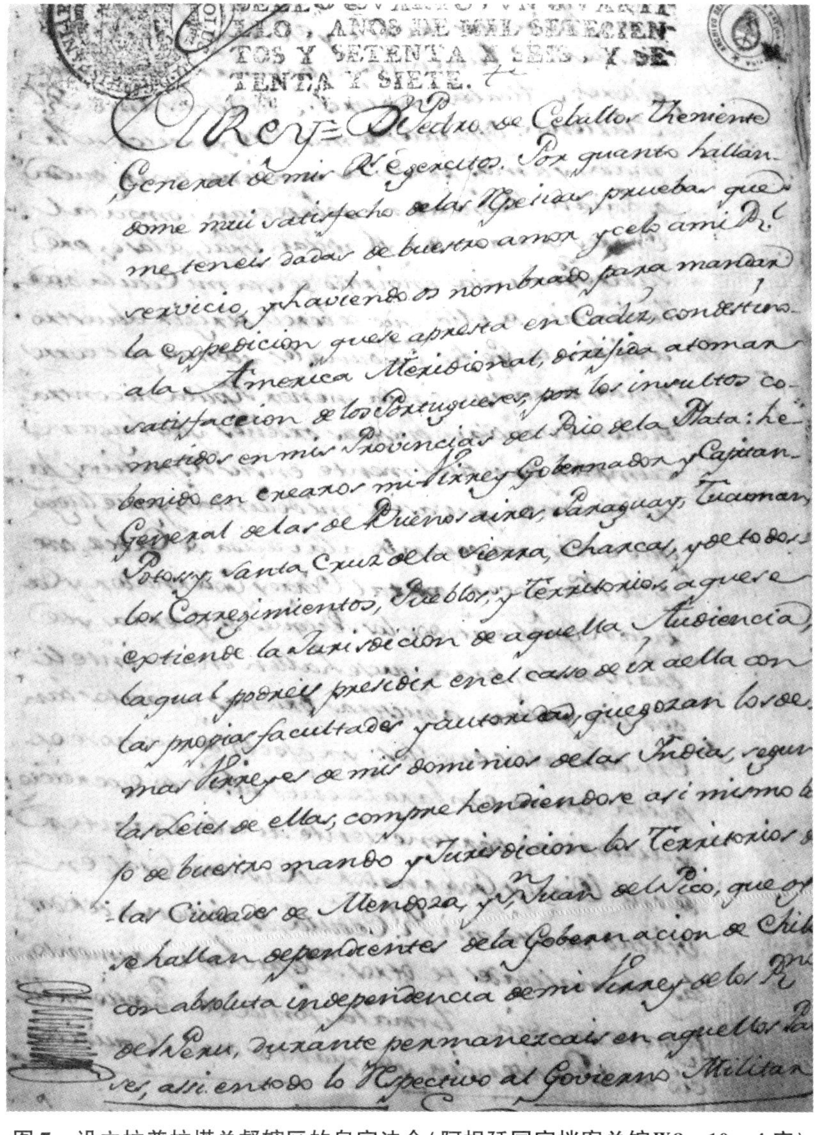

LLO, AÑOS DE MIL SETECIEN-
TOS Y SETENTA Y SEIS, Y SE-
TENTA Y SIETE.

El Rey = Dn. Pedro de Ceballos Theniente
General de mis Rs. Exercitos. Por quanto hallan-
dome mui satisfecho de las pruebas que
me teneis dadas de buestro amor y celo ami Rl.
servicio, y haviendoos nombrado para mandar
la expedicion que se apresta en Cadiz, con destino
ala America Meridional, dirijida a tomar
satisfaccion de los Portugueses, por los insultos co-
metidos en mis Provincias del Rio dela Plata: he
venido en crearos mi Virrey Gobernador y Capitan
General delas de Buenos aires, Paraguay, Tucuman,
Potosi, Santa Cruz dela Sierra, Charcas, y de todos
los Corregimientos, Pueblos, y Territorios, a que se
extiende la Jurisdiccion de aquella Audiencia,
la qual podreis presidir en el caso de ir a ella con
las propias facultades y autoridad, que gozan los de-
mas Virreyes de mis dominios delas Indias, segun
las Leies de ellas, comprehendiendose asi mismo ba-
xo de buestro mando y Jurisdiccion los Territorios
las Ciudades de Mendoza, y Sn. Juan del Pico, que oy
se hallan dependientes dela Gobernacion de Chile
con absoluta independencia de mi Virrey delos R
del Peru, durante permanezcais en aquellos Pa-
ises, assi en todo lo respectivo al Govierno Militar

图 7　设立拉普拉塔总督辖区的皇家法令(阿根廷国家档案总馆Ⅸ8－10－4 室)

由于从 1810 年"五月革命"起布宜诺斯艾利斯就不再承认殖民地当局,因 110
此保皇派当局从蒙得维的亚实施的控制无法与之抗衡。保皇派政府设在蒙得维的亚,因为他们失去了对布宜诺斯艾利斯总督辖区所在地的控制。更进一步说,乌拉圭从未企图成为继承西班牙对马尔维纳斯群岛主权的国家。相反,乌拉圭东岸共和国的官方立场是承认阿根廷对该领土的主权。乌拉圭最著名的国际法专家之一,法官兼大使埃克托尔·格罗斯·埃斯皮尔完全排除以下论据,即因为1811年西班牙从马尔维纳斯群岛撤退到蒙得维的亚,所以马尔维纳斯群岛将是乌拉圭的,当时布宜诺斯艾利斯和东岸的南美人部队包围了保皇派所控制的蒙得维的亚:

> 这个论据是错的,因为阿根廷共和国继承了西班牙对所有属于拉普拉塔总督辖区的领土权利,除了那些从总督辖区脱离出来、明确并专门构成新国家(玻利维亚、巴拉圭和乌拉圭)的领土。[①]

值得提醒的是,安德鲁·杰克逊[②]担任总统期间,美国政府通过其驻马德里代表致信西班牙政府,目的是了解马尔维纳斯群岛是否构成拉普拉塔总督辖区的一部分。负责回信的是西班牙杰出历史学家马丁·费尔南德斯·德·纳瓦雷特先生。[③] 他的回信日期是1833年10月15日,我们认为该信具有重要价值:

> 111 费利佩·鲁伊斯·普恩特舰长先生,以天主教国王陛下的名义,以总督的身份,开始占领上述岛屿,1767年4月1日在索莱达港湾升起了西班牙国旗。从那时起作为西班牙王室及其布宜诺斯艾利斯总督辖区的领土,马尔维纳斯群岛被和平占有的局面没有再被改变……从所有这一切推断,由于起义之前马尔维纳斯群岛对应的是布宜诺斯艾利斯总督辖区,它在主权上属于西班牙,跟美

---

① Gros Espiell, Héctor: “La soberanía en Malvinas. Un antecedente de interés”, *Revista Internacional y diplomática*, México, 383, octubre de 1982, p. 33; reproducido en J. Ramiro Podetti (comp.), *Visiones uruguayas sobre Malvinas*, Montevideo, Fin de Siglo, 2013, p. 135.

② 安德鲁·杰克逊(Andrew Jackson,1767—1845年):美国第7任总统(1828～1836),首任佛罗里达州州长、新奥尔良之役战争英雄、民主党创建者之一,杰克逊式民主因他而得名。在美国政治史上,19世纪20年代与19世纪30年代的第二党体系(Second Party System)以他为极端的象征。——译者注

③ 马丁·费尔南德斯·德·纳瓦雷特(Martín Teodoro Fernández de Navarrete,1765—1844年):曾参加西班牙海军,后从事历史研究。作为作家和历史学家从1824年起领导西班牙皇家历史学院,他所撰写的有关西班牙海军史的著作为后世恢复了15～16世纪西班牙海军的所有事件和功绩。还著有传记《塞万提斯生平》。——译者注

洲那一地区的其余国家一样，直到国王陛下决定它们今后的命运。①

D. 无须西班牙的转让

“依法占有”原则意味着属于过去殖民管理单位的领土转给新的独立国家，无须殖民列强一方的明确主权转让，鉴于作为国家而存在的事实，新国家继承同一领土的地理方位。西班牙没有正式承认阿根廷，并于1863年9月21日签订一份《承认、和平和友谊条约》，这对于主权争端完全是无关紧要的。此外，根据该条约，西班牙：

> 承认阿根廷共和国或阿根廷联邦是自由、独立、拥有主权的国家，由其现行的联邦宪法中所提及的所有省份以及其他合法属于或今后将属于它的领土组成。②

就第4条而言，它承认1810年5月25日为阿根廷继承西班牙权利和义务 112
的日期。③

结　论

本章证明，截至1810年5月25日，即阿根廷解放运动的日期，西班牙对马尔维纳斯群岛拥有不容置疑的主权和占有。国际法承认在独立的那一刻，新国家继承现有的领土主权。出于上面提到的所有理由，继承西班牙对马尔维纳斯群岛主权的是名为拉普拉塔联合省的国家，后来被称为阿根廷共和国。

---

① AGS, Leg. 6915, en Quesada, Vicente, *Recuerdos de mi vida diplomática*, *misión en Estados Unidos*(1885 - 1892), Buenos Aires, Lib. Menéndez, 1904, pp. 200 - 202.

② Artículo 1°. Puede encontrarse la copia del texto en http://tratados. cancilleria. gob. ar/busqueda. php? consula = si&modo = c.

③ AGS, Leg. 6915, en Quesada, Vicente, *Recuerdos de mi vida diplomática*, *misión en Estados Unidos*(1885 - 1892), Buenos Aires, Lib. Menéndez, 1904, pp. 200 - 202.

113 第四章　阿根廷的管理

——1810～1833 年

本章分析了从 1810 年布宜诺斯艾利斯“五月革命”到 1820 年 11 月 6 日阿根廷海军上校大卫·朱厄特正式占领马尔维纳斯群岛的这段时期。英国手册作者对该阶段的简要叙述充满曲解，他们避免提及关键的事实，尽全力削弱 1820 年阿根廷占领马尔维纳斯群岛的意义，最后虚构出一个所谓的英国准许路易斯·贝尔内定居马尔维纳斯群岛的许可，这大概构成了对马尔维纳斯群岛历史最卑劣的伪造。

A. 1810 年第一届爱国政府成立 5 天后阿根廷的第一个行政行为

1810 年开始了南美洲西班牙殖民地的独立进程。在拉普拉塔地区，独立的起点是 1810 年 5 月 25 日的革命，总督辖区当局被一个“克里奥尔人”执政的军政府取代。西班牙部队失去了对总督辖区首府的控制，集中
114 在蒙得维的亚，当地的总督原来是加斯帕尔·比戈德特，[①]此后任命弗朗西斯科·哈维尔·德·埃里奥为新总督，不久之后前者接替了后者在保皇派部队的领导

① 加斯帕尔·比戈德特（José Gaspar de Vigodet，1764—1835 年）：法裔西班牙军人，1810 年被任命为蒙得维的亚总督，1811 年作为拉普拉塔诸省总司令和总督成为该总督辖区的最高领导，也是该辖区最后一名殖民总督。——译者注

权。布宜诺斯艾利斯的执政军政府和身在蒙得维的亚的总督都视自己为拉普拉塔总督辖区所有领土的唯一合法当局,他们一直交锋到 1814 年比戈德特投降。

必须强调的是,布宜诺斯艾利斯军政府的第一批行动之一就与马尔维纳斯群岛管理有关。该岛的倒数第二位指挥官赫拉尔多·博尔达斯从马尔维纳斯群岛返回蒙得维的亚时,请求支付与其职务相应的工资和奖金,他的职位与出海的舰长相同。处理该请求的是取代了总督辖区当局的执政军政府。① 克里奥尔人军政府向“该军港的海军司令”下达 1806 年 12 月 13 日令,根据此令裁决,“就费用和支付而言,今后将把马尔维纳斯群岛定居点视为一艘航行的舰艇,将那一地方的所有职员视为该舰艇的船员”,并且考虑到:

> 已经要求皇家国库承担某些费用,其中一些已由该上级机关下令在本城支付,如指挥官和司库的奖金、军械库的工钱以及其他一些支付:我决定,从今往后所有的薪水、奖金、工钱以及发生在该定居点或属于它的其他费用由该军港的海军司库支付……我把该信息呈递给您以便您知晓,并把它转给该军港司 115
> 库,提醒他目前我正在通知军队总司库和皇家财政部,让他们给您寄去保留在总司库的有关马尔维纳斯群岛拨款或其他方面的皇家命令的认证复印件。②

第一届“克里奥尔人”执政军政府成立仅 5 天的这一公共行为,其重要性在于显示了对马尔维纳斯群岛执政的连续性。之前由总督辖区当局决定,旨在为派驻马尔维纳斯群岛的人员支付报酬的事宜由新政府承担,他们下令支付拖欠前马尔维纳斯群岛指挥官赫拉尔多·博尔达斯的奖金。毫不奇怪的是,帕斯科与佩珀根本没有提到这一广为人知的公共行为,大量的甚至被他们引用的出版物都涉及它。

B. 1811 年 2 月 13 日西班牙撤离马尔维纳斯群岛

独立斗争初期,控制拉普拉塔河及附近海域的是比戈德特率领的西班牙部

---

① Fitte, Ernesto J., *Crónica del Atlántico Sur*, Buenos Aires, Emecé, 1974, pp. 129 – 144 (“La Junta de Mayo y su autoridad sobre las Malvinas”).

② AGN Sala Ⅹ 10 – 2 – 10 (Documento 1810 – 1833 No. 1).

队。为了在抗击南美人的战斗中集合所有海军力量,[1]1811 年 1 月 8 日一个聚集在蒙得维的亚的西班牙军事委员会决定西班牙撤离马尔维纳斯群岛。该决定表示:

116 放弃(马尔维纳斯群岛的索莱达岛)这个港口,向它派遣一艘船只……目的是收拢炮兵部队和其他部门的所有物资,同样还有教堂的所有摆设,把它们运到蒙得维的亚,关闭所有建筑物,安放一块带有国王盾形纹章的徽章以表明财产权,且上述被弃港口在过渡时期依然存在,每年派遣一艘船去侦查该港口,核实上述岛屿其他港口的类似情况,以免其他任何列强在港口定居或占有它们。[2]

1811 年 2 月 13 日由在编二副曼努埃尔·莫雷诺率领的"加尔维斯"号双桅帆船执行了上述命令。[3] 1812 年 3 月 30 日加的斯国会[4]批准了在蒙得维的亚做出的决定,"条件是当情况变化时,摄政团将确保像以往那样再次占领这些港口"。[5] 对于这点,帕斯科与佩珀唯一提到的是一个副标题,标明"1811 年西班牙放弃马尔维纳斯群岛"。正如上述文件所证实的,西班牙方面没有放弃主权。

1811 年西班牙的撤离与 1774 年英国撤离埃格蒙特港有显著的不同。英国仅仅留下一块牌匾,且充分意识到在同一时刻西班牙人通过索莱达港定居点继

---

① 用来指代南美人的"patriota"(原意为"爱国者",译者注)这个词不仅是指他们。正如我们之后将看到的,威德尔也这样称呼由上校大卫·朱厄特指挥的"女英雄"号三桅战舰(Weddell, James, *A Voyage towards the South Pole Performed in the Years 1822 – 24 Containing an Examination of the Antarctic Sea*. Edición fascimilar de la 2ª edición publicada en 1827, con una introducción de Sir Vivian Fuchs, Devon, David & Charles Reprints, 1970, Ⅱ, 1. 12)。

② Archivo de Marina Don Álvaro de Bazán. El viso del marqués (Ciudad Real). Expediciones de Indias No. 524, Fojas 10, 11, 12.

③ Archivo de Marina Don Álvaro de Bazán. El viso del marqués (Ciudad Real). Expediciones de Indias No. 524, foja 4.

④ 加的斯国会(Cortes de Cádiz)指 1810 年 9 月 24 日在圣费尔南多成立的国民大会,后在西班牙抗法战争期间迁至加的斯。1812 年西班牙宪法在这里公布。——译者注

⑤ Fernández Duro: *Armada española desde la unión de los reinos de Castilla y de Aragón*, Madrid, Suc. De Rivadeneyra, 1901, T. Ⅶ, Ⅸ, p. 95, quien cita como referencia: Archivo del Ministerio de Marina de España, Expediciones de Indias, 1811, 11 de mayo a 12 de julio, e Indiferente, 1812, 30 de marzo. Citado en Torre Revello, José: *Bibliografía de las Islas Malvinas*, Buenos Aires, Imprenta de la Universidad, 1953, p. 169.

续留在岛上。至少可以说,英国方面缺乏确保其独占性的意愿,这是领土主权 117
的特点之一,如果考虑到英国在马尔维纳斯群岛的存在从来不是独家的,那就不奇怪了。相反,西班牙人撤离时岛上没有任何外国定居点,且西班牙人采取了保障措施以确保未来不会有外国定居点,而英国人在埃格蒙特港没有宣布也没有采取任何措施来保障其放弃的设施。我们已看见,面对英国人的撤退,西班牙人对整个群岛实施主权行为,包括摧毁埃格蒙特港(或圣战港)的英国要塞。而在西班牙人撤离其守军时,那一切都没有发生,马尔维纳斯群岛处于没有任何国家长期存在的局面,任何列强都没有试图行使主权行为。西班牙不动产所遭受的唯一摧毁是由时间的作用所造成的。

不管怎样,根据 1810 年的"依法占有"原则,1811 年西班牙的临时放弃,将不会与拉普拉塔联合省发生对立。正如我们所见,从上述那年起(对拉普拉塔总督辖区来说是从 1810 年 5 月 25 日起),南美国家不再承认出自伊比利亚半岛政府及其美洲殖民代表行为的权威性。对于南美新国家从西班牙继承的领土,1810 年是关键日期。

C. 1811～1820 年:阿根廷主权表达的体现与英国主权主张的全盘缺失

1811～1820 年这一阶段表明,西班牙人撤退后马尔维纳斯群岛处于无人居住状态,阿根廷新政府实施了与马尔维纳斯群岛相关的主权证明行为。而英国政府方面,如果它对马尔维纳斯群岛享有主权的话,尽管有机会维护其主权,却根本什么也没做。

(a)英国捕鲸者和捕海豹者的态度 118

"五月革命"后不到一年,曼努埃尔·贝尔格拉诺,①一位杰出的解放运动领导人,提到英国渔船经常在巴塔哥尼亚海岸地区及马尔维纳斯群岛出现,并表达了该国水手对那些领地的概念。贝尔格拉诺是《商业信使报》主编,他在 1811 年 3 月 2 日的那版报纸上发表文章说:

> 这些海域盛产鲸鱼,有资格去寻找捕鲸的英国人不间断地环绕这些海岸。西班牙三桅战舰"圣希尔"号的一名海军士官生问一艘英国船只,为什么停靠那

① 曼努埃尔·贝尔格拉诺(Manuel Belgrano,1770—1820 年):拉普拉塔总督辖区的知识分子、经济学家、记者、政治家、律师,在 19 世纪前 20 年的阿根廷、巴拉圭的独立运动中有突出作用,是推动"五月革命"的主要南美人。——译者注

些海域以及巴塔哥尼亚海岸和马尔维纳斯群岛？对士官生的回答是，那些海域属于所有人。①

英国海员从未援引所谓英国对马尔维纳斯群岛的主权。

1813 年 1 月 30 日，“恩里克”（亨利）·琼斯，英国“仙人镜”号双桅帆船船主，向布宜诺斯艾利斯当局申请许可，“以便上述船只可以航行至马尔维纳斯群岛及南部海岸，目的是捕海狼”。② 这个行为清楚地表明了英国臣民对拉普拉塔联合省在马尔维纳斯群岛的主权概念。此外，向布宜诺斯艾利斯政府提出申
119 请的时候，西班牙当局还在蒙得维的亚，“海神”号舰长皮特·海伍德不可能忽视这一事实，他在拉普拉塔河指挥着英国舰队。他们的出现恰好是为了保护这一地区的英国贸易。（见图 8）

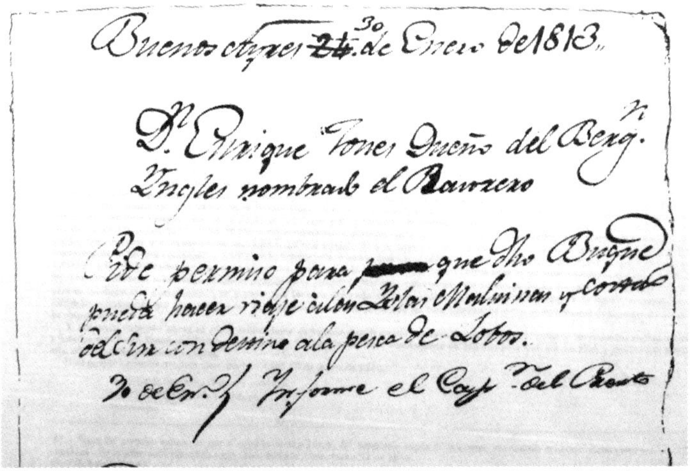
Buenos Ayres 24 30 de Enero de 1813
D.n Enrique Jones Dueño del Bergn.
Ingles nombrado el Barrero
Pide permiso para que dho Bergne
pueda hacer viage a las Islas Malvinas y costa
del Sur con destino a la pesca de Lobos.
Bs. de En.o [illegible] Informe el Cap.n del Puerto

图 8 “恩里克”（亨利）·琼斯申请在马尔维纳斯群岛捕鱼许可的文件封面（阿根廷国家档案总馆 7－4－5 室）

由于英国手册关于这一时期的说法十分幼稚，应该引用它，作为其缺乏严

① Belgrano, Manuel, *Correo de Comercio de Buenos Aires*, 2 de marzo de 1811.

② AGN Sala Ⅹ 7－4－5（Documento 2 del período 1810－1833）. Ricardo R. Caillet－Bois cita otra referencia del AGN: División Colonia, Sección Gobierno, Hacienda, 1813, S. V, C. X, A. 4, No. 6（*Una Tierra argentina. Las Islas Malvinas*, 3e ed. Buenos Aires, Academia Nacional de la Historia, 1982, p. 180, nota 6）.

肃性的清晰证据：

> 1811年之后福克兰群岛没有任何居住人口，虽然许多英国和美国船只还造
> 访该群岛，它们的船员有时候登陆岛上，逗留很长时间，在那里建造石屋和茅 120
> 屋，甚至种植蔬菜。于是从1811年起往后在福克兰群岛及周围所讲的语言是英语，正如从18世纪70年代起便是如此，除了索莱达港。①

这一切，无论是真实的还是错误的（即便是真实的），都无助于谋取英国的主权要求，英国和美国船只造访马尔维纳斯群岛之举不能证实任何事情。此外，法国和其他国家甚至阿根廷的船只也光临马尔维纳斯群岛。阿根廷“圣灵”号和“圣胡安·内波姆塞诺”号与“5月25日”号船一样，在1817～1820年定期前往南大西洋。众所周知，至少“圣灵”号在1819年曾到过马尔维纳斯群岛。②断言一个无人居住的地区所说的语言是可笑的，无疑更可笑的是暗示该论断可以在主权争端中具有什么重要性。或许可以把这番断言与认为迄今在月亮上说的唯一语言也是英语相提并论。

（b）圣马丁将军与马尔维纳斯群岛

3年后何塞·德·圣马丁将军，当时的古约省③省长，于1816年8月14日从门多萨给圣胡安省副省长发去一封信，向他通报国防部长的一封短信，其中建议，“将关押在其管辖范围内、被判处去巴塔哥尼亚和马尔维纳斯群岛监狱或
其他监狱的罪犯送往首都”。④毫无疑问地推断，对于该信函的官员作者（以及 121
办理此文件的人）来说，马尔维纳斯群岛属于阿根廷领土的一部分。

（c）“伊莎贝拉”号帆船的海难

如果英国作者想提及马尔维纳斯群岛的人类存在，那么他们本可以提到“伊莎贝拉”号船只遇难事件，它提供了有价值的要素，并再次证实英国完全缺乏主权主张。因为外国航行者了解西班牙或新兴国家阿根廷对马尔维纳斯群岛的主权，以及他们的出现可能被视为非法的事实。

---

① Pascoe, Graham y Pepper, Peter, *op. cit.*, p. 9.

② Puig, Juan Carlos, *La Antártida argentina ante el derecho*, Buenos Aires, Depalma, 1960, p. 133; Montarcé Lastra, Antonio, *Redención de la soberanía. Las Malvinas y el Diario de Doña María Sáez de Vernet*, Buenos Aires, Padilla y Contreras, 1946, p. 28.

③ 阿根廷中部的原省名，即现在的门多萨省、圣胡安省和圣路易斯省。——译者注

④ 原件目前在布宜诺斯艾利斯的马尔维纳斯群岛博物馆。

1813年2月9日,英国商船“伊莎贝拉”号在从澳大利亚前往伦敦的途中在鹰岛失事。从1812年9月7日起,美国船长查尔斯·H.巴纳德指挥“那尼娜”号双桅帆船一直在马尔维纳斯群岛从事两栖动物的捕猎。为英国遇难者提供救助之后,这些人夺取了“那尼娜”号,并乘坐该船逃跑,将巴纳德及其船员遗留在岛上。当望见一股烟雾时,巴纳德船长遇到了“伊莎贝拉”号的失事者,以下是对他有趣而冗长的开场白的复述:

> ……我怀疑烟雾可能是从阿那坎群岛的一个岛上的西班牙人篝火中冒出来的,他们来自布宜诺斯艾利斯,因为我经常听说西班牙政府习惯于每年派遣一支海岸警备队去检查其港口和外国船只的通行,如果有外国船只在那里逗留,就命令它立即撤离,西班牙十分担心外国列强臣民出于获取海象皮和海象
> 122 油之目的,甚至能够建立临时定居点,为了尽量避免他们利用这些岛屿,于是西班牙人常常点燃草丛,这样就毁掉了海豹的庇护地。我差点下决心前往阿那坎群岛,但由于无法消除落到西班牙人手里的恐惧,我决定留在我们目前的逗留地,直到可以断定谁烧了那场火……由于烟柱继续朝同一个方向上升,我开始推测各种原因。不会是来自敌人,他们大概使用它作为诱饵,让我们落入他们手里?会是来自与我们一样的冒险家吗?他们在准备食物或品尝收集的海象油?但这样的猜测是不可能的,因为船只前往阿那坎群岛很奇怪……那么篝火可能是不幸的失事海员点亮的,作为求救信号。①

遥见遇难者时,巴纳德叙述道:“我高兴地看到一两个穿着英国海军陆战队员(marine)制服的人。由于排除了担心是西班牙人的所有恐惧,我开始分析救

---

① Barnard,Charles H.: *A narrative of the sufferings and adventures of Capt. Charles H. Barnard, in a voyage round the world during the years* 1812,1813,1814,1815&1816; *embracing an account of the seizure of his vessel at the Falkland Islands, by an English crew whom he had rescued from the horrors of a shipwreck; and of their abandoning him on an uninhabited island, where he resided nearly two years.* Nueva York, J. Lindon, 1829. Reproducido con una introducción de Bertha S. Dodge bajo el título *Marooned. Being a narrative of the sufferings and adventures of Captain Charles H. Barnard, embracing an account of the seizure of his vessel at the Falkland Islands&c., 1812 – 1816.* Syracuse, University Press, 1986, pp. 50 – 51. 国别形容词“Spaniards”或形容词“Spanish”在那个时代的英语词汇里被用来指代南美人或限定来自南美的东西或行为,不加区分地指西班牙人和南美人。那个时代被称为阿那坎群岛,即现在地名学上的鹰岛,位于索莱达岛的西南。

助这些不幸者的最有效手段。”[1]如果考虑到巴纳德1月3日曾遇见一艘美国船 123
只，被告知美国向英国宣战了，出于这个原因巴纳德决定把他的双桅帆船转移到英国猎海豹者较少光顾的一个港口，那么这个声明是不同寻常的。[2]巴纳德如此害怕与西班牙船只相遇，因为他知道自己在马尔维纳斯群岛的活动被视为非法。

巴纳德船长的证言具有特殊的重要性，因为他是一名同时代的直接参与者，了解该地区捕鲸和猎获两栖动物的活动。上述段落证明，在该地区从事捕猎和渔业的人自认为是偷猎者，知道西班牙人对遏制这些活动所采取的戒备措施，也证明对他们来说马尔维纳斯群岛被视为西班牙的属地。因此，巴纳德宁可碰上可能把他当作敌人对待的士兵，也不愿在马尔维纳斯群岛与西班牙人相遇。

与此同时，失事者决定派遣他们已经救起的“伊莎贝拉”号上的最大的船只去求助。1813年2月22日，该船带着7名人员出发，其中有英国国王陛下第73团中尉理查德·伦丁和一名海军陆战队员。他们想前往西班牙定居点，以为它在埃格蒙特港。根据这些人对所遇到的无人居住定居点的描述，3月6日他们无意间到达索莱达港，在当地教堂碰见西班牙王室徽章和1811年2月留下的匾牌。当证实岛上无人居住时，他们决定朝大陆航行，目标是蒙得维的亚，因为他们以为“葡萄牙人”会比布宜诺斯艾利斯的“西班牙人”更好合作。到达东部海岸时英国人遇到了南美人部队，他们正包围集中在蒙得维的亚的保皇派军
队。龙德乌将军[3]答应为他们开辟去蒙得维的亚的道路，如果他们希望这样的 124
话，但告知他们有一艘英国三桅战舰停靠在布宜诺斯艾利斯，可以帮助他们。[4]

恩塞纳达港指挥官贝尔纳多·博纳维亚（他曾为马尔维纳斯群岛指挥官）向行政当局汇报，1813年3月29日在马尔维纳斯群岛失事的英国“伊莎贝拉”

① Barnard, Charles, *op. cit.*, p. 53. 14名英国海军陆战队队员是“伊莎贝拉”号的乘客，他们前往伦敦休假。

② Barnard, Charles, *op. cit.*, pp. 47－48.

③ 龙德乌（José Casimiro Rondeau，1775—1844年）：拉普拉塔军人、政治家，在阿根廷和乌拉圭独立战争中有过突出表现。在1812年Cerrito战役里打败保皇派，1815年和1819～1820年两次担任拉普拉塔联合省最高指挥官。——译者注

④ Informe del Teniente Richard Lundin del 73° Regimiento de Su Majestad en *Ibid.*, anexo D, pp. 239－241, y Miller, David, *The Wreck of the Isabella*, Londres, Leo Cooper, 1995, pp. 92－104, basado en la narración hecha por el teniente Lundin aparecida en la *Edinburgh Review* en 1846.

号三桅帆船所派遣的一艘单桅帆船进入了那个港口，向布宜诺斯艾利斯锚地的指挥官求救，他们携带了龙德乌将军的一份“护照”。在为其提供必要救护时，英国人却表示不需要这些救助，而是立刻前往位于布宜诺斯艾利斯对面的英国战舰锚地。[1] “海神”号三桅战舰舰长海伍德命令派遣“南希”号去营救失事者。命令中说：

> 您发现他们（失事者）时，立即把所有的人，包括他们的个人物品和服装，营救到国王陛下的双桅战舰“南希”号上，给他们提供食物后您将不容耽搁地返回本锚地。[2]

无论是英国失事者还是海军陆战队员，都没有采取让人以为马尔维纳斯群岛是英国一部分的行动。相反，前者的反应是去寻找西班牙定居点，而驻扎在拉普拉塔河的英国指挥官在派遣一艘战舰前往马尔维纳斯群岛遣送自己的臣
125 民时，他有极好的机会利用英国主权，特别是如果考虑到失事者已经发现索莱达港无人居住，加上西班牙人 1811 年留下的匾牌。他只限于救助失事者，没有实施任何主权行动，而是命令其下属立即返回。

*

*　*

实际情况显而易见，1811～1820 年岛上没有出现一个国家，但存在阿根廷政府的主权表示，而英国方面不存在任何相似行为，虽然他们有机会这么做。经常光顾该地区的海员的想法，也证实马尔维纳斯群岛被视为西班牙的或布宜诺斯艾利斯继承者的。

D. 1820 年阿根廷对马尔维纳斯群岛的正式占领

英国手册费力最多的行为之一是抨击阿根廷 1820 年正式占领马尔维纳斯群岛的至关重要性以及英国反应的完全缺失。事实上，1820 年 1 月 15 日，大卫·朱厄特作为“巾帼”号国有战舰指挥官，被拉普拉塔河联合省首领任命为陆军上校，为国家海军效力。[3] 当年 3 月末，朱厄特从拉普拉塔河出发，在经历了

---

① AGN Sala Ⅹ 4－9－6.

② Miller, David, *op. cit.*, p. 107.

③ AGN Sala Ⅹ 5－1－3.

许多周折之后，于 1820 年 10 月 27 日到达索莱达港附近。1820 年 11 月朱厄特公开占领马尔维纳斯群岛并向出现在附近的所有船只发布此消息，其中包括英国船只。（见图 9）

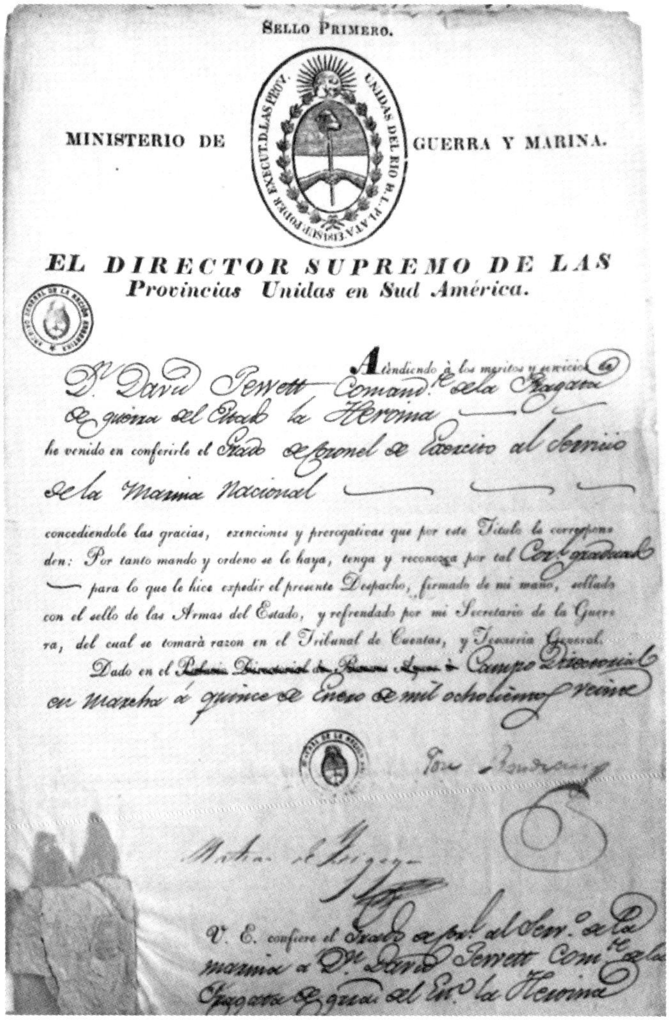
SELLO PRIMERO.

MINISTERIO DE GUERRA Y MARINA.

EL DIRECTOR SUPREMO DE LAS
Provincias Unidas en Sud América.

Atendiendo à los meritos y servicios de D.n David Jewett Comand.te de la Fragata de guerra del Estado la Heroina

he venido en conferirle el Grado de Coronel de Exercito al servicio de la Marina Nacional

concediendole las gracias, exenciones y prerogativas que por este Titulo le corresponden: Por tanto mando y ordeno se le haya, tenga y reconozca por tal Cor.l graduado para lo que le hice expedir el presente Despacho, firmado de mi mano, sellado con el sello de las Armas del Estado, y refrendado por mi Secretario de la Guerra, del cual se tomarà razon en el Tribunal de Cuentas, y Tesoreria General.

Dado en el ~~Palacio Directorial de Buenos Ayres~~ à Campo Direccional en marcha á quince de Enero de mil ochocientos veinte

图 9　拉普拉塔联合省首领任命大卫·朱厄特为陆军上校， 126
为国家海军效力（阿根廷国家档案总馆 X5 －1 －3 室）

英国船长詹姆斯·威德尔[1]当时正在索莱达岛的萨尔瓦多港口，根据其旅行纪事的证言，他收到了以下照会：

国有“巾帼”号三桅战舰，索莱达港，1820年11月2日

127 先生，我荣幸地通知您，受南美联合省最高政府的委派，本人抵达该港口，以这些岛屿自然属于的那个国家的名义占领它们。在执行此任务时，我希望对所有友邦表现出最大的公道和礼貌，主要目的之一是避免对资源的肆意摧毁，那些路过或必须登陆抵达岛屿的船只需要这些资源，以便能够以最少的麻烦和费用获取给养。鉴于阁下的意图不是与这些指示冲突或竞争，并且我认为亲自会晤对双方均有益，因此邀请您来我船上造访，在您乐意的时候我将很高兴在那里为您提供便利。我也得谢谢您在力所能及的范围内把我的邀请扩大到其他在这附近的英国臣民，有幸成为您最亲切和谦逊的仆人。

朱厄特，南美联合省海军上校、“巾帼”号三桅战舰指挥。[2]

就职仪式于1820年11月6日举行，出席仪式的有威德尔和在那里的其他英国和美国船只的船长。[3]

詹姆斯·威德尔曾是英国皇家海军舰长，1816年退役，也就是说，在所述事

128 件之前4年。以他的资历及对该地区的了解和经验，不可能不知道英国自认为拥有马尔维纳斯群岛主权（如果存在这样的主权），他那方的某些反应该是预料之中的。在1827年出版的纪事中，威德尔叙述朱厄特占领马尔维纳斯群岛时，根本没有就英国对该群岛的不确定主权做丝毫评论。相反，他只是对西班牙人

---

① 詹姆斯·威德尔（James Weddell，1787—1834年），英国探险家，1787年8月24日生于比利时奥斯坦德。1819年对大西洋水域进行了航海探险，发现了南设得兰群岛，从此名声大振。1823年2月20日乘“珍妮号”帆船，从南奥克尼群岛出发，向东南方向航行，最远到达南纬74°15′，西经34°17′，该海域后定名为威德尔海。著有《南极之行》（1827）一书。——译者注

② Weddel，James，*op. cit.*，pp. 103 – 104. Traducción al castellano en Caillet-Bois，Teodoro，“El capitán Wedell”，*Boletín del centro naval*，T. XLVIII，No. 484，p. 325.

③ 威德尔用这些话来叙述就职仪式：“没几天他就为布宜诺斯艾利斯爱国政府正式占领了这些岛屿，在升于港口废墟的阿根廷国旗下宣读了一份声明，鸣礼炮21响。在这个场合军官们都身着礼服，恰好和在我们舰队一样，但与其船只的破败状态不协调。他有足够的聪明来估量这一阅兵仪式在岛上那些舰艇船长的头脑里所产生的效果。”（Weddell，J.，*ibid.*，p. 111；texto en castellano en Caillet-Bois.，*ibid.*，pp. 325 – 326.）

没有允许法国人留在路易港(索莱达港)表示遗憾。①

在占领马尔维纳斯群岛3天后朱厄特上校向该地区的舰船船长传达了以下通告：

国有"巾帼"号三桅战舰，索莱达港，1820年11月9日

先生，我荣幸地向您通报本人到达了该港口，以南美联合省最高政府的名义接管这些岛屿。接管仪式于今年11月6日公开举行，在众多美国和英国公民面前，国旗被升到要塞上方，这艘战舰向它致敬。我希望以十分突出的公道和热情与所有友邦共事，也希望在需要的方面能够帮助诸位，使大家以尽可能少的麻烦和费用获取给养。我请求诸位向本国其他船只通报这一经过授权的信息。 129

朱厄特先生，南美联合省海军上校、"巾帼"号三桅战舰指挥。②

上述通告在那一时期的报刊上产生了广泛的影响。它发表在1821年6月12日的美国《萨勒姆公报》、1821年8月的西班牙加的斯《编辑报》(同年11月10日再现于布宜诺斯艾利斯的《阿尔戈斯报》)。③ 1821年8月3日星期五的伦敦《泰晤士报》全文刊登了该通告，在《夺取福克兰群岛》标题下复制了《萨勒姆公报》的信息，并视它为"主权行动"。④ (见图10)

英国手册花费大量篇幅描写"巾帼"号船员的悲惨状态，却在无意中承认，占领马尔维纳斯群岛之后朱厄特在该群岛待了6个月。⑤ 对于宣称在马尔维纳斯群岛有管辖权的某个人来说，这是一段重要时期，他没有遇到英国臣民或岛上其他人的任何抵抗或反对。不仅没有抵抗或反对，也没有丝毫评论说马尔维纳斯群岛不属于联合省或它们应该是英国领地。

---

① "这些勤劳、有进取心的人(圣马洛的法国移民)在使土地变得肥沃的过程中取得可观进步之后，被西班牙人取代，他们声称要夺回群岛。然而西班牙人忽视领地的改善，之后完全放弃它们，部分是出于政治动机，因为这块领地不可能有足够的重要性变成与其他列强争执的起源，或可能由于西班牙在世界其他地方有广阔的领地。遗憾的是不允许这些法国移民留下来，因为位于南大西洋这端的一个定居点显然为航行提供了巨大的便利。"(Weddell, James, *op. cit.*, p. 94)

② Parcialmente reproducido en *BFSP*, 1832－1833, Vol. XX, p. 422. Texto en castellano en Ferrer Vieyra, Enrique, *Segunda cronología... op. cit.*, p. 26. Los periódicos mencionados *infra* la reproducen.

③ Groussac, Paul, *op. cit.*, p. 20, nota 1.

④ *The Times*, Londres, 3 de agosto de 1821, p. 2.

⑤ Pascoe, Graham y Pepper, Peter, *op. cit.*, p. 10.

THE CAPTURE OF THE FALKLAND ISLANDS.

[FROM THE BOARD OF THE NEW ENGLAND COFFEE-HOUSE, AUGUST 2.]

Salem Gazette, June 12.

Captain Orme, who arrived here on Tuesday last from the Falkland Islands, has furnished us with the following act of sovereignty :—

CIRCULAR.

" National frigate *Heroina*, at Port Soledad.

" SIR,—I have the honour to inform you of my arrival at this port, to take possession of these islands in the name of the Supreme Government of the united provinces of South America. The ceremony was publicly performed on the 6th day of November, and the national standard hoisted at the fort, under a salute from this frigate, in the presence of several citizens of the United States and Great Britain. It is my desire to act towards all friendly flags with the most distinguished justice and hospitality, and it will give me pleasure to aid and assist such as may require them, to obtain refreshments with as little trouble and expense as possible. I have to beg of you to communicate this intelligence to any other vessel of your nation whom it may concern.

" I am, Sir, " D. JEWETT,

" Colonel of the Marine of the United Provinces of South America, Commander of the frigate *Heroina*."

130 **图 10 关于朱厄特在马尔维纳斯群岛就职仪式的消息，以《夺取福克兰群岛》为标题，发表在 1821 年 8 月 3 日的伦敦《泰晤士报》**

以下是帕斯科与佩珀的结论：“如果一名海盗秘密保存的声明可以被视为有效的领土主张，那这点是值得讨论的（原文如此）。”①我们已经看到，朱厄特并没有作为“海盗”行事，而是以阿根廷政府官员的身份执行占领行动，我们复
131 制了布宜诺斯艾利斯政府对他的任命书（见图 9），当过海盗并不能取消他行动的官方身份。英国手册的分析与英国在国际法院起诉阿根廷和智利占有南极洲一块领土的诉状完全矛盾。在这些诉状中陈述了 1821 年 12 月 7 日，英国捕海豹的“鸽子”号船长乔治·鲍威尔，以所谓国王乔治四世的名义占领南奥克尼群岛的科罗内申岛。② 如果英国认为一条捕海豹船有能力占领一块领土，那就很难为它之后拒不承认朱厄特在马尔维纳斯群岛的相同能力加以辩解。朱厄特在官方授权下指挥着一条官方舰船，信件也证实“巾帼”号船员不仅视他为该

---

① Pascoe, Graham y Pepper, Peter, *op. cit.*, p. 10.

② 在南极洲问题上英国的申诉参见 *ICJ Pleadings*, pp. 11 – 12, y Roberts, Bryan, *op. cit.*, p. 107。

船船长，而且是“这个岛的指挥”。[①] 如果说的是海盗和劫匪，那么正如帕斯科与佩珀对待朱厄特的态度，或许适合回忆一下约翰·斯特朗，所谓马尔维纳斯群岛的英国“发现者”，正是海盗中的一员。对于英国手册来说，大概有“好的”和“坏的”海盗。如果是为英国国王陛下效力的英国人，那他们就有能力对领土建立主权；如果是其他国家的公民或为其他国家效力，那就没有这个能力。

1820年的占领没有任何“秘密”，这也是显而易见的。如果负责占领的人在实施该行动之前和之后尽力向该地区的所有船只通报此事，并在两个大陆的报刊上刊登此消息，这样的占领是“秘密”的话，那么如何评价英国对埃格蒙特港的占领呢？此事既没有通知任何人，也没有在任何地方公布。

英国手册作者孤注一掷的论据是，朱厄特没有得到占领马尔维纳斯群岛的指示，布宜诺斯艾利斯政府不知晓他的行动，因为他没有通报此次占领，布宜诺斯艾利斯政府也从未做出官方通告。[②] 不管那些论据是真是假，没有一条对英国论点有用，能否找到给朱厄特指示的文件完全无关紧要。假如把帕斯科与佩珀手册对朱厄特的占领所援引的同一条原则，运用到英国海员所实施的所有领土占领上，能够**过关**（test）的占领将寥寥无几。我们已经提到两个例子，一个与埃格蒙特港本身有关，在这个案例中英国海员超出了他的指令范围；另一个是一个捕狼者，英国国王陛下的普通臣民，对设得兰群岛的占领。清单还可以继续列下去。由一名政府公务员占领一片领地的有效性，正如朱厄特在马尔维纳斯群岛的案例，是不容置疑的。 132

在唯一一次援引十分重要且冗长的1832年8月10日《马尔维纳斯群岛政治和军事指挥官路易斯·贝尔内先生的报告》的场合，英国手册是为了表示该报告所包含的有关朱厄特在马尔维纳斯群岛活动的信息是虚假的，朱厄特没有向马尔维纳斯群岛的任何船只下达命令。[③] 而贝尔内的上述报告复制了出席

① 1820年11月27日苏雷亚诺·德·安索阿特基（Laureano de Anzoátegui）致大卫·朱厄特的信，参见AGN Sala Ⅹ 5－1－3。

② Pascoe，Graham y Pepper，Peter，*op. cit.*，pp. 9－11.

③ Pascoe，Graham y Pepper，Peter，*op. cit.*，p. 11.

1820 年占领仪式的舰船及船长名单。[①] 英国手册没有给出任何证据或解释，只是根据一封有关马尔维纳斯群岛形势的信件评论，说朱厄特与其人员正在马尔
133 维纳斯群岛“混日子”。缺少解释的原因很容易理解。假如英国手册的作者想证实名单是假的，注有船只和船长名字的具体名单就在那里，他们根本没有推翻它，因为事实显而易见。只要阅读朱厄特在其 1820 年 11 月 6 日占领马尔维纳斯群岛之前和之后的照会，就可以肯定与帕斯科及佩珀的手册相反的东西——他说明自己的目的是避免肆意摧毁岛上现有的物资供应基地，向在场的人通报此事，并请求他们告知同一国籍的其余船只。

从所阐述的事实得出结论，即 1820 年联合省占领马尔维纳斯群岛是一个公开的官方行为，当时的主要列强都知晓此事，且没有发生任何抗议。威德尔和其他英国船长的出席，特别是在伦敦《泰晤士报》刊登此消息，确实没有给英国政府得知该占领行动留下任何疑问。

帕斯科与佩珀的手册试图以英国尚不承认联合省（阿根廷）的独立，因此“没有任何反映的渠道”这个事实来为英国缺乏回应进行辩解，[②]那不是任何辩解的理由。1822 年 6 月之前，起义的美洲诸省舰船无法进入英帝国港口，[③]如果马尔维纳斯群岛的港口是英帝国的，应该会有来自英国当局的某些反应，然而，英国当局并没有反应。如果一个外国政府（甚至没有得到承认的政府）或个人在一块被另一个国家视为已有的领土上实施主权行为，这个国家应该有所反
134 应，什么也阻碍不了英国政府派遣一只船到马尔维纳斯群岛实施其所谓的主权，但它没有这么做。正如**迪拜/沙迦**事件中的仲裁裁决所说：“一个国家的当局进入另一国家的领土时，后者首先要做的是抗议，并派遣其警察部队来终止这些行动。”[④]派遣其“警察部队”显然取决于那些相关国家的国力，从英国方面

---

① 翻译成英语并出版于 *British ang Foreign State Papers*, 1823 - 1833, Vol. XX, p. 419 (reproducción fascimilar en Perl, Raphael, *The Falkland Islands dispute in international law and politics. A documentary sourcebook*, Nueva York, Oceana, 1983, p. 261); también en Gómez Langenheim, A., *op. cit.*, T. Ⅰ, p. 208, Boyson, V. F.: *The Falkland Island*, Oxford, Clarendon Press, 1924, p. 90; Da Fonseca Figueira, José Antonio: *David Jewett*, *Una biografía para la historia de las Malvinas*, Buenos Aires, Sudamericana, 1985, pp. 93 - 94。

② Pascoe, Graham y Pepper, Peter, *op. cit.*, p. 11.

③ 1822 年 6 月修改了《英国航海法》(British Navigation Act)，以便允许南美起义各省船只进入英帝国港口。Cf. Kirkpatrick, F. A., *A history of the Argentine Republic*, Cambridge University Press, 1931, p. 134.

④ *I. L. R.*, 1993, Vol. 91, p. 620.

来看,它既没有抗议也没有派遣警察部队。

如果伦敦政府不希望与它不承认的布宜诺斯艾利斯政府正式接触,那么可以重申其对马尔维纳斯群岛的主权,或在面对外国人在英国自认为是本国的领土上实施管辖时,至少应做出有广泛影响的单方面声明。这是英国与企图拥有主权国身份产生矛盾的诸多不作为之一,理由很简单,那时英国对马尔维纳斯群岛没有任何主权主张。

之前的英国评论强调 1820 年阿根廷的政治形势十分混乱,实际上并没有一个稳定的政府,对此英国手册加以效仿。①然而内部危机甚至内战的存在并不妨碍一个国家在国际上的合法存在,更不会把它的领土变成一种由第一个占领者支配的无主财产(res nullius)。② 相反,一个处于正常状态的国家,可以期待其行使公共权力的行为,而内部危机可以解释它的缺失。③ 大卫·朱厄特上校 135
的确是履行了公务的联合省正式官员,即使曾经任命他的政府已不再执政,这也并不重要。国际法中被广泛承认的国家延续原则,强制性地把司法行为归于国家,无论政府后来的变化如何。

与英国手册的断言相反,布宜诺斯艾利斯政府无须对占领行动做出任何确认或通告。联合省自视为西班牙在马尔维纳斯群岛主权的继承人,在致威德尔的照会里,朱厄特上校声明"以马尔维纳斯群岛**自然属于**的那个国家的名义占领它们"。那就意味着,为了让领土继承有效,就职典礼的效果是通过有效就职来行使已有主权的资格,这样就把**占有意图**(animus domini)因素和**事实占有**(corpus possessionis)因素完全结合起来。

帕斯科与佩珀宣称,④多亏了《阿尔戈斯报》发表的一条消息,阿根廷才得知 1821 年 11 月 10 日发生在马尔维纳斯群岛的事件,他们的这一论点即便属实也无足轻重。手册作者回忆,在 1821 年 2 月 1 日从马尔维纳斯群岛发给布宜诺斯艾利斯政府的短信里,朱厄特谈及其船员的绝望状态,但没有提到占领马尔

---

① Por ejemplo el Memorandum del Foreign Office de 1946, *op. cit.*, p. 6, par. 39.

② 正如亨利·慧顿的断言:"甚至如果通过政府在各部分民众之间的剧烈力争,偏离到无政府主义,从司法的角度来看国家依旧继续存在,直到社会纽带的彻底解散或其他某个终结国家存在的原因完全消灭其主权。"(Elements of International law, 2ª ed. de 1866 por Richard H. Dana, reprod. fascimilar en la coleccion dirigida por James Brown Scott, The classics of international law, Washington, Carnegie, 1936, p. 27, par. 20.)

③ 这点从国际法院在利比亚/乍得领土争端事件中的判决推断出来。

④ Pascoe, Graham y Pepper, Peter, *op. cit.*, p. 11.

维纳斯群岛一事，这根本说明不了什么。其信函的动机是，面对他所经历的严峻形势，请求换岗。1821 年 2 月 27 日和 28 日（《阿尔戈斯报》发表消息前 8 个
136 月），因“国有‘巾帼’号三桅战舰在远征中所遭遇的**不幸事件和灾难**”，①布宜诺斯艾利斯政府下令接替朱厄特，任命吉列尔莫·马松上校为前者的继任者，马松当时身处“马尔维纳斯群岛的索莱达港”，即西班牙的老定居点。②（见图 11）

布宜诺斯艾利斯方面 1820 年之前和之后的政府行动，证明了在接续行为中的绝对连贯性，与英国手册的声明完全矛盾，即朱厄特在马尔维纳斯群岛就职之前和之后，阿根廷均认为自己是该群岛的主权国。倘若朱厄特已到达马尔维纳斯群岛，却并不认为自己是在阿根廷领土上，或布宜诺斯艾利斯政府不批准朱厄特的行动，那局面将是另外一种，那一切都不会发生。然而，阿根廷继承了属于西班牙殖民地的领土主权，并在该就职典礼之后不久，阿根廷继续从事行使主权的其他活动。如果由于阿根廷政府没有通报该就职典礼所以英国作者企图贬低它，那么对于英国占领埃格蒙特港或甚至于 1833 年占领马尔维纳斯群岛并驱逐阿根廷的行为，又该如何理解？英国不仅没有向布宜诺斯艾利斯通报任何情况，甚至在 1833 年 1 月 3 日发生侵犯阿根廷主权事件几天后，在咨询英国驻布宜诺斯艾利斯代办时，他回答说不知道此事，对此也没有任何指示。③总之，由出现在相关领地的一名阿根廷官方人士向位于该地区的外国船只通报在马尔维纳斯群岛就职，这在很大程度上足以赋予该行动行使主权的有效行为特征。

---

① AGN Sala Ⅸ 5 - 1 - 2A（黑体是作者本人加注的）.

② AGN Sala Ⅸ 5 - 1 - 2A.

③ Carta del encargado de negocios de SBM F. Gore a Manuel Maza del 17 de enero de 1833，en Becerra，Alfredo：*Protestas por Malvinas*（1833 - 1946），Buenos Aires，Caja Editora，1998，p. 45.

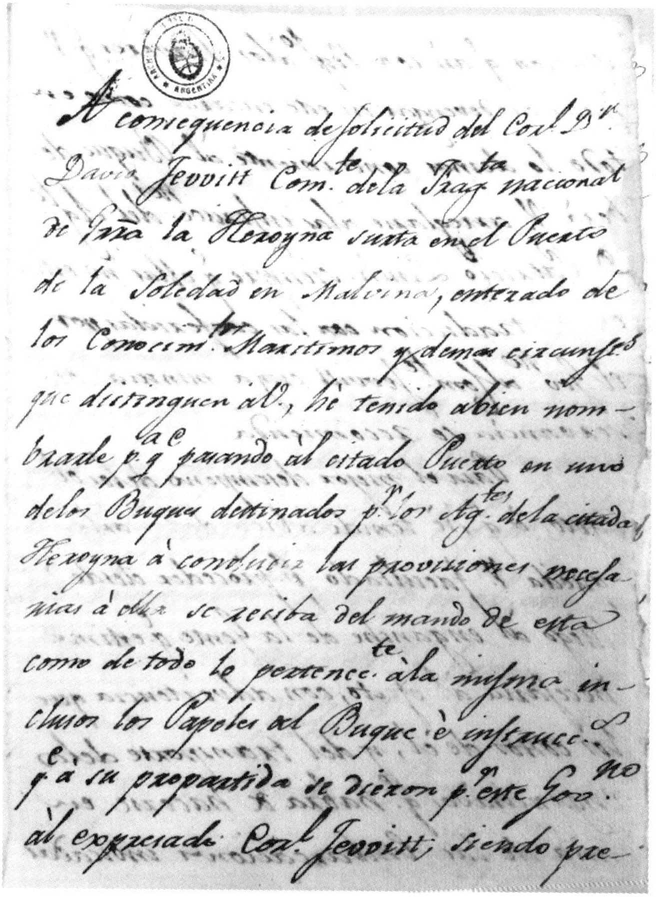
A consequencia de solicitud del Cor.l D.n
David Jewitt Com.te dela Frag.ta nacional
de Gra. la Heroyna surta en el Puerto
de la Soledad en Malvinas, enterado de
los Conocim.tos Maritimos y demas circunst.s
que distinguen á V., he tenido abien nom-
brarle p.a q.e pasando al citado Puerto en uno
delos Buques destinados p.r los Ag.tes dela citada
Heroyna á conducir las provisiones necesa-
rias á ella se reciba del mando de esta
como de todo lo perteneciente á la misma in-
clusos los Papeles del Buque é instrucc.s
q.e á su propartida se dieron p.r este Gov.no
al expresado Cor.l Jewitt, siendo pre-

图 11　拉普拉塔联合省政府发布的马松上校在马尔维纳斯群岛索莱达港接替朱厄特上校的命令（阿根廷国家档案总馆Ⅸ5－1－2A 室） 137

E. 1829 年设立马尔维纳斯群岛指挥部之前阿根廷行使主权的行为

英国手册之后企图贬低 1829 年 6 月 10 日马尔维纳斯群岛政治和军事指挥部成立之前阿根廷在 19 世纪 20 年代实施的履行主权行为。帕斯科与佩珀只字不提英国在上述时期的沉默，虚构出所谓英国批准路易斯 · 贝尔内在马尔维 138
纳斯群岛定居的许可，这是英国在整个 150 多年的英—阿冲突史上从未提出的荒诞之言。

该手册的声明毫无根据，自相矛盾，并且对权利有种令人不安的无知：

> 那时福克兰群岛是**无主财产**，不属于任何人的财产，虽然对那点有限定：西班牙还在要求收复该群岛，英国的主权主张上溯到50年前埃格蒙特港的定居点，不管它是否有效（原文如此），根据与西班牙签订的《埃斯科里亚尔的圣洛伦索条约》条款，英国最终享有一些有限的权利（上岸、建造茅屋的权利等）。虽然根据《埃斯科里亚尔的圣洛伦索条约》商定的条款，英国的权利微不足道，30年里这些权利的不断使用使它们得到维持和确认，对于要求该群岛全部主权的另一个国家，任何可能的主张都是一种明显的限制。①

所有那一切真的是法律上的胡说八道。如果马尔维纳斯群岛是**无主地**，19世纪20年代唯一具备有效活动的是阿根廷，并足以赋予其主权。但马尔维纳斯群岛不是**无主财产**，因为它是西班牙的，在阿根廷独立的那一刻隶属于拉普拉塔河总督辖区，**依法占有**原则的目的之一恰好是鉴于美洲国家的独立，阻止西班牙领土被视为**无主财产**。从1992年国际法院有关中美洲丰塞卡湾岛屿问
139 题②的上述判决推断，1833年英国占有一块已经被占领的领土，无论如何也不能赋予其任何主权资格。③

也曾解释过，西班牙对马尔维纳斯群岛没有特别的主权主张，仅仅要求拥有拉普拉塔河总督辖区的所有领土以及在美洲起义的殖民帝国其余部分的主权。依照《埃斯科里亚尔的圣洛伦索条约》，英国手册承认西班牙对马尔维纳斯群岛的主权以及该条约所认可的英国的“微小”权利（手册是这样称呼这些权利的），这时它天真地暴露了英国主权主张的弱点。本书第一章分析过的那些“微小”权利（在紧急情况下上岸、建造茅屋等）与主权毫不相干。最后，手册声称那些权利的“行使”（实际上英国从未以国家的名义行使这些权利）能够维持

---

① Pascoe, Graham y Pepper, Peter, *op. cit.*, p. 12.

② 位于太平洋的丰塞卡湾为尼加拉瓜、洪都拉斯、萨尔瓦多三国所共有，面积约1800平方公里，海湾内岛屿众多，渔产丰富。1992年海牙国际法院就洪都拉斯和萨尔瓦多在海湾内的分界做出裁决后，这两个国家和尼加拉瓜均表示愿意共同开发利用丰塞卡湾海洋资源，但过去一直未能就此签署协议。——译者注

③ CIJ Recueil. 1992, p. 558, par. 333, cit. en el cap. Ⅲ, sección A del presente libro. 也可以参见国际法院对尼加拉瓜与洪都拉斯在加勒比海岛屿争端中的判决：*Controversia fronteriza territorial, insular y marítima*（*El Salvador/Honduras-Nicaragua*（*interviniente*）, CIJ Recueil 1992, p. 400。

其半个世纪前的主权主张，它是自相矛盾的，因为那些“微小”权利与主权主张不相容。实际上，一个主权国不需要另一个列强的许可让自己的船只和臣民在自己的领土上岸和建造茅屋。

接下来我们进一步分析阿根廷在整个 19 世纪 20 年代至 30 年代初独家实施的诸多主权行动，直到被英国驱逐出去。

（a）马尔维纳斯群岛的畜牧、土地和渔业特许权

英国手册承认 1823 年布宜诺斯艾利斯政府给予豪尔赫·帕切科[1]特许权，
在马尔维纳斯群岛开发畜牧业，[2]这不仅是主权意图而且是主权实施（有效性） 140
的典型行为。

布宜诺斯艾利斯省省长马丁·罗德里格斯[3]建议豪尔赫·帕切科——一名为独立运动效力的老军人——享有马尔维纳斯群岛现存野畜的使用权，作为国家对他亏欠的补偿。于是他们签订了一个合同，根据该合同向政府申请特许权，帕切科负责修复索莱达岛现存建筑物。[4] 帕斯科与佩珀推测帕切科和贝尔内是如何通过前者的嫂子——马尔维纳斯群岛最后的西班牙指挥官（贝尔纳多·博纳维亚）的妻子——得知岛上牲畜的存在。显然，那点对于主权争端没有任何意义，仅仅是为了再次证明英国手册作者清楚地知道 19 世纪初谁在马尔维纳斯群岛行使主权。

1823 年 8 月 23 日帕切科向政府提交了申请，以便能够拥有牛、马以及在索莱达岛开发狼皮和狼油，“出于该目的重建那座老监狱的建筑，如果今后认为适宜重新恢复那个定居点，他有义务把处于运行状态的建筑交给政府”。[5] 经省长马丁·罗德里格斯和财政部部长贝纳迪诺·里瓦达维亚签署，政府于 1823 年 8 月 28 日颁发了一项法令：

批准帕切科提交的移居索莱达岛的申请，按照该法令所建议的条件享有在

---

① 豪尔赫·帕切科（Jorge Pacheco，1761—1832 年）：阿根廷爱国者和商人，曾积极参加独立运动，在马尔维纳斯群岛的人类定居过程中扮演突出角色。——译者注

② Pascoe，Graham y Pepper，Peter，*op. cit.*，p. 12，*Historia falsa. . .*，p. 3.

③ 马丁·罗德里格斯（Martín Rodríguez，1771—1845 年）：阿根廷政治家、军人。在抗击英国入侵、五月革命和阿根廷独立战争中有突出表现。1820～1824 年曾担任布宜诺斯艾利斯省长。——译者注

④ Caillet-Bois，Ricardo R.，*op. cit.*，pp. 192－193.

⑤ Texto complete en Gómez Langenheim，A.，op. cit.，T. Ⅰ，pp. 217－218.

141 马尔维纳斯群岛这个岛屿的使用权，并且理解此类特许权永远不能剥夺国家在认为对本省的整体利益更合适的时候拥有支配那块领土的权利。[1]

1824年年初，西普里亚娜·奥贝斯·德·博纳维亚，西班牙人时代马尔维纳斯群岛指挥官之一的遗孀、帕切科的嫂子，申请并获得在马尔维纳斯群岛捕鱼和猎畜的许可，但她没有使用该经营权。[2] 可能上述申请与帕切科的请求相关，设想为后者的扩大部分。通过这些特许权，毫无疑问，1823～1824年布宜诺斯艾利斯政府对马尔维纳斯群岛主权予以肯定和行使。

（b）英国领事证明阿根廷对马尔维纳斯群岛行使主权的相关行为

还有更多的例子证明阿根廷行使国家主权的行为以及英国对这些行为的了解。1825年，面对与巴西开战的紧迫性，豪尔赫·帕切科假装把布宜诺斯艾利斯政府授予他的权利转让给两名英国臣民格林和霍奇森先生，他们是定居在布宜诺斯艾利斯的商人。帕切科的目的是保护自己的财产，它可能被巴西部队视为敌产并予以没收。转让契约和说明该佯装之举的凭单的交货日期分别为1825年10月10日和1825年12月10日。上述文件于1826年1月3日由英国驻布宜诺斯艾利斯领事理查德·庞富塞特证明。[3]然而这没有引起英国任何反应，如果马尔维纳斯群岛是英国的，英国驻布宜诺斯艾利斯代表本应该对一个
142 外国政府所给予的那些特许权提出异议。英国领事不仅没有反应，而且证明了与这类阿根廷特许权有关的文件之真实性。如果英国真的认为自己是马尔维纳斯群岛的主权国，那么在它有义务做出反应时，英国再次出现了沉默的局面。英国手册当然对这个无法忽视的事实保持意味深长的沉默。

（c）巴勃罗·阿雷瓜蒂被任命为马尔维纳斯群岛指挥官

英国手册玩了一个文字游戏，避免承认帕切科定居马尔维纳斯群岛后巴勃罗·阿雷瓜蒂被任命为马尔维纳斯群岛指挥官，目的是在该群岛行使管辖权。手册小心翼翼地说阿雷瓜蒂不是“省长”，正如贝尔内也不是，他是“政治和军事指挥官”。[4]当然术语是次要的，无论是“指挥官”还是“省长”，阿根廷都曾有

---

① Texto complete en Gómez Langenheim, A., op. cit., T. Ⅰ, p. 217.

② Caillet-Bois, Ricardo R., *op. cit.*, p. 199, nota 24. Fuente citada: AGN Buenos Aires, División Nacional, Sección Gobierno, Civil, 1824.

③ Gómez Langenheim, A., op. cit., T. Ⅰ, pp. 216 y 218－220. Fuente citada: Archivo de Vernet, Carpeta (A) "Importantes documentos".

④ Pascoe, Graham y Pepper, Peter, *op. cit.*, p. 12, e *Historia falsa...*, p. 3.

过对一个人的任命，让他在马尔维纳斯群岛行使当局的公共职责。这再次证明这是一项无可争辩的履行国家职能的行为。

向布宜诺斯艾利斯政府申请任命阿雷瓜蒂为指挥官的人是帕切科，他在1823 年 12 月致布宜诺斯艾利斯政府的信函中解释：

> 探险队即将启程前往马尔维纳斯群岛的索莱达港，去开发阁下好意赐予他们的该岛使用权，退役的民兵队长巴勃罗·阿雷瓜蒂先生与他们一起出发……有一个官方人士参加对国家及本申请者的利益均合适，也是对外国雇工和船只的尊重。得劳烦阁下赐予该队长为那个港口的无薪指挥官头衔。尊敬的阁下 143
> 就以这种方式占有了那个被弃岛屿省份，让船只支付泊船的权利，该收入将仔细上交国库；因为阿雷瓜蒂想起用同一批雇工组成一个市民连，有自己的班长和士官，携带根据协商所定的武器和给养，以便尽可能赋予此次行动一切权威，效忠于国家财产；如果承蒙阁下在那些被弃的炮台调派一些铁炮，以保护港口免遭海盗入侵，炮台将得到修复，等政府想重建监狱时易于为政府服务。我已计划驯服牲畜，与他们共同建立一个牧场，这里放牧的美利奴绵羊将达 2000 头，目的是为国家提供这些羊毛……为了实现这个计划，烦请阁下凭借您崇高和绝对的权力赐予我所需的地皮，我将负责这样庞大的责任；命令我所推荐的指挥官给予我这些土地，作为该省公民，将把那块领土当作这个国家的神圣财产加以保护。①

这一申请于同年 12 月 18 日被批准。② 在之前提到的特许权法令中，政府保留解决“该代表提出的其他所有问题”的权利。③在给埃米利奥·贝尔内（路易斯·贝尔内的兄弟，他曾前往马尔维纳斯群岛旅行）和阿雷瓜蒂的指令中规定，等他们到达港口时集合那里所有的人，把马尔维纳斯群岛指挥官的急件交给阿雷瓜蒂，“让大家都知道他的法令，把阿雷瓜蒂作为马尔维纳斯群岛指挥官 144
来接待并承认他的头衔，以维持秩序，避免过激行为”。④ 1832 年 8 月 10 日路

---

① AGN Sala Ⅸ 24－5－7.

② AGN Sala Ⅹ，División Colonia，Sección Gobierno，Guerra y Marina No. 48，Expediente 18 “D. Jorge Pacheco pidiendo que al Capitán Pablo Areguati se le nombre Comandante de la Isla de Malvinas.”

③ Caillet-Bois，Ricardo，*op. cit.* ，p. 203.

④ Caillet-Bois，Ricardo，*op. cit.* ，pp. 197－198.

易斯·贝尔内的报告也提到阿雷瓜蒂被任命为指挥官。[①] 这项任命及他们乘坐的"拉法埃拉"号船配有武器的事实表明,布宜诺斯艾利斯政府采取了措施以便在马尔维纳斯群岛行使职权。1824 年 2 月 2 日,阿雷瓜蒂到达索莱达港,年底前离开马尔维纳斯群岛,多年来第一次在岛上建立人类定居点的尝试失败了。[②] 英国手册论证弱点的另一个标志是,它强调这次失败,甚至复制了阿雷瓜蒂谈到马尔维纳斯群岛艰难生活条件的信件,然而[③]那一切根本无法影响对阿雷瓜蒂的任命以及他在岛上有效存在这一基本事实。即便建立定居点的尝试失败了,任命阿雷瓜蒂的重要性在于,布宜诺斯艾利斯政府旨在建立一个定居于马尔维纳斯群岛的当局,以及 1824 年几乎整整一年阿雷瓜蒂作为指挥官在岛上的实体存在。[④] 值得强调的是,在承认阿根廷独立和建立外交关系之前,英国已经任命了一位驻布宜诺斯艾利斯的领事,他于 1824 年 3 月抵达该城,此人不可能不知道那年帕切科建立定居点的意图。

在其手册中,帕斯科与佩珀隐瞒了这一关键且可获得的信息,谎称凯列
145 特-博伊斯[⑤]的书回避了任命阿雷瓜蒂的问题,并援引一个阿根廷作者在 1974 年《号角报》上发表的一篇报刊文章所表达的观点,作为维持其立场的足够证据。[⑥] 他们当然赋予该作者"阿根廷关于福克兰群岛问题的最高权威人士"身份。这便是英国手册作者所做的"研究"类型的另一个清晰案例。

(d) 阿根廷与南大西洋海洋动物的保护

1821 年 10 月 22 日,布宜诺斯艾利斯政府颁布了一条关于在巴塔哥尼亚海岸捕鱼和猎获两栖动物产品的权利法令,目的是规范上述活动,避免外国船只

---

① BFSP, 1832-1833, Vol. XX, p. 419; Perl, Raphael, *op. cit.*, p. 261.

② 他的返程日期是从凯列特-博伊斯(Caillet-Bois)的分析中推断出来的。参见 Caillet-Bois, Ricardo, R., *op. cit.*, p. 198。

③ Pascoe, Graham y Pepper, Peter, *op. cit.*, p. 12, e *Historia falsa*..., p. 3.

④ 1946 年 9 月 17 日英国外交部研究室的备忘录声称:"1823 年任命了一名马尔维纳斯群岛的'省长',但没有举行任何正式的接管仪式,被称为省长的人从未访问他的省。"(p. 21)

⑤ 凯列特-博伊斯(Teodoro Caillet-Bois, 1879—1949 年):阿根廷海军历史学家和海军军官,曾在阿根廷海军服役。退役后从事阿根廷海洋和海军历史研究,其《阿根廷海军历史文集》(*Ensayo de historia naval argentina*, 1929)全面叙述了阿根廷海军从 19 世纪到第一次世界大战的历史。——译者注

⑥ Pascoe, Graham y Pepper, Peter, *op. cit.*, p. 12.

过度掠夺这些资源。[1] 事实证明,这一法律扩展到了整个南半球地区,正如我们之前通过 1805 年 3 月 27 日博纳维亚指挥官的信函所看到的。[2] 在 1832 年 8 月 10 日的那份有价值的报告里,政治和军事指挥官路易斯·贝尔内解释殖民时期"海岸"范围时声明:

> 研究首都的公共档案时发现,整个海岸分成 3 个区:一区从圣安东尼奥角到圣埃莱娜岛;二区从圣埃莱娜岛到海峡;从海峡往下,包括史坦顿岛和附属地区,属于马尔维纳斯群岛区,即三区。[3]

路易斯·贝尔内本人把 1821 年 10 月 22 日法令及修改条款明确运用到了 146
马尔维纳斯群岛。[4] 支撑这种解释的一个基本因素是 1828 年 1 月 5 日布宜诺斯艾利斯省长巴尔加尔塞颁布的法令,根据此令,将索莱达岛和史坦顿岛的土地转让给路易斯·贝尔内,佃户免缴所有种类的捐税,并赋予他"在整个马尔维纳斯群岛"捕鱼的许可——所有那一切是"根据 1821 年 10 月 22 日的法律规定"而决定的。[5] 众所周知,正是贝尔内把这条法令运用到美国船只,才造成 1831 年美国船长西拉斯·邓肯的强烈回应,毁掉了阿根廷定居点的一大部分并驱散其居民。在渔业和狩猎方面的执法是行使国家职权的另一个明确、有效的

---

① Archivo y Biblioteca Cancillería Argentina, Rec. 1947, Exp. 25, No. 1. Texto en inglés publicado en el BFSP, 1823 – 1833, Vol. XX, p. 421; Perl, Raphael, *op. cit.*, p. 263

② AGN Sala IX 17 – 1 – 3. Carta de Bernardo Bonavía al Virrey Sobremonte. Documento No. 43. El Documento No. 44 contiene el Oficio No. 293 por el cual el Teniente de Navío Antonio Leal de Ibarra informa haber entregado la plaza el 21 de marzo.

③ (trad.) BFSP, 1823 – 1833, Vol. XX, p. 403; Perl, Raphael, *op. cit.*, p. 245.

④ 1829 年 10 月 28 日的法令禁止在巴塔哥尼亚海岸捕获两栖动物(Archivo y Biblioteca de la Cancillería Argentina, Rec. 1947, Exp. 25, No. 3 以及 1831 年 7 月 6 日的法令废除禁止巴塔哥尼亚居民捕获两栖动物的法令)。

⑤ AGN Sala VII 2 – 3 – 4. 在《英国及外国政府文件》(British and Foreign State Papers)复制的英文译本是不正确的,基本改变了原文的意思"in conformity to the spirit of the law of 22 october, 1821"(1832 – 1833, Vol. XX) reproducido en Perl, Raphael, *op. cit.*, p. 262; en la trascripción de Ferrer Vieyra, Enrique: *An annotated legal chronology of the Malvinas (Falkland) Islands controversy* [*Cronologia legal anotada sobre la cuestion Malvinas (resumen)*], Cordoba, Lerner, 1985, pp. 60 – 62.

例子。[1]

(e)阿根廷—英国外交关系的建立及 1825 年条约

1825 年实现了英国对阿根廷独立的承认,这表明两国建立起基于国际法的外交关系。它意味着对主权平等的尊重,[2]其中包括或暗含对领土完整的尊重。
147 假如阿根廷通过之前的马尔维纳斯群岛相关行动冒犯了英国的领土主权,那么英国政府在这里有机会使用其权利,但是英国对此问题没有任何涉及。有领土争议的两个国家建立外交关系时,要求一方或双方提出保留其权利或声明外交关系的建立完全不影响各自立场,这是一个基本行为。那时布宜诺斯艾利斯政府已经对马尔维纳斯群岛实施越来越密集的主权管辖行动。正如我们所见,英国政府无法忽视朱厄特 1820 年在该群岛就职以及后来的转让和探险,但是英国政府没有任何反应。

1825 年 2 月 2 日,英国与拉普拉塔联合省签订了一份《友谊、贸易和航行条约》。[3] 同一份条约包含了对双方领土及港口的大量引述,双方谁也没有提出与马尔维纳斯群岛相关的保留意见或异议。区别是,正如我们所见,阿根廷已对该群岛实施主权行为,并视它们为自己的领土,而英国并非如此。

某些英国博主提及外交部官员伊格纳西奥·努涅兹为回复英国驻布宜诺斯艾利斯第一任代表伍德拜恩·帕里什[4]而写的照会。上述博主坚称,此照会对于签署《友谊、贸易和航行条约》至关重要,因为它没有包括马尔维纳斯群岛,这就免除了英国在签署该条约时默认阿根廷主权的责任。然而,英国公使没有对马尔维纳斯群岛提出任何问题,阿根廷官员也没有任何必要提及它们。事实

---

① 参看东格陵兰岛司法条例,CPJI Serie A/B No. 53,p. 62,利吉丹岛与诗巴丹岛(印度尼西亚/马来西亚),CIJ Recueil 2002,p. 625,以及尼加拉瓜与洪都拉斯在加勒比海的领土与海洋争端(尼加拉瓜 v. 洪都拉斯),CIJ Recueil 2007,par. 195。

② Manning, William Oke: *Commentaries on the Law of Nations*, Londres, Milliken and Son, 1839, p. 100.

③ Parry, Clive (ed.), *The Consolidated Treaties*, Vol. 75, New York, Oceana Publications, 1969, pp. 75 – 84.

④ 伍德拜恩·帕里什(Woodbine Parish, 1796—1882 年):英国商人、外交官和旅行家。1825 ~ 1832 年作为英国外交官在布宜诺斯艾利斯工作。1825 年 2 月 2 日与阿根廷签署了《友谊、贸易和航行条约》并代表英国正式承认阿根廷独立。——译者注

如下:1824年5月12日帕里什的照会是重申之前发给贝纳迪诺·里瓦达维亚[①] 148
的一封信函,这位当时的外交部部长对此没有回复。帕里什的请求是明确的,他要求“一份简要的关于这个国家的起源、目前的发展、管理状况和方式的梗概,加上一份国家收入和军事力量摘要”,[②]根本没有提到拉普拉塔联合省的领土范围和边界,也丝毫没有提到上述信息是为了签署《友谊、贸易和航行条约》而申请的。该条约于一年后签订,在条约的谈判中也没有提到上述照会。努涅兹先生确实既没有能力也不具备必要的许可来谈判该条约。不管怎样,上述照会里的任何东西都无益于英国的主权主张,或为英国政府面对阿根廷实施主权行动缺乏反应加以辩解。

努涅兹的答复仅仅与英方提出的请求一致。首先简要地概述了阿根廷革命和紧随而来的独立原因,然后提到政府所基于的某些原则,最后对不同的管理部门(政府、国防、外交和财政)做了简要介绍。他没有在任何一章提到联合省(或布宜诺斯艾利斯省,马尔维纳斯群岛属于该省)的领土构成。从1824年3月起,布宜诺斯艾利斯的英国驻阿根廷代表对此也没有任何探究。

帕里什在其请求中要求告知“我的政府想知道的所有方面”。[③] 我们无法 149
从中推断任何确定阿根廷领土范围的要求,另外,那一时期联合省与其邻国的边界尚未划定,阿根廷没有任何理由必须让英国了解有关马尔维纳斯群岛的细

---

① 贝纳迪诺·里瓦达维亚(Bernardino de la Trinidad González de Rivadavia,1780—1845年):阿根廷政治家,1820～1824年任布宜诺斯艾利斯省外交和内务部长,1826～1827年任拉普拉塔联合省第一位总统。——译者注

② Núñez, Ignacio: “An account, historical, political and statistical of the United Provinces of Rio de la Plata”, Londres, Print. For Ackerman, 1825, p. 1. 该封完整的信说:“我请求您回忆一下我向里瓦达维亚先生提出要一份关于这个国家的起源、目前的发展、状况和管理形式的简要梗概,加上一份国家收入和军事力量摘要的申请。我希望它能包括本人政府所要求的所有方面,请明白我是为它申请的。如果不怕麻烦启动这个工作,并在您职责允许的最快程度上向我提供这些信息,没人比您更合适这事了,我将感恩戴德。另一次当北美特派员来到这座城市时,塔格莱先生给予罗德尼先生一份类似的报告。”

③ Núñez, Ignacio: “An account, historical, political and statistical of the United Provinces of Rio de la Plata”, Londres, Print. For Ackerman, 1825, p. 1. 该封完整的信说:“我请求您回忆一下我向里瓦达维亚先生提出要一份关于这个国家的起源、目前的发展、状况和管理形式的简要梗概,加上一份国家收入和军事力量摘要的申请。我希望它能包括本人政府所要求的所有方面,请明白我是为它申请的。如果不怕麻烦启动这个工作,并在您职责允许的最快程度上向我提供这些信息,没人比您更合适这事了,我将感恩戴德。另一次当北美特派员来到这座城市时,塔格莱先生给予罗德尼先生一份类似的报告。”

节。半个世纪前,英国已经放弃了在埃格蒙特港的定居点,无人记得英国的任何主权主张。且在西班牙独家管理马尔维纳斯群岛的漫长时期,无论是明确地还是含蓄地,英国政府都再也没有援引起码的主权主张(相反,正如我们所见,按照1790年协议它已经承诺不在马尔维纳斯群岛定居),对阿根廷实施的管理行为没有任何表示。因此,既然对国家领土的其他方面没有任何报告,也不必通报马尔维纳斯群岛的任何情况。

事实是1825年的条约提到了签约双方的"领土",英国政府根本没有对阿根廷在马尔维纳斯群岛的主权行动提出异议。如果1820年英国因为不承认它不想与布宜诺斯艾利斯政府接触,正如帕斯科与佩珀所声称的,那么现在它有机会这么做了。如果英国对马尔维纳斯群岛有丝毫的兴趣,它至少可以就1821年发表于《泰晤士报》的阿根廷占领马尔维纳斯群岛行动或1823年的特许权行为提出质问。然而英国政府什么也没做,理由很简单,根本没有任何东西可以证明,英国政府在承认阿根廷并与它签署《友谊、贸易和航行条约》时对马尔维纳斯群岛有过什么主权主张。

150 **(f)阿根廷给予路易斯·贝尔内在马尔维纳斯群岛的新特许权**

1825年路易斯·贝尔内组织了第二次探险,1826年1月出发,尽管有无数不利因素,结果很成功。1826年6月15日,他定居索莱达岛,以便与帕切科交易之后开发此人所获得的特许权。① 从那时起路易斯·贝尔内在岛上的定居具有了长期性,甚至在1829年设立马尔维纳斯群岛政治和军事指挥部之前,岛上居民就已经依据阿根廷对该岛的主权行事。作为简单例子,我们将提到庆祝1928年5月25日及7月9日国家节日的活动。②

1828年1月5日,路易斯·贝尔内向政府提出了一个新请求,对于定居点

---

① Gómez Langenheim, A., *op. cit.*, T. Ⅰ, p. 236.

② 在埃米利奥·贝尔内的日记中读到,1828年5月25日星期天:"好天气,有些冰雹阵雨和西南风。太阳出来时我们放了三声礼炮,升起英国和布宜诺斯艾利斯的国旗;中午又放了三声礼炮,晚上另外三次礼炮。中饭吃完特意做的肉、酒和蛋糕之后,我们打靶,直到太阳落山,那时人们在桶匠庄园跳舞,舞会持续到第二天。"1828年7月9日星期三:"多云有雨,刮中级东南风。我们的人庆祝布宜诺斯艾利斯独立的宣誓。" Texto en Montarcé Lastra, Antonio, op. cit., p. 48, y Gómez Langenheim, A., *op. cit.*, T. Ⅰ, pp. 265–266,后者错误地把该日记当作是路易斯·贝尔内的,省略了提到升起英国和阿根廷国旗的那句话。对于阿根廷立场没有任何负面印象,可以归于5月25日也升起了英国国旗。那时和现在都常见的是外国人参加阿根廷国庆日,让他们的国旗飘扬。1829年8月30日,路易斯·贝尔内就任政治和军事指挥官一职时,"贝特西"号双桅帆船船长奥立弗·基廷参加了该仪式,升起美国国旗(Caillet-Bois, Ricardo, *op. cit.*, p. 210)。

的发展具有特殊重要性。他在申请中声称：

> 希望国家发展和强大，我已经考虑着手在马尔维纳斯群岛被称为“索莱达”的岛上定居，但为此需要政府的保护，不仅对该事业的主人而且对新垦殖者必须给予一切关心，我认为，要实现这一重要目标，最好有劳您把占有权和财产权这两个权利转让给我，或保证我享有对岛上没有转让给豪尔赫·帕切科先生的所有土地以及火地岛海岸被称为“史坦顿岛”所有土地的相同权利。我的承诺是，在获准的特许权3年内建立殖民地，与垦殖者一样直接服从布宜诺斯艾利斯政府，他们将得到共和国公民的待遇，享有相同的权利。万一由于人口增加需要把殖民地扩展到其他岛屿，我必须通知政府，以便在政府同意的情况下做出最合时宜的决定，这点同样将是明确的条件。此外，建立殖民地后，头30年垦殖者将免除所有种类的关税或捐税、海洋权或陆地权。根据同一条款，殖民地在同一时期内将享有在火地岛海岸、马尔维纳斯群岛及共和国其余海岸和岛屿的独家捕鱼权，该权利排除外国人而不是本国人。必须考虑到允许我在上述条件下建立马尔维纳斯群岛殖民地，政府所做的不过是收复一块仿佛被抛弃的土地，但由于它被西班牙人获得，因此政府没有失去拥有它的权利。除了设立或建立一个殖民地，别的举措都无法让其他国家不再对马尔维纳斯群岛抱有特殊意图。①

151

152 根据1828年1月5日巴尔加尔塞省长签署的法令，除了给予豪尔赫·帕切科的那些土地以及政府保留的圣卡洛斯湾10平方海里的范围，加上史坦顿岛，政府把索莱达岛上其余所有空闲的土地都给了路易斯·贝尔内。一份由贝尔内绘制的索莱达岛草图（见图12），显示了这样的土地划分以及阿根廷管理时期存在的定居点。给贝尔内设定的条件是，在3年期限内必须建好一个殖民地，“3年到期后将向政府汇报，以便提供他认为适合政府内外管理秩序的东西”。

① AGN Sala Ⅵ 2-3-4; Gómez Langenheim lo reproduce en *op. cit.*, T. Ⅰ, pp. 229-230.

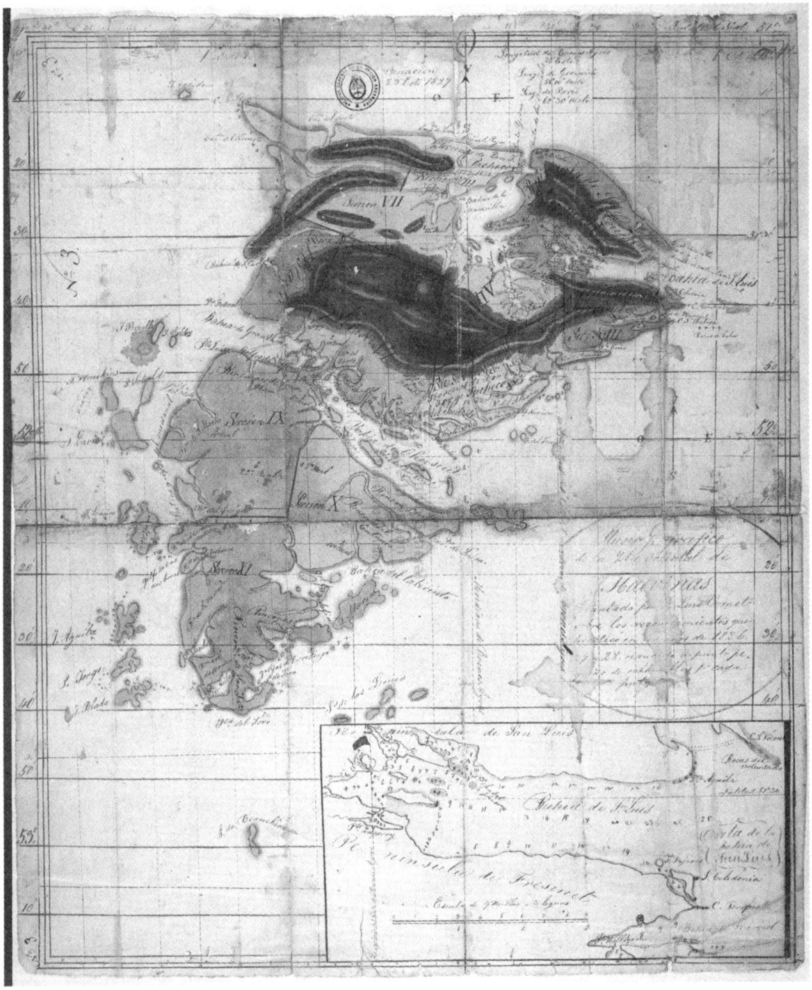

图 12　1826～1828 年路易斯·贝尔内在勘察基础上绘制的索莱达岛地图
（阿根廷国家档案总馆Ⅶ室，路易斯·贝尔内档案，捐赠的文档）

153 这一法令的意义远远超出了土地转让法的重要性。除了上述特许权，布宜诺斯艾利斯政府还做了以下几件事：(1)在税收方面建立一个特殊的税制；(2)在渔业领域免除赋税；(3)在圣卡洛斯湾、同名海峡的海岸保留一块拥有所有权的战略区域；(4)表达了要持续移民马尔维纳斯群岛、组织开发陆地和海洋自然资源的意愿；(5)上述行动不限定在索莱达岛，而是设想扩展到整个马尔维纳斯群岛及阿根廷南部的其他领土；(6)明确树立政府对该殖民地发展的掌控；

(7)确立殖民地领导(路易斯·贝尔内)与布宜诺斯艾利斯政府的从属关系。这是行使主权的公开行动,英国驻布宜诺斯艾利斯的现任代表对此知情,但是英国政府方面却没有任何抗议,这点我们马上将要看到。当然,英国手册对此什么也没说,相反,为了否定路易斯·贝尔内为行使阿根廷主权所采取的行动之重要性,手册沉溺于最荒诞的企图之一是援引所谓英国"准许"贝尔内在马尔维纳斯群岛定居的许可以及贝尔内偏爱英国而非阿根廷的主权。在证明这些论断的虚伪之前,最好简要解释一下贝尔内以私人和官方的双重身份所开展的行动。

1828年1月的这个法令一经批准,路易斯·贝尔内就启动了他的马尔维纳斯群岛人类发展计划,即推动欧洲和美国的移民,阿根廷其余地方后来效仿这一模式。为此贝尔内把索莱达岛分成11段(请看之前提到的贝尔内所绘草图),并致信德国、英国、苏格兰、荷兰和美国公司,向他们提供相关的正式文件副本,一份布宜诺斯艾利斯政府支持定居点的行动报告,一份马尔维纳斯群岛 154
生活、地理和经济条件报告,还有一份向临时垦殖者转让土地的合同模本以及相关条件。其中作为第1条款的条件是,"不管属于什么国家,所有开垦者将尊重阿根廷的合法权威以及它的法律"。[1] 英国手册认为贝尔内对马尔维纳斯群岛的阿根廷主权可能存疑,单单这一点就充分证明了它的虚假。

(g)马尔维纳斯群岛及其毗连地区政治和军事指挥部的建立

路易斯·贝尔内事业有成,马尔维纳斯群岛的人类存在规模增大,因此他以"马尔维纳斯群岛新殖民地创建者"的身份致信布宜诺斯艾利斯政府,提出各种请求。[2]

路易斯·贝尔内定居点发展的必然结果是根据1829年6月10日马丁·罗德里格斯省长及萨尔瓦多·玛利亚·德尔·卡里尔院长[3]签署的法令,建立马尔维纳斯群岛以及毗连大西洋合恩角地区的政治和军事指挥部。[4] (见图13、图14)

该法令条款还规定政治和军事指挥官的官邸将设在索莱达岛,在该岛的共和国旗帜下面建立一个炮兵阵地,政治和军事指挥官"将让上述岛屿的全体居

---

① 为了对索莱达岛第2～11段进行殖民,从1829年5月至1831年10月,上述文件被发给贝尔内在外国的代理人。译文在Gómez Langenheim, A. , *op. cit.* ,T. Ⅰ,pp. 236－244. Fuente citada: Archivo de Don Luis Vernet-Legajo No. 3。

② Reproducido en Gómez Langenheim, A. , *op. cit.* ,T. Ⅰ,pp. 246－247. 凯列特－博伊斯把贝尔内的申请确定为1829年6月9日, *op. cit.* ,pp. 208－209。

③ 萨尔瓦多·玛利亚·德尔·卡里尔(Salvador María del Carril,1798—1883年):阿根廷法学家和政治家,曾担任阿根廷副总统和最高法院院长。——译者注

④ Registro Nacional,1829,Exp. 1,No. 1.

155 民尊重共和国法律,负责在其海岸实施对捕获两栖动物的规定”。1829 年 6 月萨尔瓦多·玛利亚·德尔·卡里尔签署了另一条法令(没有指明日期,大概是 10 日当天),下令给国防部部长发公函,以便把 4 门炮、步枪和其他武器交付路易斯·贝尔内,“在索莱达岛形成一个炮兵阵地”,并公布上述法令。[①] 1829 年 6 月 10 日当天,政府批准了另一个法令,根据此令任命路易斯·贝尔内为马尔维纳斯群岛政治和军事指挥官。[②]

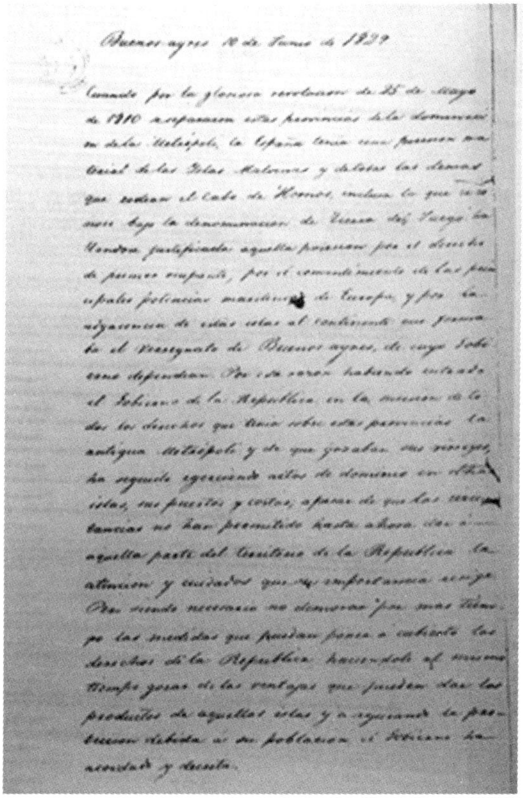

图 13　1829 年 6 月 10 日法令,创建马尔维纳斯群岛以及毗连大西洋合恩角地区的政治和军事指挥部(阿根廷国家档案总馆 Ⅶ2-3-3 室,路易斯·贝尔内档案)

---

① Reproducido en Gómez Langenheim, A. , *op. cit.* , T. Ⅰ, pp. 246-247.

② Cancillería, Rec. 1947 Exp. 23, No. 3, AGN Legajo Ⅱ. Copia fotográfica del original en: Gómez Langenheim, A. , *op. cit.* , T. Ⅰ, p. 245.

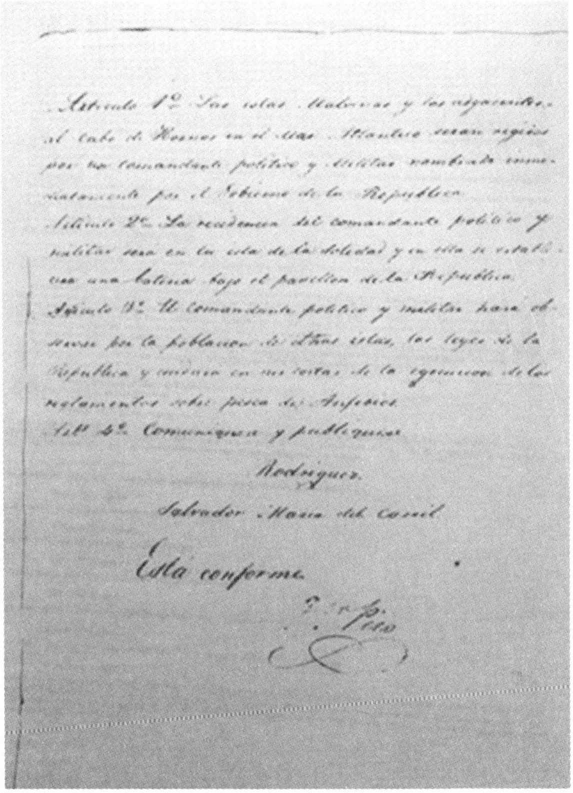
Articulo 1º Las islas Malvinas y las adyacentes al Cabo de Hornos en el Mar Atlantico seran regidas por un Comandante politico y Militar nombrado inmediatamente por el Gobierno de la Republica.
Articulo 2º La residencia del comandante politico y militar sera en la isla de la Soledad y en ella se establecera una bateria bajo el pabellon de la Republica.
Articulo 3º El Comandante politico y militar hara observar por la poblacion de dichas islas, las leyes de la Republica y cuidara en sus costas de la ejecucion de los reglamentos sobre pesca de Anfibios.
Art 4º Comuniquese y publiquese.
Rodriguez.
Salvador Maria del Carril
Esta conforme.

图 13　1829 年 6 月 10 日法令，创建马尔维纳斯群岛以及毗连大西洋合恩角地区的政治和军事指挥部（阿根廷国家档案总馆Ⅶ2－3－3 室，路易斯·贝尔内档案）（续）

1829 年 6 月 10 日法令在其详述中列举了阿根廷法律的依据和建立指挥部 156
的理由。依据为以下几点：

（1）1810 年 5 月 25 日拉普拉塔诸省脱离宗主国统治时，西班牙实体占有马尔维纳斯群岛。

（2）西班牙占有马尔维纳斯群岛的理由：①首位占领国的权利；②欧洲主要海上强国的同意；③马尔维纳斯群岛毗连大陆的地区构成布宜诺斯艾利斯总督辖区，隶属于该政府。

（3）共和国政府“继承了旧宗主国对这些省的所有权利”。

（4）共和国政府继续“对上述岛屿、港口和海岸实施所有权行为”。

157 解释设立指挥部的理由为以下几点：

(1)至今形势尚未给予共和国那块领土其重要性所应得的重视和关照。

(2)必不能延迟更久能够保护共和国权利的措施。

(3)享受那些岛屿的产品所能带来的好处。

(4)确保“对全体居民应有的保护”。

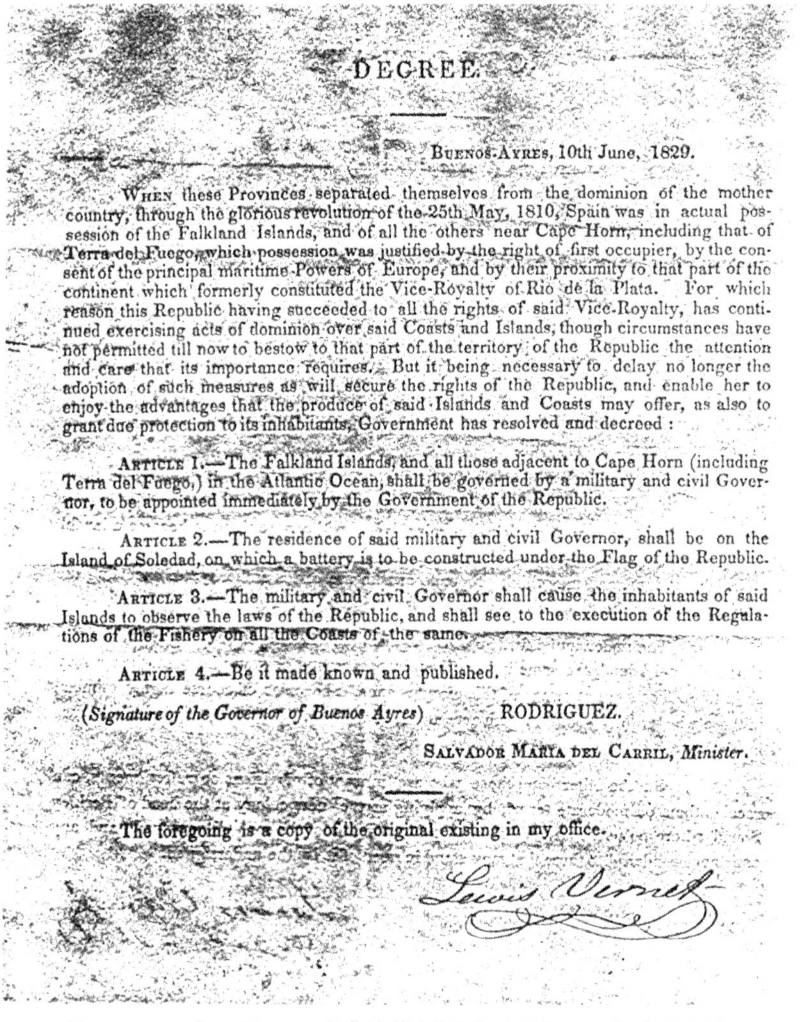

DECREE.

BUENOS-AYRES, 10th June, 1829.

WHEN these Provinces separated themselves from the dominion of the mother country, through the glorious revolution of the 25th May, 1810, Spain was in actual possession of the Falkland Islands, and of all the others near Cape Horn, including that of Terra del Fuego, which possession was justified by the right of first occupier, by the consent of the principal maritime Powers of Europe, and by their proximity to that part of the continent which formerly constituted the Vice-Royalty of Rio de la Plata. For which reason this Republic having succeeded to all the rights of said Vice-Royalty, has continued exercising acts of dominion over said Coasts and Islands, though circumstances have not permitted till now to bestow to that part of the territory of the Republic the attention and care that its importance requires. But it being necessary to delay no longer the adoption of such measures as will secure the rights of the Republic, and enable her to enjoy the advantages that the produce of said Islands and Coasts may offer, as also to grant due protection to its inhabitants, Government has resolved and decreed:

ARTICLE 1.—The Falkland Islands, and all those adjacent to Cape Horn (including Terra del Fuego,) in the Atlantic Ocean, shall be governed by a military and civil Governor, to be appointed immediately by the Government of the Republic.

ARTICLE 2.—The residence of said military and civil Governor, shall be on the Island of Soledad, on which a battery is to be constructed under the Flag of the Republic.

ARTICLE 3.—The military and civil Governor shall cause the inhabitants of said Islands to observe the laws of the Republic, and shall see to the execution of the Regulations of the Fishery on all the Coasts of the same.

ARTICLE 4.—Be it made known and published.

(Signature of the Governor of Buenos Ayres) RODRIGUEZ.

SALVADOR MARIA DEL CARRIL, *Minister*.

The foregoing is a copy of the original existing in my office.

Lewis Vernet

图 14　1829 年 6 月 10 日法令的英文版，在路易斯·贝尔内递交给马尔维纳斯群岛的外国船只船长的通令背面

从司法角度看，奠定阿根廷所有权的正确程序是非同寻常的。首先规定这是国家的继承，确定了1810年5月25日为继承的关键日期，即确定西班牙是否对马尔维纳斯群岛拥有主权并因此可以转让它。然后提到了共和国实施的占有行动，以表明在建立指挥部时共和国已经占领了这片领土，特别是1820年11月6日的占领行动以及19世纪20年代授予的特许权。至于西班牙的所有权，没有援引教皇诏书或美洲大发现，而是首位占领国的权利，这是正确的解释（那个时期是这样理解的），根据此解释，法国的第一次占领被算作西班牙的，因为法国承认了西班牙的主权，转让了它的路易港定居点。欧洲主要海上强国的认可不构成自动的主权资格，而是承认它的存在。马尔维纳斯群岛与大陆的毗连（邻近）也不构成自动的所有权，而是确定拉普拉塔总督辖区的领土范围。① 158

帕斯科与佩珀坚称，颁发法令的阿根廷政府绝非合法，罗萨斯宣布拉瓦耶政府②的所有行为无效、无用。③ 出于几种原因英国不能援引建立政治和军事指挥部以及任命路易斯·贝尔内的法令“无效性”。第一，因为不曾有过这种无效性，即便继任政府宣布了这样的无效性，鉴于国家延续的原则，它在国际层面是无法操作的。④第二，因为颁布1829年6月10日法令的政府，其后继者，包括罗萨斯政府，仍继续完全根据这些法令的内容行事。1829～1831年马尔维纳斯群岛政治和军事指挥官与布宜诺斯艾利斯政府之间往来的官方信函、该政府而对路易斯·贝尔内俘获3艘美国舰船及“勒星顿”号军舰后续行动的态度便足 159

---

① 请看美国和法国有关松树岛和圣玛利亚岛的各自实践案例，以及在布拉马岛、帕尔玛斯岛、阿尔卑·德·克拉瓦伊洛拉岛、比格尔海峡岛屿及萨尔瓦多/洪都拉斯争端的典型判例分析：Kohen, Marcelo G., Posession contestée et souveraineté territoriale, París, PUF, 1997, pp. 242－246。对于相邻作为主权范围而非主权凭证的确定标准的另一个分析，可以参见 Jennings, Robert, The Aquisition of Territory in International Law, Manchester, Manchester University Press, 1961, p. 74; Brownlie, Ian, Principles of Public International Law, 5ªed., Oxford, Clarendon Press, 1998, p. 147。

② 胡安·曼努埃尔·德·罗萨斯（Juan Manuel de Rosas, 1793—1877年）：阿根廷军人、政治家。1829年推翻拉瓦耶将军，当上布宜诺斯艾利斯省省长。1835～1852年成为阿根廷联邦的主要寡头。他对阿根廷历史产生重大影响，故他统治该国的那段时期被称为“罗萨斯时代”。胡安·戛罗·德·拉瓦耶（Juan Galo de Lavalle, 1797—1841年）：阿根廷军人，阿根廷独立战争的杰出人物，该国内战期间的军事首领和政治家。——译者注

③ Pascoe, Graham y Pepper, Peter, *op. cit.*, p. 16.

④ Cf. el laudo arbitral entre el Reino Unido y Costa Rica en el asunto Tinoco, R > S > A., Vol. Ⅰ, p. 371 y ss.

以说明这点。[1]第三,如果假设上述法令是无效的,那么唯一可以援引上述无效性的国家应该是阿根廷。如果以类推的方式把条约法方面有关违反国内法规定的条款运用到政府的单边行动,就得出这个结论。[2]此外,1829 年 11 月 19 日英国抗议的唯一目标是同年 6 月 10 日的那条法令,提交该抗议时,布宜诺斯艾利斯省已发生了政府的更换。如果一个政府不承认被抗议法令的有效性,那么向该政府提出抗议就没有意义。所有那一切表明,英国手册为贬低建立马尔维纳斯群岛政治和军事指挥部的 6 月 10 日法令而付出的努力毫无意义,在这点上其他英国资料先于这本英国手册做过尝试。[3]

160 路易斯·贝尔内担任马尔维纳斯群岛指挥官期间,行使公共权力的行为以及表达阿根廷主权的其他行为数不胜数。我们仅列举以下行为作为例子:

(1)英文通令发给在该地区捕鱼和狩猎的船只(大部分是美国和英国船),通知它们必须尊重阿根廷相关法律及定居在马尔维纳斯群岛的私人财产(从 1829 年 8 月 1 日起发布的通令,背面是建立马尔维纳斯群岛政治和军事指挥部的法令译文)。[4] (见图 15)

(2)1829 年 8 月 30 日的就职仪式及国家节日的纪念活动。[5]

(3)刑事性质的诉讼。[6]

(4)1829 年 10 月 25 日和 1830 年 5 月 29 日马尔维纳斯群岛政治和军事指挥官路易斯·贝尔内先生举行的公证婚姻。[7]

(5)在马尔维纳斯群岛建造的属于路易斯·贝尔内本人的"鹰"号国家纵

---

[1] 1829 年 12 月 24 日和 1830 年 8 月 25 日贝尔内致布宜诺斯艾利斯省政府部长秘书的备忘录,1830 年 10 月 25 日,政府部长托马斯·德·安乔雷纳回复这两封信。1831 年 3 月 23 日贝尔内的备忘录(第一封的原件在 Academia Nacional de la Historia, D – 931, MOS,这一封和其他信函复制于 Gómez Langenheim, A., *op. cit.*, T. Ⅰ, pp. 251 – 257)。

[2] Cf. el laudo arbitral sobre la *Determinación de la frontera marítima Guinea-Bissau/Senegal* del 31 de julio de 1989, *R. G. D. I. P.*, 1990, Vol. 94, par. 60.

[3] En igual sentido se expresa el sitio en internet del llamado "Falkland Islands Government".

[4] 8 月 1 日的日期源自 Gómez Langenheim 在贝尔内档案里看到的原文(*op. cit.*, T. Ⅰ, p. 246)。

[5] 请看路易斯·贝尔内 1829 年 8 月 30 日的公告(AGN, Sala Ⅶ 2 – 4 – 6, Documento 17 del Periodo 1810 – 1833),之前引用的 1829 年 12 月 24 日贝尔内致布宜诺斯艾利斯政府部长的备忘录和该日期相对应的玛利亚·赛斯的日记。

[6] 玛利亚·赛斯·德·贝尔内 1829 年 8 月 24 日和 25 日、9 月 1 日的日记。

[7] 第一场婚姻请见玛利亚·赛斯·德·贝尔内夫人的日记,第二场婚姻请见 Gómez Langenheim 复制的证书。

帆船，其航行许可证日期为 1831 年 11 月 6 日。①

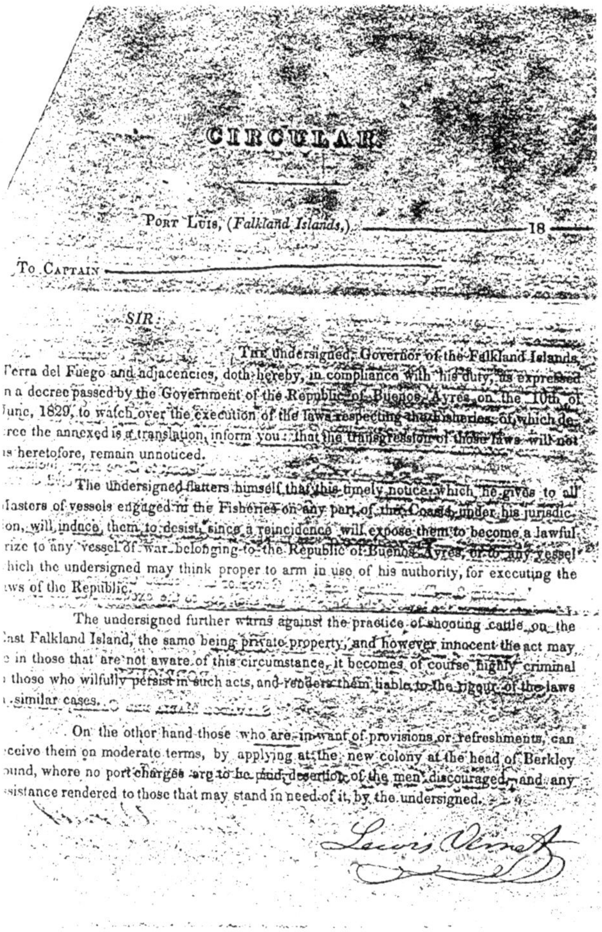
CIRCULAR.

PORT LUIS, (*Falkland Islands,*) ——————18

To CAPTAIN ——————

SIR:

THE undersigned, Governor of the Falkland Islands, Terra del Fuego and adjacencies, doth hereby, in compliance with his duty, as expressed n a decree passed by the Government of the Republic of Buenos Ayres, on the 10th of June, 1829, to watch over the execution of the laws respecting the Fisheries, of which decree the annexed is a translation, inform you: that the transgression of those laws will not as heretofore, remain unnoticed.

The undersigned flatters himself that this timely notice which he gives to all Masters of vessels engaged in the Fisheries on any part of the Coasts under his jurisdiction, will induce them to desist, since a reincidence will expose them to become a lawful prize to any vessel of war belonging to the Republic of Buenos Ayres, or to any vessel which the undersigned may think proper to arm in use of his authority, for executing the laws of the Republic.

The undersigned further warns against the practice of shooting cattle on the East Falkland Island, the same being private property, and however innocent the act may be in those that are not aware of this circumstance, it becomes of course highly criminal in those who wilfully persist in such acts, and renders them liable to the rigour of the laws in similar cases.

On the other hand those who are in want of provisions or refreshments, can receive them on moderate terms, by applying at the new colony at the head of Berkley Sound, where no port charges are to be paid, desertion of the men discouraged, and any assistance rendered to those that may stand in need of it, by the undersigned.

Louis Vernet

图 15 路易斯·贝尔内作为马尔维纳斯群岛省长递交给外国渔船的通令，通告他们 1829 年 6 月 10 日法令

① 第一场婚姻请见玛利亚·赛斯·德·贝尔内夫人的日记，第二场婚姻请见 Gómez Langenheim 复制的证书，T. Ⅰ，p. 284。

（6）发行货币。[①]（见图 16）

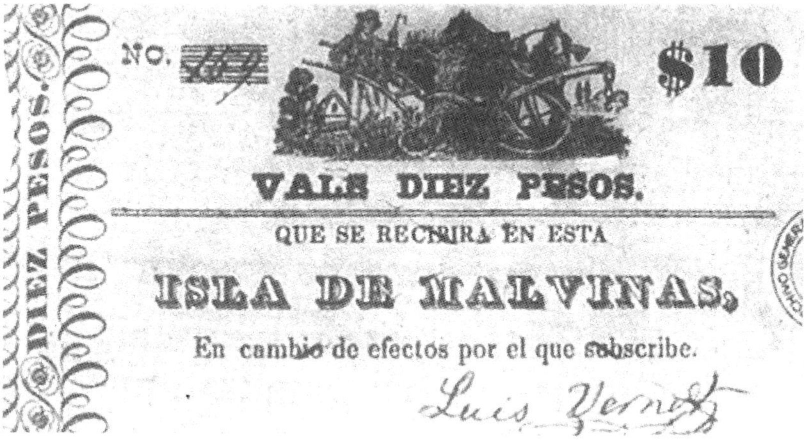

图 16　路易斯・贝尔内作为马尔维纳斯群岛省长发行的钱币

161 （7）掌控渔业和狩猎，在这些方面实施阿根廷法律。[②]

（8）利用居民来服兵役和看管囚犯。[③]

（9）土地转让，甚至向英国臣民转让。[④]

（10）实施对殖民地居民有利的 1828 年 1 月 5 日法令。

（11）推动欧洲和美国的移民。

162 如果运用与领土主权规定相关的国际法，这些行为绝对足以被视为有效，

---

① Copias en Gómez Langenheim A. ,op. cit. ,T. Ⅰ,p. 289 y las dos primeras ediciones de la obra citada de Caillet-Bois,Ricardo. Tambien en：Heijtz,Stefan：*Specialized stamp catalogue of the Falkland Islands and dependencies,including postal history and cancellations* 1800 – 1996 *with British Antarctic territory and now also paper money,coins and telephone cards*,3ª ed. Estocolmo,s. d. e. ,1995,p. 216.

② 此举将引发与美国的冲突。

③ Caillet-Bois,Ricardo,*op. cit.* ,p. 213.

④ Hechas en favor del Teniente R. N. Langdon y de G. T. Whitington. Whitington,G. T. ：*The Falkland Islands,Compiled from* 10 *years investigation of the subject*,Londres,Smith,Elder & Co. y J. Ridgway,1840,p. 11.

也就是说,是对争议领土有效行使主权的具体表现。[①]

路易斯·贝尔内建立的定居点所拥有的稳定人口达到 150 人,[②]直到 1833 年阿根廷当局被驱逐出去,在该居民点存在的 7 年里,据贝尔内估计大约 300 人曾在马尔维纳斯群岛居住。[③] 在其职权及共和国法律管辖之下的英国臣民人数众多,其中马修·布里斯班,[④]参加了 19 世纪下半叶威德尔的探险,被贝尔内任命为海豹狩猎管理员。[⑤] 除了路易港或索莱达港,在索莱达岛上还存在几个分散的庄园和两个较小的居民点,名叫罗萨斯和多雷戈,分别位于波拉格拉海湾和港口、圣阿古斯丁角附近。[⑥] 路易斯·贝尔内引进了绵羊,改良了现有的牛和马,在那段时期,贝尔内和巴塔哥尼亚及火地岛的原住民保持友好往来。土著群体之一的女首领,被称为"海峡女王",1831 年在路易港或索莱达港做客达 163
6 个月之久。[⑦] 路易港定居点对于经大西洋前往太平洋或反向航行的所有国籍的航海者均十分有用,对那些荒凉地区的失事者来说是一个主要救援点,其中突出的是对南乔治亚岛遇难者的救援。[⑧] 描述阿根廷殖民时期马尔维纳斯群岛生活的最佳方式是,阅读该岛政治和军事指挥官的夫人玛利亚·赛斯·德·贝尔内从 1829 年 7 月 15 日至 12 月 22 日所写的日记,即她女儿玛蒂尔德(马尔维

---

① 例如,*Isla de Palmas*, *Estatuto jurídico de Groenlandia Oriental*, *Qatar vs Bahrein*, *Pulau Ligitan y Pulau Sipadan*(*Indonesia/Malasia*), *Pedra Branca/Pulau Batu Puteh*, *Middle Rocks y South Ledge*(*Malasia/Singapur*), *El Salvador/Honduras*(*Nicaragua: interviniente*), *Nicaragua vs. Honduras y Nicaragua vs. Colombia*,这些有效性不管是为确认一个原先就有的主权存在,还是建立 个如果没有主人的领土新主权,都是充分足够的。

② 请看 Gómez Langenheim 从贝尔内档案里的数据出发制定的名单。

③ Archivo del Ministerio de Relaciones Exteriores, Buenos Aires, División Política, Islas Malvinas, leg. Ⅱ, exp. 1, 1832/35, t. Ⅲ, cit. por Caillet-Bois, Ricardo, *op. cit.*, p. 211.

④ 马修·布里斯班(Matthew Brisbane, 1787—1833 年):英国海员兼商人,后取得阿根廷国籍。曾在南极洲探险,在巴塔哥尼亚和南大西洋猎海豹和海狼。1829～1833 年索莱达岛的殖民过程中他是贝尔内的得力助手。1831 年被美国"勒星顿"号海员抓获,被送往乌拉圭。英国占领马尔维纳斯群岛后贝尔内派他回到马尔维纳斯群岛,数月后遭高乔人安东尼奥·里维罗暗杀。——译者注

⑤ Ver la nota de Brisbane a Vernet del 29 de julio de 1831, *infra* nota 132.

⑥ Gómez Langenheim, A., *op. cit.*, T. Ⅰ, p. 259.

⑦ 1835 年 10 月 7 日路易斯·贝尔内致布宜诺斯艾利斯省长胡安·曼努埃尔·德·罗萨斯的信。文档在 Gómez Langenheim, A., *op. cit.*, T. Ⅰ, p. 259。

⑧ 请看 1829 年 8 月 16 日和 10 月 20 日贝尔内夫人的日记纪事。

纳）· 贝尔内出生前一个半月。[①] 欧洲殖民列强存在的时期，马尔维纳斯群岛从未有过这样的人类发展，是年青的阿根廷创造了这个发展并显示了马尔维纳斯群岛的用途，而英国凭借其政治、军事和经济霸权，通过武力攫取了这一巨大的努力。

F. 所谓英国批准贝尔内定居点及贝尔内“亲英”的荒谬论据

无疑英国手册不能忽视路易斯 · 贝尔内的事业对于马尔维纳斯群岛发展的重要性，它甚至承认是贝尔内“建立了迄今为止存在的长期定居点”。[②] 自从1826 年贝尔内出现在马尔维纳斯群岛以来，其事业证明了阿根廷主权的行使，
164 为了努力减少该行动以及英国缺乏抗议的严重性，帕斯科与佩珀求助于一系列矛盾的（别的形容词用不上）和完全虚假的论据。或许英国手册最严重的虚假之处是，声称所谓英国准许贝尔内在马尔维纳斯群岛建立其定居点，我们马上将要看到这点。

英国手册对路易斯 · 贝尔内行动的分析始于声称他向布宜诺斯艾利斯政府申请特许权是“令人惊讶的”，因为说到马尔维纳斯群岛、史坦顿岛和巴塔哥尼亚海岸，“那个时候几乎所有那些领土都处于阿根廷管辖权的实际范围之外”。[③] 据称其作者也对布宜诺斯艾利斯政府同意此特许权感到惊讶。然而已充分证明，在西班牙殖民时期那些领土被视为西班牙的，无论是贝尔内还是阿根廷政府，均视这个新生的南美国家为那些领土的继承人，该事实毫不奇怪。原本可以批评阿根廷对这些领土不作为，但恰好不能批评阿根廷采取措施以便有效行使主权权利的事实。

实际上，令人惊讶的是英国手册的下列断言：“是贝尔内在万不得已的情况下把他在福克兰群岛的权利交给布宜诺斯艾利斯，而不是相反。”[④]说真的，该断言的可取之处在于它至少承认了布宜诺斯艾利斯对马尔维纳斯群岛的权利，

---

① 日记原文在阿根廷国家档案总馆。同一本日记有众多的版本。第一个版本在 Gómez Langenheim, A. , *op. cit.* , T. Ⅰ, pp. 266 – 284，另一个版本是 Montarcé Lastra, Antonio, *op. cit.* , pp. 125 – 156，还存在一个西班牙语—英语的双语版本，由她的曾孙 Ernesto Greenleaf Cilley Hernández 注释和点评：*María Sáez de Vernet, cronista de nuestra soberanía en Malvinas*, Buenos Aires, Ed. Puerto Luis, 1989。

② Pascoe, Graham y Pepper, Peter, *op. cit.* , p. 11.

③ Pascoe, Graham y Pepper, Peter, *op. cit.* , p. 14.

④ Pascoe, Graham y Pepper, Peter, *op. cit.* , p. 14.

不过并不因此而中止其极端的离谱。第一，在给予路易斯·贝尔内特许权之
前，阿根廷已有主权行动。第二，路易斯·贝尔内致函给他想开发的那块领土
的主权国。第三，该国着手授予路易斯·贝尔内必要的许可。声称个人把权利 165
赋予国家，那是荒唐的，个人只能在国家许可的条件下在一块领土上合法履行
权利。

我们在这里发现了实质的欺诈，英国手册声称 1828 年“贝尔内把他的特许
权交给英国人”，英国驻布宜诺斯艾利斯领事格里菲思先生“1828 年 1 月 30 日
批准了此事”。① 没有任何脚注指出该声明的出处，这并不奇怪，英国博主利用
这些来声称路易斯·贝尔内的定居点得到了“英国的许可”，这是帕斯科与佩珀
的手册暗示而不敢断然肯定的一件事。② 之后这些作者推测帕里什与贝尔内当
时是否有过会晤，并跳跃到一年多以后帕里什要求与贝尔内举行的一次会晤。 166
手册试图让其读者相信，当涉及的是一个私人事业时，英国政府可以不做出反
应，但当它具有国家性质时英国政府做出了反应。这是错误的，如果英国政府
视马尔维纳斯群岛为其国王陛下的财产，面对阿根廷政府给予私人的官方特许
权，不能不做出回应。

事实远远对英国的抗议不利，而且支撑了英国对阿根廷主权的承认。路易斯·贝尔内只是在英国驻布宜诺斯艾利斯领事馆让他们证明 1828 年 1 月 5 日的法令，该证明于 1828 年 1 月 30 日完成，上面有英国领事查理斯·格里菲思的签名。③这是一种典型的领事认证，通过这种方式，驻国外的领事馆证明一份官方文件是由它所在的国家或它管辖范围内的国家主管当局签署和盖章的。直至今日对外国官方文件的“认证”功能仍由全世界的领事馆执行。④ 为什么贝尔内要在英国领事馆认证或把那份阿根廷官方文件合法化呢？因为他的意图是把所有那些文件寄到欧洲，以便吸引欧洲垦殖者来马尔维纳斯群岛，他就是

---

① Pascoe，Graham y Pepper，Peter，*op. cit.*，p. 15.

② 福克兰群岛政府网页指出，贝尔内方面“重新确认英国主权的若干尝试的第一次”发生于 1829 年。

③ AGN Sala Ⅶ 2，3 y 4（Documento No. 12 del Periodo 1810－1833）. Gómez Langenheim 复制了路易斯·贝尔内在其档案中的注释。在《重要档案》文件夹（A）提到根据 1828 年 1 月 5 日法令他所具有的财产所有权时，贝尔内说，“上述所有权是 1828 年 1 月 5 日的，1828 年 1 月 30 日得到英国领事查理斯·格里菲思的认证”（*op. cit.*，T. Ⅰ，p. 216）。

④ 例如，请看英国驻布宜诺斯艾利斯大使馆网页：https：//www. gov. uk/guidance/notarial-and-documentary-services-guide-for-argentina#legalise。

这么做的。上面我们已经引述了合同模本，这是证实贝尔内前往马尔维纳斯群岛，在国家的许可下实施其定居点计划的一种方式，这是涉及布宜诺斯艾利斯政府对马尔维纳斯群岛主权和支配行为的文件认证。

167 因此这与“把特许权交给英国人”有天壤之别。英国手册援引这个法令时，不但不利于英国的主权主张，反而提供了英国缺乏反应的强有力证明。如果马尔维纳斯群岛属于英国国王陛下，这样的文件本该引起英国领事馆官员的注意，特别是对 1828 年 1 月 5 日法令的认证。至少就像领事馆证明 1826 年帕切科虚假转让特许权的那个案例，该领事馆的证明证实英国知晓 1823 年和 1828 年阿根廷政府给予马尔维纳斯群岛的领土特许权、渔业权和免除赋税的事实。面对上述处置行为，英国将不能有效援引自己的不知情。在这种情形下，英国政府应该有反应，但英国政府不曾有过反应。面对英国当局给予（应该说，**强加**，正如我们之后将看到的）阿根廷渔业公司在南极洲的特许权，阿根廷缺乏抗议，如果顺着英国在南极洲事件中的要求推理，只能做出英国那时承认阿根廷对马岛主权的结论。①

英国手册企图歪曲的事实，出自 1833 年帕里什发表在伦敦《皇家地理协会》杂志上的一篇文章所做的描述，他在文中描写了索莱达岛：

> 英国最近恢复了对福克兰群岛的主权主张，为此以下对东岛的描述会很有
> 168 意思。是贝尔内先生在我最后一次定居南美期间告诉我的，他建立了一个居民
> 点，在那里居住多年，受布宜诺斯艾利斯政府的管辖。②

英国手册的另一虚假之处是声称所谓路易斯·贝尔内偏爱英国主权。即便假如这是真的，也丝毫不会影响两国之间的主权争端，我们将研究这一断言。第一个论据基于帕里什公使给其外交大臣的一封电讯，内容涉及他与贝尔内的一个所谓会谈，在该会晤中贝尔内对帕里什解释说，“假如英国国王陛下的政府保护他的定居点，他（贝尔内）会很幸福”，之后电讯还涉及所谓贝尔内与英国海军中尉威廉·朗东的一场谈话，其间贝尔内应该再次对朗东说过不会反对英

---

① *I. C. J. Pleadings*, p. 23, par. 24(2).

② Parish, Woodbine, "Account of East Falkland Islands", *The Journal of the Royal Geographic Society*, Londres, 1834, Vol. 3, p. 94.

国临时占有马尔维纳斯群岛。[①] 也就是说,英国的论据不是基于贝尔内本人的备忘录或他那一方有文件记录的声明,而是基于某人认为贝尔内应该说过的话。没有任何文件证明如英国作者所声称的那样,贝尔内邀请英国人去马尔维纳斯群岛定居。事实是,贝尔内依照布宜诺斯艾利斯赋予他的权限,给予英国臣民威廉·朗东土地经营权,此人接受了经营权,1833 年阿根廷一被驱逐,他就试图在英国当局面前维护该经营权,但没有成功。

路易斯·贝尔内也曾建议帕里什在马尔维纳斯群岛投资。[②]据“福克兰群岛政府”网页的说法,那是一种**重新确定**英国对该群岛主权的意图。它涉及的是纯粹商业性质的协议,并且不是根据双方所担任的公共职务。[③] 殖民地需要 169
尽可能多的投资者,贝尔内明确向帕里什表示:“……我需要一个合伙人;在商人中间我一个也找不到。”[④]考虑到这一困难,在以指挥官身份前往马尔维纳斯群岛之前,贝尔内建议帕里什以私人身份参与这笔生意,换取直到那一刻投资额的一半回报。贝尔内的建议由一份合同组成,根据此合同将成立一个大约 10 万英镑的股份公司,其中他们将代表 50% 的股份。显然这样的投资应该在阿根廷主权框架下进行,贝尔内就是在这一主权下行事的,[⑤]他同时集商人和官方人士的身份于一身,[⑥]在那个时代这是相当正常的。为了列举一位卷入本问题的人物,我们将提到美国代办贝里斯,[⑦]他离开布宜诺斯艾利斯时提到自己的官方和私人双重身份。[⑧] 也可以列举历史上西班牙征服的例子,经常通过**边区都督**这个职务采取这种做法。帕里什没有接受贝尔内的开价。

---

① Pascoe, Graham y Pepper, Peter, *op. cit.*, pp. 15 – 16.

② Caillet-Boris, Ricardo, *op. cit.*, pp. 226 – 227.

③ 请看 1829 年 6 月 19 日和 21 日贝尔内致帕里什的信以及 1829 年 9 月 25 日帕里什给贝尔内的回信。Caillet-Boris, Ricardo, *op. cit.*, pp. 226 – 227. Fuente citada: AGN, Buenos Aires, División Nacional, Documentacion donada, Archivo de Vernet.

④ Caillet-Boris, Ricardo, *op. cit.*, p. 226.

⑤ 请看路易斯·贝尔内给吉列尔莫·朗东转让的土地,在这里规定垦殖者必须承诺“尊重国家的合法当局”,在 Caillet-Boris, Ricardo, *op. cit.*, p. 229。

⑥ Caillet-Boris, Ricardo, *op. cit.*, p. 227.

⑦ 弗朗西斯·贝里斯(Francis Baylies, 1783—1852 年):美国众议院议员,1831 年“勒星顿”号袭击马尔维纳斯群岛之后,他被美国政府任命为驻阿根廷联邦代办。贝里斯 1832 年 6 月至 9 月十分短暂的履职是由于当时不稳定的条件。——译者注

⑧ 1832 年 9 月 26 日贝里斯致国务卿 Edward Livingston 的备忘录,参见 Manning, William R. (ed), *Diplomatic correspondence of the United State. Inter-American Affairs* 1831 – 1860, Washington, Carnegie, 1932, Vol. 1, “Argentina”。

迎击所谓的路易斯・贝尔内三心二意、有利于英国论点的另一个关键因
170 素,是他在1829~1833年的实际行动,以及在1832年8月10日的报告中对阿根廷主权热情而深刻的捍卫,贝尔内在其中详细批评了帕里什1829年11月19日抗议中的那些声明。①这些是贝尔内所做的实际和公开的行为,英国手册以厚厚的沉默加以掩盖,而其所谓的矛盾立场仅仅是"听说的"声明。

1833年驱逐事件发生后,路易斯・贝尔内企图让英国政府赔偿其在马尔维纳斯群岛投资这一事实,也无助于推动英国的论点。② 事实是,阿根廷被驱逐之后,英国当局阻止贝尔内回来,他希望英国当局承认阿根廷政府给予自己的、对其有利的土地经营权,但这一切都遭到拒绝,尽管他享有该权利已达7年之久。③ 英国的这个态度公开抵触国际法所承认的,尊重私人在有争议的领土所获权利的做法。④ 即便在与这片领土的居民相关的方面,1833年1月3日英国的武力行动也没有尊重国际法。此外,已经年迈的路易斯・贝尔内在结束了所有阿根廷官方任职之后的许多年,出于说服英国当局赔偿自己的意图而可能写下的东西,是否与其之前的立场矛盾,这在主权争端中没有任何重要性。

171 **G. 1829年11月19日的英国抗议**

1829年11月19日,根据其政府的指示,英国国王陛下的代办伍德拜恩・帕里什对同年6月10日阿根廷实施的法令提出抗议,该法令"包括了给福克兰群岛政府的某些措施"。根据此抗议,这样的措施与英国国王陛下的主权权利不相容。

可以说,1829年的英国抗议为时已晚,是有限的和出于恶意的。**为时已晚**,是因为英国政府了解之前布宜诺斯艾利斯1820~1829年对马尔维纳斯群岛行使国家权利的行为。**有限的**,是因为它局限于1829年6月10日的法令,没有抗

---

① Texto en inglés en Perl, Raphael, op. cit., pp. 252 y ss. (reproducción fotográfica del texto reproducido en el *BFSP*, 1823 - 1833, Vol. XX)

② Pascoe, Graham y Pepper, Peter, *op. cit.*, pp. 27 - 28.

③ Graham E. Hamond a Luis Vernet, a bordo del Dublín, en Río de Janeiro, 27 de agosto de 1836 en Caillet-Bois, Ricardo, *op. cit.*, p. 388.

④ *Ciertas cuestiones relativas a colonos de origen alemán en el territorio cedido por Alemania a Polonia* (*opinión consultiva del* 10 *de septiembre de* 1923), CPJI, Serie B No. 6, p, 36; *Controversia fronteriza territorial, insular y marítima* (*El Salvador/Honduras-Nicaragua interviniente*), fondo, CIJ Recueil 1992, par. 66.

议之前的行为。实际上，引述已经或现在实施的有损英国国王陛下权利的行为，与被抗议的法令框架内实施的那些行为有关，而与法令之前的行为无关，英国清楚这一点。最后，**出于恶意**，是因为在所谓的英国主权依据里，西班牙在马尔维纳斯群岛不间断的、直至1811年的存在以及后来阿根廷的行动都默默消失了，英国政府不能忽视这两个事实。伍德拜恩·帕里什本人在1829年6月10日阿根廷法令实施之前，写给其政府的一份备忘录证实了这点。在发给伦敦的1829年3月15日第17号电讯中，帕里什回想起西班牙人在马尔维纳斯群岛始终保持一支守备军、一座监狱和一艘战舰，直到1813年（原文如此），从那时起布宜诺斯艾利斯政府一直把这块领土视为己有，并授予土地、狩猎和渔业的特许权。① 在1829年4月25日第24号电讯里，帕里什甚至转发了给予路易斯·贝尔内的经营权复件，即1828年1月英国领事格里菲思认证的同一份文件。② 后来面对曼努埃尔·莫雷诺的抗议，帕默斯顿③大人利用这些相同的理 172
由，将重复同样的恶意。更严重的是，在此过渡时期，伍德拜恩·帕里什弄到并发给伦敦一些文件的复件，它们证实了西班牙人摧毁埃格蒙特港的英国要塞、撤掉英国匾牌和1774年之后肯定自身主权的其他西班牙行为。④

半个世纪的沉默之后，关于英国的这次抗议，可以用《（萨尔瓦多/洪都拉斯，尼加拉瓜居中）陆地、岛屿和海洋边界争端》中，国际法院的分法庭就洪都拉斯抗议萨尔瓦多在梅安格拉岛实施主权行为所说的话加以改述："（英国）的上述抗议是在（西班牙和阿根廷在马尔维纳斯群岛）长长的一系列主权行动之后做出的，提得太晚了，不能排除（英国）默认的推断。"⑤

1829年11月25日，内阁部长马萨⑥告知收到了英国的抗议照会，宣称政府

---

① Parish, Woodbine, "Account of East Falkland Islands", *The Journal of the Royal Geographic Society*, Londres, 1834, Vol. 3, p. 94.

② Down, Wilfred, *The occupation of the Falkland Islands and the questions of sovereignty*, Tesis doctoral, Universidad de Cambridge, agosto de 1926, ed. mecanografiada, p. 116.

③ 帕默斯顿（Henry John Temple Palmerston, 1784—1865年）：英国政治家，1830～1834年、1835～1841年、1846～1851年任英国外交大臣，1855～1858年、1859～1865年两度任英国首相。——译者注

④ Despacho No. 34, 20 de noviembre de 1830, FO 118, 24. Down, Wilfred, *op. cit.*, p. 128.

⑤ CIJ Recueil 1992, p. 577, pa. 364.

⑥ 曼努埃尔·维森特·马萨（Manuel Vicente Maza, 1779—1839年）：阿根廷联邦律师及政治家。——译者注

打算仔细考虑,一旦收到相关指示,他将很高兴通报所采取的解决办法。[①] 然而,对该抗议从未有过回复。1833 年 1 月 3 日英国袭击马尔维纳斯群岛之后所援引的理由是,“这个回复需要一段时间,(但)也不清楚国王陛下的外交人员是否要求或坚持要该答复”。[②] 值得注意的是,尽管缺少回复,英国驻布宜诺斯
173 艾利斯代表并未坚持,不像过去面对普通的报告请求缺乏答复时,他都执意要得到回复,正如我们在上面所看到的,尤其那一时期布宜诺斯艾利斯发生了连续的政府更替。另外,照会没有提供任何合法渠道来解决争端。关于答复的缺失,英国作者 V. F. 博伊森坚称“问题变得没完没了,肯定落入了遗忘”。[③]

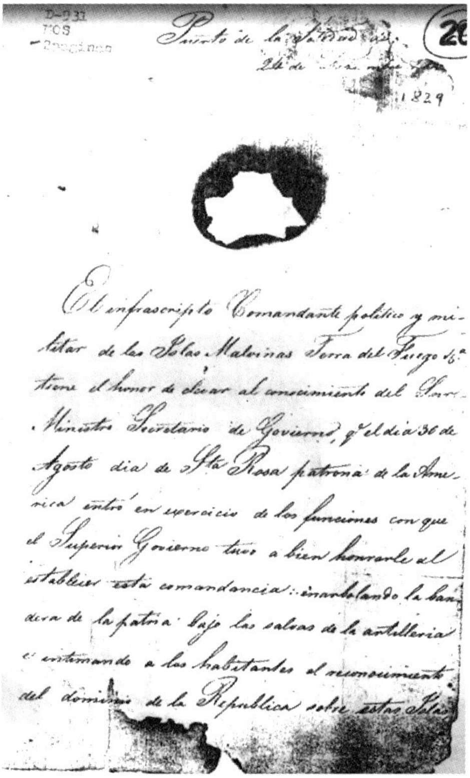
Puerto de la Soledad
1829

El infrascripto Comandante político y mi-
litar de las Islas Malvinas Tierra del Fuego &a
tiene el honor de elevar al conocimiento del Sor
Ministro Secretario de Gobierno, q el dia 30 de
Agosto dia de Sta Rosa patrona de la Ame-
rica entró en exercicio de las funciones con que
el Superior Gobierno tuvo a bien honrarle al
establecer esta comandancia: enarbolando la ban-
dera de la patria bajo las salvas de la artilleria
e intimando a los habitantes el reconocimiento
del dominio de la Republica sobre estas Islas

图 17　1829 年 12 月 24 日贝尔内呈送布宜诺斯艾利斯内政部长的信函

① Traducción en inglés en *BFSP*, 1832 – 1833, T. XX, p. 347; Perl, Raphael, *op. cit.*, p. 189.

② Gómez Langenheim, A., *op. cit.*, T. II, p. 178.

③ Boyson, V. F., *The Falkland Islands*, Oxford, Clarendon Press, 1924, p. 93.

H. 美国舰船的抓获及“勒星顿”号对索莱达港的进攻 174

路易斯·贝尔内持续关注的事项之一是，美国船只在该地区胡乱狩猎两栖动物以及偷捕鱼类。在 1829 年 12 月 24 日致布宜诺斯艾利斯内政部长的备忘录里（见图 17），为了殖民地的进步贝尔内声称：

> 只需要让渔业法奏效，以便多年以来外国渔民所挣到的巨资有利于本国渔民，前者不满足于在适当的季节捕鱼，而主要在产卵季节捕鱼，如果不加以制止的话，几年内就会毁掉鱼类。①

英国手册声称，路易斯·贝尔内只抓捕了美国船只，因为“英国已经警告他不要这么做，并且不管怎样，贝尔内期待得到英国的保护和英国对福克兰群岛的主权”。② 我们已经看到最后这一点纯粹是没有根据的推测，至于第一点，英国手册没有提供证据，只是提到帕里什大概对效力于贝尔内的英国臣民马修·布里斯班说过此事。③

具体和公开的情况是，在向公众发布的有关“勒星顿”号军舰事件的公告里，就有关马尔维纳斯群岛法律禁止狩猎和捕鱼一事，路易斯·贝尔内通报英国船只尊重他的禁令，并且伦敦当局已提醒这些船只这么做。④ 贝尔内的这个 175
声明终于驳斥了美国官员所做的解释，他们通过这些解释声称，唯一被采取措施的船只是美国的，英国船只没有受到骚扰。⑤ 面对贝尔内公开声明英国船只

---

① Documento citado *supra*.

② Pascoe, Graham y Pepper, Peter, *op. cit.*, p. 17.

③ Pascoe, Graham y Pepper, Peter, *op. cit.*, nota de pie de página 1.

④ Vernet, Luis: *To the public*, Buenos Aires, 2 de mayo de 1832, fotografía en: Muñoz Azpirl, José L.: *Historia completa de las Malvinas*, Buenos Aires, Oriente, 1966, T. 3, p. 61.

⑤ 在致内阁部长马萨的 1832 年 6 月 20 日备忘录里，美国代办贝里斯提到英国船只也在马尔维纳斯群岛非法猎海豹的事实（*BFSP*, 1832 - 1833, Vol. XX, p. 333; Perl, Raphael, *op. cit.*, p. 175）。在其 1832 年 8 月 10 日的报告里，贝尔内对此声称：“‘导神星’号船在我的权限内捕过鱼不是真的，在我被任命为省长之前很久它这么做过，但那一时期之后，它放弃了这个行为（捕鱼），正如我可以用自己掌握的书面凭证以及‘防波堤’号、‘哈里特’号和‘优胜者’号的日志文件来证实这点，在那些日志中显示，那时没有任何英国的或其他国家的船只在马尔维纳斯群岛捕鱼。因此甚至假如我希望做出这样荒唐的偏爱之举，我都没有机会这么干。”参见 BFSP, 1832 - 1833, Vol. XX, p. 388; Perl, Raphael, *op. cit.*, p. 230。

的船主从伦敦接到尊重垦殖者和禁止在岛上狩猎的命令,英国驻布宜诺斯艾利斯代表没有任何反应,其他英国证据也肯定美国船只是马尔维纳斯群岛海洋动物的主要掠夺者。①

导致美国“勒星顿”号军舰毁坏部分阿根廷在马尔维纳斯群岛定居点的事实如下。在注明为1831年7月29日从索莱达港发给政治和军事指挥官路易斯·贝尔内的备忘录中,马修·布里斯班回忆自己两年多前被贝尔内任命为“海豹狩猎管理员”之后,向他汇报那些外国捕海豹船只不尊重马尔维纳斯群岛管辖区域的捕猎禁令而犯下的不法行为。布里斯班建议授权自己夺取那些违规船只并把它们上交给指挥官:

176 以便根据它们的航海日记或船员本人的宣誓供词,证实它们的罪行并加以审判,我希望阁下迫使他们用自己的船只和不法获取的货物稍微赔偿给殖民地造成的损失。②

1831年8月1日,美国船只“哈里特”号被俘获。之前引述的备忘录包括了该船一名逃兵的口供,他向布里斯班和别的垦殖者报告他们捕海豹的地方。③同年8月18日,“防波堤”号纵帆船遭遇相同的命运,但21日得以逃跑。同年8月20日同一国籍的“优胜者”号纵帆船被抓获。在所有案例中都可以证实他们是触犯现行法律的人。路易斯·贝尔内与船长们商定,“哈里特”号将带着两艘船的证件前往布宜诺斯艾利斯,以便接受捕获法院的审判,“优胜者”号将前往巴塔哥尼亚西海岸狩猎,贝尔内与“哈里特”号前往布宜诺斯艾利斯。乔治·斯拉库姆领事为美国狩猎者说情,不接受贝尔内及布宜诺斯艾利斯政府的任何起诉权利,正如后者所为。这就是布宜诺斯艾利斯政府与华盛顿政府之间争端的起源,其高潮是1831年12月31日美国“勒星顿”号小型护卫舰破坏、偷窃路易港公共和私人财产,任意抓捕该港口的居民,以报复上述船只的被俘获。④ 对于阿根廷政府来说,这是一起特别严重的非法行为,导致事实上召回了外交官员。

---

① Mackinnon, Lachlan B., *Some account of the Falkland Islands, from a six months' residence in 1838 and 1839*, Londres, A. H. Baily and Co., 1840, p. 42, cit. en Gough, Barry, *op. cit.*, p. 33.

② Archivo y Biblioteca de la Cancilleria Argentina.

③ Caillet-Boris, Ricardo, *op. cit.*, p. 239.

④ 可以参看岛上几个居民目击证词,参见 Gómez Langenheim, A., *op. cit.*, T. Ⅱ, pp. 23-36,还可以参见布宜诺斯艾利斯政府1832年2月14日的宣言(AGN, Fondo Luis Vernet, Sala Ⅶ 2.4.6)。

美国的目的是确保自由捕猎两栖动物和鲸鱼,这是从18世纪末19世纪初起,美国船只高强度从事的活动。美国拒绝阿根廷索要主权,为此利用了1829年的英国抗议。美国没有提出自身的主权主张,而是提出了一项有利于其公民捕鱼的权利存在。美国的立场是利用阿根廷政府与英国政府之间潜在的争端为"勒星顿"号的行为辩护,保障美国捕海豹者和捕鲸者在南大西洋的活动。其立场的本质不该被视为破灭阿根廷主权的主张,美国态度的法律意义是忽视阿根廷的主权,其中并不意味着承认另一个国家所要求的主权。对于美国来说,涉及的利益不允许臆测这是阿根廷主权在国际上缺乏承认的表示。1854年美国船只在马尔维纳斯群岛附近海域执行活动时被英国人抓获,美国政府也毫不犹豫地含蓄提醒英国政府存在阿—英争端,之后我们将看到这点。众所周知,在有关马尔维纳斯群岛主权的问题上,美国的立场是中立的。所以阿根廷驻华盛顿公使卡洛斯·玛利亚·德·阿尔维阿尔[①]因"勒星顿"号的行为而坚持阿根廷的抗议时,国务卿丹尼尔·韦伯斯特让他知道了美国的立场。[②] 177

"勒星顿"号在索莱达港造成的毁坏和部分住户的消失,并没有把马尔维纳斯群岛变成**无主地**。议会下议院外交事务委员会提问,"美国'勒星顿'号邓肯船长强行驱逐阿根廷定居点之举可以建立起**无主地**的地位吗?",英国外交部对此的答复是,"这个行动本身应该不足以建立**无主地**的地位"。[③] 实际上,做出相反的断言将是奖励非法行为和惩罚此类行为的受害者。为了在这种形势下得出主权问题的结论,重要的是国家面对这些事件的态度,阿根廷政府迅速在外交和事实层面做出了反应。从外交角度看,阿根廷断然抗议,要求美国补偿针对阿根廷的非法行动。在实际操作层面,派遣了一艘战舰并任命了一个临时民事和军事指挥官,该职务落到了一个军人身上。 178

I. 1832年马尔维纳斯群岛民事和军事代理指挥官的任命

1832年9月10日,在胡安·曼努埃尔·德·罗萨斯和胡安·拉蒙·巴尔

---

① 卡洛斯·玛利亚·德·阿尔维阿尔(Carlos María de Alvear,1789—1852年):阿根廷军人、政治家、外交官,是阿根廷首任驻美国大使。——译者注

② Nota del 4 de diciembre de 1841. Manning, William R. (ed.), *Diplomatic Correspondence of the United States concerning the Independence of the Latin-American Nations*, Vol. 1, New York, Oxford University Press, 1925, pp. 18–19.

③ Pregunta No. 8, House of Commons, Foreign Affairs Commit, Session 1982–1983. Falkland Islands, Minutes of Evidence, Monday 17 January 1983.

加尔塞的签署下，布宜诺斯艾利斯政府发布了一项法令，根据此法令，炮兵军士长何塞·弗朗西斯科·梅斯蒂维尔被任命为马尔维纳斯群岛及其大西洋附属地区民事和军事代理指挥官，援引的理由是指挥官路易斯·贝尔内在布宜诺斯艾利斯，暂时无法回到岛上。① 同时决定在陆军中校何塞·玛利亚·德·比内多的指挥下，“萨拉达风箱树”号纵帆船运送代理指挥官及其警卫队，协助梅斯蒂维尔履行职责。在给比内多的指令里，分配给他的职责是让梅斯蒂维尔在索
179 莱达岛上任，巡视从索莱达岛至努埃瓦岛的海岸，敦促外国船只遵守有关的渔业法规，在索莱达岛受到攻击的情况下，向代理指挥官提供必要援助，并正式向比内多表示：“‘萨拉达风箱树’号指挥官在没有得到相关命令撤离马尔维纳斯群岛时不得为之。”②

1832 年 10 月 10 日，比内多在索莱达港举行仪式，梅斯蒂维尔军士长就任民事和军事指挥官，在场的有分队和船只的士兵、水手及岛上居民。③ 之后比内多出发去执行自己的其他指令，以便掌控马尔维纳斯群岛其余海岸和水域、麦哲伦海峡地区和火地岛的狩猎及捕鱼。1832 年 12 月 7 日，他在努埃瓦岛（马尔维纳斯群岛的最西南端，大马尔维纳岛附近）发现由船长特洛特指挥的美国“太阳”号纵帆船，此人从事非法捕猎海狼活动。在被捕并送往布宜诺斯艾利斯受审的警告下，比内多命令特洛特放弃该活动回国。④在此期间索莱达港爆发了部队之间的哗变，1832 年 11 月 30 日梅斯蒂维尔被暗杀。

英国博主，甚至一名所谓的马尔维纳斯群岛立法议会议员迈克·萨默斯先生，令人诧异地称梅斯蒂维尔作为代理指挥官，在岛上定居及派遣警卫队是“阿
180 根廷对马尔维纳斯群岛的第一次入侵”。⑤ 在萨默斯先生看来，理由大概是“阿根廷军事警卫队于 1832 年被派往福克兰群岛，企图把阿根廷主权强加于这个

① AGN Sala Ⅶ 2 - 3 - 4.

② 14 de septiembre de 1832. AGN, en Muñoz Azpiri, J., *op. cit.*, T. Ⅰ, p. 434.

③ Ver el acta correspondiente. Fuente: Academia Nacional de la Historia.

④ Carta de J. D. Mendenhall a Slacum del 16 de enero de 1833. Manning, William: *Diplomatic correspondence of the United States. Inter-American affairs* 1831 - 1860, Vol. 1, Washington, Carnegie Endowment For International Peace, p. 183.

⑤ 2013 年 6 月 20 日萨默斯先生在联合国非殖民化委员会面前的陈述。Disponible: Naciones Unidas, Doc. A/AC. 109/2013/SR. 8, http://undocs. org/A/AC. 109/2013/SR. 8 y el texto completo en http://sartma. com/ artd_10917 _06_2013_32. html. Afirmación reiterada en sus otras presentaciones ante el mismo comité.

作为英国领土已达67年的群岛”。[①] 忽视西班牙的存在、英国的缺席以及从1832年之前起阿根廷就已在马尔维纳斯群岛的事实，如此篡改历史，把派遣一个临时官方人士取代身处布宜诺斯艾利斯的现有官方人士，定性为所谓的“阿根廷第一次入侵马尔维纳斯群岛”，这点不值得评价。

J. 1832年的英国抗议

1832年9月28日，英国通过其国王陛下的全权公使亨利·S. 福克斯[②]向马萨部长提交了第二份抗议，抗议的对象是1832年9月10日任命梅斯蒂维尔为马尔维纳斯群岛代理指挥官的法令。[③] 这份照会突出两点：（1）承认“出于绝不为难共和国政府可能会与美国发生争端的坦诚和友好愿望”，英国在阿根廷—美国争端中放弃了一切意见；（2）进行抗议是为了避免沉默“可能被解释为放弃英国国王陛下的权利”。[④] 在阿根廷政府与美国政府因“勒星顿”号事件发生争端期间，英国保持的沉默意味深长，该事件我们之后将谈到。摆出不愿意为难阿根廷的理由是难以置信的，尤其当被认为可能发生的阿根廷—美国争端确实发生时。

K. 1833年1月3日的武力驱逐 181

1832年8月30日，副外交大臣乔治·希先生[⑤]告知海军部，英国政府决定通过派遣一艘舰船到埃格蒙特港并组织年度监管来实施马尔维纳斯群岛主权。[⑥] 1832年11月28日，英国驻南美军港总司令T. 贝克向英国皇家海军“珂

---

① 2013年6月20日萨默斯先生在联合国非殖民化委员会面前的陈述。Disponible：Naciones Unidas，Doc. A/AC. 109/2013/SR. 8，http://undocs. org/A/AC. 109/2013/SR. 8 y el texto completo en http://sartma. com/ artd_10917 _06_2013_32. html. Afirmación reiterada en sus otras presentaciones ante el mismo comité.

② 亨利·S. 福克斯（Henry Stephen Fox，1791—1846年）：英国外交官，19世纪30年代曾出使阿根廷共和国、巴西和美国。——译者注

③ Caillet-Boris，Ricardo，*op. cit.*，p. 320.

④ Traducción fiel de Nicolás Mariño. Archivo y Biblioteca de la Cancillería Argentina，REC 1947，B. CAN，EXP. 1，No. 4.

⑤ 乔治·希（George Shee，1785—1870年）：爱尔兰外交官，1830～1834年在辉格党政府中担任外交部副大臣。——译者注

⑥ Copias incluidas en la nota de Palmerston a Fox No. 8 del 4 de septiembre de 1832，FO 118，29，cit. en Down，Wilfred，*op. cit.*，p. 148.

莱欧”号船长约翰·詹姆斯·昂斯洛下达前往埃格蒙特港的命令。在命令中明确规定,假如需要的话,必须使用武力战胜外国军队对英国主权行使的一切抵抗。[①] 1832 年 12 月 23 日占领埃格蒙特港之后,昂斯洛前往索莱达港,1833 年 1 月 3 日开始驱逐现有的阿根廷军队。值得强调的是,这一行动是自行实施的,因为在其指令中根本没有提到要前往索莱达岛,而仅限于埃格蒙特港。

从麦哲伦海峡地区、火地岛及马尔维纳斯群岛其余地区的监管之旅归来的比内多,在以梅斯蒂维尔之死告终的骚乱之后,1832 年 12 月 31 日完成对殖民地秩序的重建。昂斯洛在 1833 年 1 月 2 日发给比内多的电讯里说:“我的意图是明天在陆上升起英国国旗,我请求您在那里降下您的国旗,撤离您的军队,带
182 走所有属于您政府的财产,等等。”[②]阿根廷和英国都断定比内多没有同意降下阿根廷国旗,虽然鉴于英国军队明显的军事优势,他的确准备撤离自己的部队,[③]在这点上两国的信息是一致的。

帕斯科与佩珀声称,1833 年马尔维纳斯群岛没有被强行占领,而是昂斯洛“说服”比内多及其警卫队以和平的方式离岛。[④] 这样的分析与以往的论据相左。[⑤] 毫无疑问,即便没开一枪,这样的行动也可以被判定为武力行动。利用一艘战舰和军事人员,强迫比内多在 24 小时期限内降下阿根廷国旗、撤离部队的要求,并告诫他亲自操作此事,这显然构成了通过使用武力威胁达到占有领土的局面。事件之后 3 周,布宜诺斯艾利斯政府作出了这样的诠释,将昂斯洛的行动定性为“侵略和强行掠夺”“最令人震惊的滥用武力”。[⑥] 在这种形势下声称所犯的行为不是暴力的,那就等于肯定 1982 年 4 月 2 日的阿根廷行动也不是

---

① Texto en: Whitington, G. T., *op. cit.*, T. 2, p. 131.

② Gómez Langenheim, A., *op. cit.*, T. Ⅱ, p. 131; BFSP, 1832 – 1833, T. XX, p. 1197.

③ 请看昂斯洛致海军上将贝克的报告,日期是 1833 年 1 月 19 日蒙得维的亚(Whitington, G. T., *op. cit.*, pp. 16 – 17)、1833 年 1 月 24 日布宜诺斯艾利斯政府致众议院的信(BFSP, 1832 – 1833, T. XX, pp. 1194 – 1197)以及比内多因没有完成指令而在布宜诺斯艾利斯接受军事审判的过程(texto en: Pinedo, Enrique: *Malvinas: su extraño destino*, Buenos Aires, Corregidor, 1994, pp. 25 – 136)。

④ Respuesta del *Foreign and Commenwealth Office* al Comité de Asuntos Exteriores de la Cámara de los Comunes. Pregunta No. 9, *op. cit.*, p. 146. El sitio en internet del “FIG” realiza la misma afirmación.

⑤ 1946 年的外交部预备性备忘录解释说,昂斯洛船长“降下阿根廷国旗,升起英国国旗,驱逐阿根廷警卫队”(*op. cit.*, p. 9, par. 57); Ferrer Vieyra, E., *Segunda cronología...*, *op. cit.*, p. 503。

⑥ Texto en castellano en: Gómez Langenheim, A., *op. cit.*, T. Ⅱ, pp. 135 – 137, texto inglés: *BFSP*, 1832 – 1833, T. XX, pp. 11974 – 1196.

暴力的，因为那天的军事行为只是回应驻扎在马尔维纳斯群岛的少量英国部队的开火。同样也可以这样肯定 1770 年 6 月 10 日西班牙驱赶驻扎在埃格蒙特港/圣战港英国警卫队的行动。显然在这 3 个案例中涉及的都是武力行为。 183

应该从当时有效的国际法角度来研究 1833 年的驱逐行动。从法律角度看，英国应该尊重一个与之保持和平关系的国家之领土完整。在和平时期尊重各国领土完整是建立在国际法基础上的关系所固有的义务，不管涉及的是哪个时代。[①] 正如 1833 年武力行动之后仅 9 年，鉴于英国与美国在“卡罗琳”号事件中的争端，英国政府断然坚称：

> ……我们完全同意让国际法原则适用于该不幸案例的做法。尊重独立国家领土不可侵犯的特点是文明的根本基础。为了巩固一个被如此广泛接受的原则而向国际法权威上诉是没有意义的，先生，您可以放心，国王陛下的政府赋予该原则尽可能高的价值，鉴于其维持世界和平与秩序的行为和榜样，它十分清楚自己支持该原则的义务。[②]

L. 英国当局驱逐平民定居者 184

帕斯科与佩珀竭力试图证明阿根廷定居点的平民居民没有遭到昂斯洛船长的驱逐，而仅仅是赶走了警卫队，且该警卫队不能被视为“合法居民”。此外，他们还声称只有 11 个平民离开，其中大部分不是“真正的居民”。根据英国作者的观点，“真正的居民”不是 1832 年到达马尔维纳斯群岛的人，而是从之前路易斯·贝尔内在马尔维纳斯群岛建立人类定居点时期起就在岛上的那些人。这些作者的结论是，作为英国船长，昂斯洛行动的结果是，只有 4 个“真正的居民”离开了该岛。

英国手册的意图是清楚的——试图证明阿根廷居民没有被驱逐，回避对目前的英国居民采用民族自决原则的理由。殖民列强开始用自己的居民取代岛上的居民，然后祈求由前者来决定这片领土的命运，在这种形势下很难证明该

---

① Véase：Kohen，M. G.，*Possession contestée et souveraineté territoriale*，París，PUF，1997，pp. 369－371.

② Nota del enviado británico Lord Ashburton al Secretario de Estado estadounidense Webster del 28 de julio de 1842，*BFSP*，1841－1842，Vol. XXX，pp. 195－196.

原则的运用是正确的。

对数据的明显篡改是显而易见的，特别是随意区分某些“真正的居民”与不该是这类的居民。依靠阿根廷的行动定居在那里的居民，出于什么原因必须按这样的方式加以区别？那些最后到达的居民，其中很多带着自己的家庭，他们是马尔维纳斯群岛现有阿根廷人存在的合理延续，他们的到来计划是让被美国“勒星顿”号护卫舰行动严重扰乱的局势重新恢复正常化。

对数字的篡改也是粗制滥造的。事实是，当时居住在马尔维纳斯群岛的53
185 人从索莱达港返回布宜诺斯艾利斯，这是英国袭击的后果。英国“急流”号纵帆船以英国人军事护卫的身份陪同“萨拉达风箱树”号纵帆船，并运送了9名处死阿根廷指挥官弗朗西斯科·梅斯蒂维尔的暴动者，给他们戴上脚链。这些人是中士何塞·玛利亚·迪亚斯，一级士官弗朗西斯科·拉米雷斯和士兵曼努埃尔·萨恩斯·巴里恩特、安东尼奥·蒙卡达、贝纳迪诺·卡塞雷斯、曼努埃尔·德尔加多、马里亚诺·加德阿、曼努埃尔·苏亚雷斯和何塞·安东尼奥·迪亚斯。“萨拉达风箱树”号把17名军人和10名家属(妻子和孩子)、17名在岛上工作的居民运到布宜诺斯艾利斯，以下是军人及家属名单：上尉J. 安东尼奥·戈米拉，上士圣地亚哥·阿尔芒多斯，一级士官米盖尔·埃尔南德斯和妻子玛利亚·罗梅罗，士官丹尼尔·莫利纳，士兵何塞·巴雷拉、何塞·戈麦斯、曼努埃尔·弗朗西斯科·费尔南德斯、托里维奥·蒙特苏那、胡安·J. 里瓦斯和妻子玛利亚·I. 贝尔达尼奥、迪奥尼西奥·戈多伊、伊波利托·比利亚雷亚尔和妻子露西亚·科雷阿及两个孩子、格雷戈里奥·杜兰和妻子卡门·曼萨纳雷斯及两个孩子、贝尼托·比达尔和妻子玛利亚·萨伊萨、何塞·索托与何塞·罗德里格斯、胡安·卡斯特罗和妻子曼努埃拉·纳瓦罗、安东尼奥·加西亚。最后，离岛的平民居民队由以下劳工组成：华金·阿古尼亚和妻子胡安娜、马特奥·冈萨雷斯和妻子玛丽卡、外国人何塞·维尔、胡安·盖迪、弗朗西斯科·费雷伊拉、马克西莫·温拿斯和一群妇女及她们的孩子——玛利亚·罗德里格斯和3个孩子、阿娜斯塔西亚·罗梅罗、恩卡尔纳西翁·阿尔瓦雷斯、卡门·贝尼特斯、特朗西塔·贡萨雷斯和一个女儿。[1]（见图18）

---

① AGN Sala Ⅲ 16－6－5.

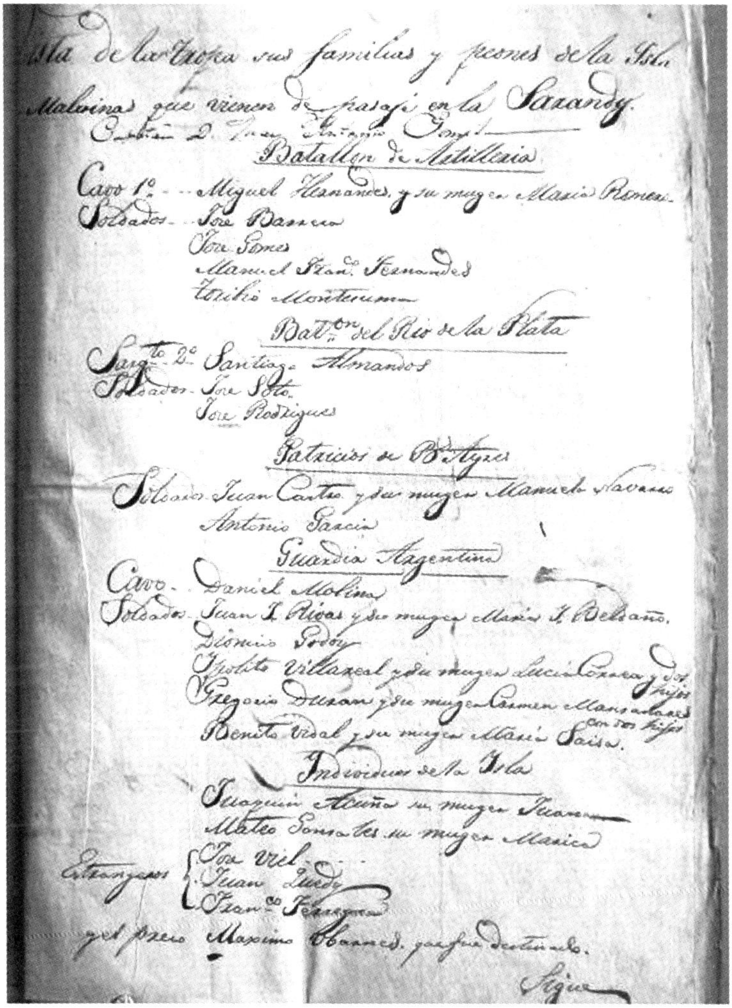
...sta de la tropa sus familias y peones de la Isla
Malvinas que vienen de pasaje en la Sarandy.
Capitan D. José Antonio Gomez
Batallon de Artilleria
Cabo 1º ... Miguel Hernandez y su muger Maria Romero
Soldados ... José Barreu
José Gomez
Manuel Fran.co Fernandes
Toribio Montezuma
Bat.on del Rio de la Plata
Sarg.to 2º Santiago Almandos
Soldados José Soto
José Rodriguez
Patricios de B. Ayres
Soldados Juan Castro y su muger Manuela Navarro
Antonio Garcia
Guardia Argentina
Cabo Daniel Molina
Soldados Juan J. Rivas y su muger Maria J. Beltrano.
Dionisio Godoy
Ypolito Villarreal y su muger Lucia Correa y dos hijos
Gregorio Duran y su muger Carmen Manzanares con dos hijos
Benito Vidal y su muger Maria Saisa.
Individuos de la Isla
Joaquin Acuña su muger Juana
Mateo Gonzales su muger Marica
Estrangeros { José Viel / Juan Quedy / Fran.co Ferreyra
y el preso Maximo Warnes que fue destinado.
Sigue

图 18　比内多列举的被英国军队驱逐的人员名单第 1 页
（阿根廷国家档案总馆Ⅲ16－6－5 室）

这些数据是有说服力的，53 人离岛，根据同一份英国手册，仅仅 22 人留在岛上。也就是说，英国的驱逐造成了几乎 70% 现有居民的离去。英国手册声称“只有警卫队被驱逐”，离开的平民是“自由”选择这么做的。[1] 不需要有很强的

---

① Pascoe，Graham y Pepper，Peter，*op. cit.*，p. 21，e *Historia falsa*...，p. 5.

洞察力就能理解,那个“选择”是由英国的占领和接下来阿根廷的被驱逐所造成
186 的。如果考虑到由阿根廷建立的定居点是跨国性质的,显然只有来自拉普拉塔
地区的定居者离开了。[1] 假如中途没有发生英国的侵占,不仅上述居民会留在
岛上,而且秩序的恢复会允许 1831 年被“勒星顿”号驱散的居民返回岛上,阿根
廷定居点将得以发展,这正是路易斯 · 贝尔内在布宜诺斯艾利斯所面临的任
务。声称昂斯洛船长试图说服居民留下来,这毫无用处。出于维护英国的控制
和使用马尔维纳斯群岛之目的,把那些因阿根廷行动而已经来到马尔维纳斯群
岛的居民置于英国臣民的管辖权之下,这是典型的殖民行为。

187 这里的核心问题是:(1)马尔维纳斯群岛有一个由阿根廷政府推动的人类永久定居点,不是出于军事目的,而是打算从经济上发展这片领土;(2)1831 年“勒星顿”号的粗暴行动造成了居民的溃散;(3)1832 年阿根廷正竭尽全力恢复局势;(4)1833 年英国的侵占结束了马尔维纳斯群岛第一次真正的人类发展。

1833 年英国把阿根廷从马尔维纳斯群岛驱逐出去,驱逐了阿根廷当局和一部分居民(男人、女人和孩子)。基本事实是,凭借那个武力行动阻止阿根廷恢复在 19 世纪 20 年代付出诸多努力而建立的定居点。英国手册保持缄默的是,1833 年武力行动的后果,导致 1831 年阿根廷定居点被清除的马尔维纳斯群岛居民再也无法返回。1833 年留在马尔维纳斯群岛的居民只是人口的一部分,英国手册企图为其武力行动辩护,声称他们被视为“合法”的居民而没有被驱逐,这点经受不住一点分析。此外,如果被路易斯 · 贝尔内带去的居民是“合法”的,并承认阿根廷对马尔维纳斯群岛的主权,为什么必须强迫这些人居住在英国的管辖权之下?

M. 1833 年的英国侵占违反国际法

根据可查到的文件表明,面对一个刚刚建立起来,挣扎于内部危机,但在马
尔维纳斯群岛已成功建立人类定居点并显示其可行性的国家,英国出于战略原
因占领马尔维纳斯群岛,并在其殖民、贸易和海洋统治的政策框架内,利用被遗
188 弃的过时主权主张作为借口,在侵占马尔维纳斯群岛的那一刻,不仅双方之间
没有交战状态,而且在一份条约里把和平和友谊的关系具体化。正如我们后面
将要解释的,在这种情况下,必须尊重各方的领土完整。此外,一个简单的武力

---

[1] Cf. Betts, Alejandro, “Monografía acotada de la situación en Puerto Soledad en el momento de la invasión británica el 3 de enero de 1833” (inédito).

行为本身在任何情况下都不意味着双方交战，必须是相关国家自认为处于战争状态。1833年昂斯洛船长把阿根廷代理人从马尔维纳斯群岛驱逐出去时，阿根廷和英国之间没有开战，这个行为也不意味着两国之间爆发敌对行动。鉴于两国之间缺乏战争状态，在马尔维纳斯群岛案例中不能援引征服，正如沙龙·科曼在她关于征服是获得领土主权的方式一书中所言：

可以合理假设，假如19世纪在缺乏战争的情况下仅仅使用武力或武力威胁就被承认是获取领土或通过征服建立所有权的合法手段，英国早就援引该所有权作为一次性结束领土争议现状的手段……但英国——与当代的一些国际法专家的建议相反——没有推动征服的权利主张，恰好因为它没有与阿根廷开战，在传统的国际体系里，战争是通过武力获得领土权利的唯一合法方式。[①]

帕斯科与佩珀的手册提到“1833年1月英国皇家海军‘珂莱欧’号**访问**路
易港”，[②]那与英国政府避免承认武力驱逐阿根廷的努力是一致的。然而在内 189
阁的内部报告里，研究该问题的英国官员以毫不含糊的措辞提到了1833年1月3日的行动。1936年皇家国际关系学院准备的一份有关南美的出版物声称，“英国于1833年兼并了阿根廷的福克兰群岛”，[③]这导致与该问题相关的各部门之间交换观点，他们建议该半官方机构修改其文章。1936年10月16日外交部特劳特贝克[④]声称：

我们立场的难点在于，按照目前的意识形态来判断，1833年占领福克兰群岛是一个十分任性的步骤。因此不易解释我们的立场而不把自己显示为国际强盗。[⑤]

---

① Korman, Sharon, *The Right of Conquest, The Acquisition of Territory by Force in International Law and Practice*, Oxford, Clarendon Press, 1996, p. 108.

② Pascoe, Graham y Pepper, Peter, *op. cit.*, p. 19.

③ FO 371/19763, f°352.

④ 特劳特贝克（Sir John Monro Troutbeck，1894—1971年）：英国外交官，1951～1954年担任英国驻伊拉克大使。之后退休，1956～1962年担任“拯救儿童基金会”会长。——译者注

⑤ FO 371/19763, f°349 vta., Texto en castellano en Ferre Vieyra, E.: *Segunda cronologia...*, *op. cit.*, p. 505.

在那一声明中提到了1928年11月3日马尔科姆·罗伯逊先生①致罗纳德·林赛先生②的一份备忘录,在该文件中说道:

> 关于福克兰群岛,自从读了外交部本哈特1910年12月的备忘录,我一直以为我们对马尔维纳斯群岛的主张确实十分虚弱。实际上是基于武力,其他的东西很少。好像从帕默斯顿大人时期起接连几届政府都维持这个观点,因为他们已经尽力避免该问题被提出。我发现马尔维纳斯群岛对于我们具有至关重
> 190 要的战略意义,我们不能放弃它们,不管我们的立场有多么公正或不公正。③

1946年9月17日英国外交部研究室准备的初步备忘录的结论是,“1833年英国对马尔维纳斯群岛的占领在当时是一个无理的侵犯行为,现在获得了时效权利的支持”。④

1946年英国外交部研究室的备忘录在一点上有理,在另一点上无理。马尔维纳斯群岛的案例构成了以武力对抗法律的典型政策案例。下一章将证明英国不能援引时效。

---

① 马尔科姆·罗伯逊(Malcolm Arnold Robertson,1877—1951年):英国外交家、政治家,1925年被任命为驻阿根廷全权公使,1927~1929年成为驻阿根廷大使。——译者注

② 罗纳德·林赛(Ronald Charles Lindsay,1877—1945年):英国文职人员和外交官,1925~1926年担任驻土耳其大使,1926~1928年驻德国大使,1928~1930年外交部副大臣,1930~1939年驻美国大使。——译者注

③ FO 371/19763,f°363. Texto en castellano en *Id.*,pp. 480-481.

④ *Loc. cit.*, p. 21. Texto en castellano en Ferre Vieyra, E.: *Segunda cronologia...*, *op. cit.*, p. 541.

第五章　1833 年英国掠夺马尔维纳斯群岛之后的形势 191

绪　论

英国手册继续分析了 1833 年 1 月 3 日英国掠夺马尔维纳斯群岛之后的形势，并对英国有效当局缺位一年多以及路易斯·贝尔内通过其代理人——拥有英国国籍的马修·布里斯班向索莱达港定居点剩余人员运送补给的行为做出解释。一个关键点是发生在 1833 年 8 月 26 日的事件，安东尼奥·里维罗指挥 8 名高乔人暗杀了布里斯班、迪克森（贝尔内的食品储藏室管理员，具有英国国籍，每当一条船靠近时，昂斯洛便命令他升起英国国旗）和另外 3 人。手册提到 1833 年 3 月菲茨·罗伊指挥的英国皇家海军"猎兔犬"号舰到达马尔维纳斯群岛，著名自然学家查尔斯·达尔文曾常常乘坐此船旅行。然而手册却略去不提达尔文接下来绝非无意义的评论："我们上午很早就到达福克兰群岛的最东端路易港。我们收到的第一批消息令人惊奇，英国已经 192
占领了福克兰群岛，现在它的旗帜在飘扬。"[1]

本章将研究的问题是，英国缺乏对高乔人里维罗所犯凶杀罪的审判、阿根廷的抗议和阿根廷没有默许英国

---

[1] Keynes, Richard Darwin (ed.), *The Beagle Record. Selections from the Original Pictorial Records and Written Accounts of the Voyage of H. M. S. Beagle*, Cambridge, University Press, 1979, p. 118.

侵占马尔维纳斯群岛，特别是手册对1849年英—阿签署的《阿拉纳—骚仁条约》（根据此条约英国结束了对拉普拉塔联邦国①的封锁）富于幻想的新奇解释。

A. 对高乔人安东尼奥·里维罗审判的缺失

我们的意图不是在这里介入现有的关于1833年8月高乔人里维罗及同伙行动的史学争论，相反，还是仔细琢磨英国手册对后来发生之事的研究方法为妙。1834年1月，受其政府派遣，英国海军官员亨利·史密斯抵达马尔维纳斯群岛，逮捕了这些高乔人。帕斯科与佩珀是这么说的：

> 史密斯把所有的人都送往英国受审，但只有在国外（即使是在国王的领地）犯下杀人罪的英国公民才能在英国受审。对凶手是否最终被视为英国人产生疑问，导致他们被送回蒙得维的亚，在那里被释放。②

193 英国法律没有审判在所谓的英国领土上对英国公民犯下严重罪行的罪犯，理由是……这些罪犯不是英国人，这种回避简单事实的尝试是可悲的、荒唐的。换句话说，按照帕斯科和佩珀的观点，假如这些杀人犯是英国人而不是阿根廷人，那么他们将受到审判，很可能被判处死刑，但由于他们是阿根廷人，于是再次被送往南美并被释放。简单地说，英国司法不认为出事的那一刻英国法律可以适用于马尔维纳斯群岛。③ 众所周知，刑法本质上是领土性质的，只能是个别例外。缺少对里维罗和他那伙高乔人的审判并偷偷摸摸释放他们，反而是英国司法立场在主权方面软弱的证据。

---

① 拉普拉塔联邦国（Estados Confederados del Río de la Plata）：是1850年多明戈·F. 萨米恩托（Domingo Faustino Sarmiento）在其著作《银城或拉普拉塔联邦国的首都》（*Argirópolis o la capital de los estados confederados del Río de la Plata*）提出的建国方案，将包括阿根廷联邦、东乌拉圭国和巴拉圭，首都在马丁·加西亚岛。该建议由于1852年的卡塞罗斯战役所造成的历史变化而未成功。——译者注

② Pascoe, Graham y Pepper, Peter, *op. cit.*, p. 23.

③ Caillet-Boris, Ricardo, *op. cit.*, p. 379, nota al pie No. 6, y Canclini Arnoldo: *Malvinas* 1833. *Antes y después de la agresión inglesa*, Buenos Aires, Claridad, 2014, pp. 56 – 57.

B. 1843 年英国殖民地的建立

英国手册省略了对英国在马尔维纳斯群岛的殖民主义历史上一个重要行动的研究——把该群岛正式建成英国女王陛下的殖民地，此事于 1843 年 6 月 23 日通过一封专利证书刚刚发生。1841 年委任了第一位副总督，1845 年仅委派了殖民地行政机关。①根据英国法律，英国王室通过定居(settlement)、转让、征服或兼并获得领土主权，英国声称它是通过定居建立了自己的主权。② 而根据英国法律，出现通过定居获得主权的情况，其原因是“英国人定居的地方没有居民或一个在国际法中得到承认、被视为文明的政体”。③ 如果英国获取马岛 194
主权的方式是定居，那么任何可以想象的可能性都不符合这样的定义。如果是指 1766 年麦克布赖德的定居，那时马尔维纳斯群岛已经被法国占领，因此根据英国法律，获得主权的可能性只有转让、征服或兼并，但那些都没有发生。正如我们所见，这类定居几十年前就停止存在了。如果“定居”是 1833 年驱逐阿根廷之后所发生的，而英国手册自己承认那时有一个阿根廷定居点，并声称其“合法居民”(1826～1829 年路易斯·贝尔内带去的居民)没有被赶走，那么这一局面也不符合英国法律所界定的“定居”框架。因此，只有通过征服、转让或兼并获得主权符合界定。然而那些又根本没有发生，英国政府从未援引征服、西班牙或阿根廷的转让或者兼并(另外，如果领土属于其他国家，兼并应该是非法的)。

19 世纪 40 年代英国殖民地的建立具有意义仅仅是出于另一个原因——历史上英国第一次任命了马尔维纳斯群岛总督。之前从未这样做过，无论是在 1765 年、1766 年、1771 年，还是在西班牙任命了 32 个马尔维纳斯群岛总督的整个时期，或在阿根廷管理期间任命了 3 个指挥官，甚至把这个南美国家逐出马尔维纳斯群岛之后，英国都没有任命总督。换句话说，那个声称从 1765 年起成为马尔维纳斯群岛主权者的国家，只是在驱逐了阿根廷之后，在所谓建立主权之后几乎 80 年才任命了一个总督，尽管在那一时期的大部分时间里法国、西班牙和阿根廷在马尔维纳斯群岛有效地存在。事实是，1843 年之前，从未通过一 195

---

① Reginald, Robert, Elliot, Jeffrey, *Tempest in a Teapot: The Falkland Islands War*, Illinois, Whitehall Co., 1983, p. 9.

② 比如，请看 1829 年 11 月 19 日帕里什的抗议、1834 年 1 月 8 日帕默斯顿对莫雷诺的回复、1841 年 8 月 23 日约翰·罗素致理查德·C. 摩迪的信。

③ *Halsbury's Laws of England*, Vol. 13, 5ª ed, Londres, Lexi Nexis, 2009, par. 801; en Hendry, lan y Dickson, Susan, *British Overseas Territories Law*, Oxford, Hart, 2011, p. 6.

个或另一个法律行为把马尔维纳斯群岛列入英国女王陛下的属地。

那一时期开始把土地专门分配给女王陛下的臣民,1845 年,违背寥寥无几的居民的意愿,马尔维纳斯群岛首府从路易港(索莱达港)转移到名为斯坦利的港口。那一时期彻底禁止路易斯·贝尔内回到马尔维纳斯群岛继续其开拓事业。英国垦殖者开始到来,也有少数一些南美居民被“遣返”到拉普拉塔地区。①这让英国的费力宣传变得不可信,他们企图强调 1833 年行动的目的只是驱逐阿根廷的军事存在,留下了布宜诺斯艾利斯带来的居民,但是也明确提到英国抹去阿根廷在马尔维纳斯群岛所有遗迹的意愿。这一态度的其他例子是为驯服野生畜牧而在英国当局制订的合同里加入侮辱性条款,强迫其签署一项承认牲畜和岛上所有产品为英国女王财产的文件。仿佛这还不够,他们必须向英国王室宣誓效忠,否则就会被赶出马尔维纳斯群岛。最后,值得一提的是雇用阿根廷或乌拉圭高乔人的不稳定条件。理论上这些人是被长期雇佣的,但夏季结束工作时,没有任何形式的补偿就辞退他们,随他们听天由命,没有食物或住处,因此英国当局决定扣除他们的一部分工资来支付这些人回到拉普拉塔地区的旅程花费,而不是终止这种虐待。②

196 **C. 1833~1849 年阿根廷的抗议**

英国手册承认 1833~1849 年阿根廷提出了抗议,并鉴于这样的抗议维持其对马尔维纳斯群岛的权利和主权主张。

的确,英国手册略去不提英国对阿根廷抗议进行答复的性质(当存在答复的时候),无论是关于他们所使用的虚假论据,还是英国断然拒绝讨论马尔维纳斯群岛问题。然而,最后这点对于理解双方后来行为的不相容具有头等重要性。面对一个拒绝讨论、认为问题已经“画上句号”的国家,确实不能证明持久抗议的要求是合理的。分析 1850~1884 年和 1888~1941 年所谓阿根廷保持默许的断言时,我们将再回到这个问题上。

英国在回复 1834~1843 年的阿根廷抗议时所表现的居心不良,与 1829 年 11 月 19 日英国提出抗议所采取的恶意一致。在这些答复中忽略了西班牙不间

---

① 对于那一时代,人口普查显示只有 3 个阿根廷原籍的居民。请看 Solari Yrigoyen, Hipólito, *Malvinas, Lo que no cuentan los ingleses*, Buenos Aires, El Ateneo, 1998, p. 30。

② Solari Yrigoyen, Hipólito, *Malvinas. Lo que no cuentan los ingleses*, Buenos Aires, El Ateneo, 1998, pp. 29–30.

断的直到1811年的存在、从1774年起英国完全缺少主权意志或行使主权的任何表现、英国代表知晓19世纪20年代阿根廷行使主权行为的事实,粗劣地歪曲1771年《马塞拉诺声明》的意义,声称通过此条约西班牙已承认英国主权(英国手册本身就否定这一点,因为它声称——顺便说一下它是错误地——**双方**保留各自的主权主张)。最后,英国认为该问题根本就已谈妥,不再赘言,显示出其帝国的盛气凌人,仿佛阿根廷只得承认英国的立场。[1]附加的还有对阿根廷驻 197
伦敦代表的鄙视态度,当他提出抗议时,被告知会谈应该结束,因为其他人等着接见;[2]以及同时出现的英国媒体对阿根廷驻伦敦公使的有关评论。[3]

(a)1849年莫雷诺—帕默斯顿的照会交换

英国手册显示了对外交照会交换内容的另一处粗劣歪曲。这次是阿根廷驻伦敦公使曼努埃尔·莫雷诺与英国外交大臣帕默斯顿大人的照会交换。鉴于这次交换的巨大重要性,对它的歪曲不是偶然的,事实如下。

英国报纸发布消息说,在1849年7月27日的下院会议上,贝利先生[4]就布宜诺斯艾利斯政府与英国政府之间马尔维纳斯群岛问题的进展向帕默斯顿大人提问,后者表示"恢复因双方默认"[5]或"因其中一方同意和另一方支持而停止的通信不太可取"。[6] 上述消息引发了1849年7月31日阿根廷代表的抗议照会,他在其中坚持

……永远不要把本公使馆的沉默当作对阁下做出的错误说法的认可,万一 198
确实发生这种情况,请允许我提醒阁下,布宜诺斯艾利斯和阿根廷联邦政府从

---

[1] Ver la nota del 15 de marzo de 1842 en Muñoz Azpiri, *op. cit.*, pp. 191 - 192, y nota del 13 de enero de 1885 en Gómez Langenheim, *op. cit.*, pp. 234 - 236.

[2] Ver Minuta de la conferencia entre Manuel Moreno y el Conde de Aberdeen del 21 de febrero de 1842 en Muñoz Azpiri, *op. cit.*, pp. 188 - 189.

[3] 在1849年4月14日的《泰晤士报》中对于莫雷诺的抗议表示,"……我们不知道什么更让人吃惊,是这个南美人的傲慢无礼还是女王大臣的屈从,没有把南美人一脚踢下楼",引自Lynch, John: *Juan Manuel de Rosas*, Buenos Aires, Hyspamérica, 1986, p. 273。

[4] 亚历山大·贝利(Alexander Baillie-Cochrane, 1816—1890年):英国保守派政治家,因19世纪40年代与新晋托利党理想主义党员组成的"青年英格兰"(Young England)团体合作而知名。——译者注

[5] Según el *Daily News*, Ferrer Vieyra, E., *Segunda cronología...*, *op. cit.*, p. 178; Becerra, Alfredo, *op. cit.*, p. 136.

[6] Según el *Times*. 转引自 Lynch, John: *Juan Manuel de Rosas*, Buenos Aires, Hyspamérica, 1986, p. 273。

未同意1833年英国政府剥夺其在马尔维纳斯群岛的主权……如果从某时起到现在通信不那么活跃，是由于争论几乎结束以及自从英国武装占领马尔维纳斯群岛以来两国关系的状态。但是毫无疑问，博学的帕默斯顿子爵阁下不能把通信的间隔与同意或默认混淆，阿根廷政府根本没有含蓄或明确地默认英国女王陛下政府在此方面的行为。①

1849年8月8日，帕默斯顿大人用以下措辞回复阿根廷代表：

我荣幸地告知收到阁下7月31日的照会，您在其中表示，某些伦敦报纸所谈到的本人对7月27日贝利先生在下院所提问题的回答，没有正确描述英国政府与布宜诺斯艾利斯政府之间关于马尔维纳斯群岛问题的状况。我荣幸地向阁下通报，无论报纸认定我在上述场合说了什么，我一直知道相关问题恰好处于阁下在自己照会中所描述的状态。②

199 帕斯科与佩珀付出复杂（又徒劳）的努力坚称，实际上，帕默斯顿对莫雷诺说，因阿根廷的默许和英国的坚持，问题已经了结。也就是说，英国手册作者企图让人相信，帕默斯顿对莫雷诺所说的话与报纸认定他在议会的发言是一致的。然而，既忠实于原文又基于上下文的解释显示出完全相反的东西：它表明帕默斯顿向莫雷诺确认，问题的状况即后者在其照会中向前者表示的那样，也就是说，阿根廷还没有做出认可或默许。因此问题没有了结，而是悬而未决。在帕默斯顿致莫雷诺的回复中，根本没有重申他在议会面前的说辞，也没有完全拒绝莫雷诺的声明。相反，帕默斯顿引用“无论报纸认定（他）说了什么”，放在自己结论的前面。假如报纸真实反映了他对局势的观点，并且他愿意向莫雷诺确认这点，这种表达方式就没有意义了。

帕斯科和佩珀的荒唐解释忽视了莫雷诺照会的基本方面，即它本身的意图——阿根廷没有默许。很难认为帕默斯顿的意图是通过声明重申阿根廷有过默认，根据他的声明，局势的状态即莫雷诺在照会中所描写的那样。引人注目的是，帕默斯顿的声明没有出现在英国议会的记录里（*Hansard Parliamentary*

① Nota de Moreno a Palmerston del 31 de julio de 1849 en Muñoz Azpiri, *op. cit.*, T. Ⅱ, pp. 195 – 196.

② Nota de Moreno a Palmerston del 31 de julio de 1849 en Muñoz Azpiri, *op. cit.*, T. Ⅱ, p. 197.

Debates, tercera serie, v. CVII, col. 1030 a 1070)。

在没有任何证据的情况下英国手册还提出,莫雷诺的抗议是在“显然不知道罗萨斯正在谈判”的情况下作出的,企图削弱 1849 年莫雷诺—帕默斯顿照会交换的意义。① 它提到伦敦政府派遣使者前往布宜诺斯艾利斯,商谈解决南美 200 河流航行争端所造成的英、法对阿根廷和乌拉圭的封锁。欧洲列强谋求自由航行,而南美国家援引自己的主权,因此,外国船只必须得到它们的许可才能在南美河流航行。帕斯科和佩珀的纯粹猜想没有意义。第一,因为莫雷诺当然知道英国派遣使者到布宜诺斯艾利斯已经 1 年了。第二,因为他也知道谈判的话题对象与马尔维纳斯群岛问题毫不相关,而是与河流的封锁及航行有关。第三,因为莫雷诺确定了阿根廷对马尔维纳斯群岛的法律立场,这是他的国家一直坚持的立场。第四,因为那一法律立场根本不取决于罗萨斯将进行的谈判。第五,因为罗萨斯本人在 1849 年 12 月给省议会的咨文里,单独提及就拉普拉塔河的封锁与英国使者骚仁②举行的谈判……并明确批准莫雷诺对帕默斯顿的抗议,之后才提到马尔维纳斯群岛悬而未决的问题。

因此,英国手册的言论是一种粗糙的臆造,没有任何历史或语言的支撑,其目的是为帕斯科和佩珀另一个更大的历史歪曲敞开大门——声称 1849 年 11 月 24 日的英—阿条约意味着阿根廷放弃主权。正如我们将看到的,这种声明不仅在条约本身中没有任何依据,而且先于该条约仅仅数月的莫雷诺—帕默斯顿的照会交换,对于否定阿根廷存在默认的解释都是至关重要的,无论是在该解释提出之前还是之后。

D. 1849 年 11 月 24 日的《阿拉纳—骚仁条约》 201

出于众多历史和法律的原因,企图把 1849 年 11 月 24 日阿根廷与英国签署的条约,视为阿根廷放弃对马尔维纳斯群岛的主权主张,是没有支撑依据的。涉及“恢复阿根廷联邦与英国女王陛下完美的友谊关系条约”,于 1849 年 11 月 24 日签署,也被签约国代表称为《阿拉纳—骚仁条约》,此条约结束了英国封锁

① Pascoe, Graham y Pepper, Peter, *op. cit.*, p. 25.

② 亨利·骚仁(Henry Southern, 1799—1853 年):英国记者兼外交官。1833 年作为英国大使 George William Frederick Villiers 的私人秘书前往西班牙,在马德里工作数年后被提升为驻里斯本大使馆秘书,1848 年成为英国驻阿根廷联邦公使,1851 年调往巴西使馆,在那里去世。——译者注

拉普拉塔河的冲突以及国际河流的航行问题。① 上述条约类似于同法国签订的、目的相同的条约——1850 年 8 月 31 日的《法国与阿根廷联邦恢复完美的友谊关系条约》,被称作《阿拉纳—勒·普雷杜尔条约》。②

帕斯科和佩珀篡改了前言和第 7 条的条件。③ 他们忽略了基本的第 1 条以及该条约之目的和宗旨,与马尔维纳斯群岛毫不相关,还忽略了第 6 条,它包括乌拉圭方面接受该条约的条件。

没有摆出也无法列举任何直接信息来源,以便支撑英国的新论点,英国手
202 册本身就断言在谈判和条约文本中均未提到马尔维纳斯群岛问题。④ 实际上,只有一次涉及马尔维纳斯群岛问题,是在英国议会上院,手册作者无法忽略这点。那是 1849 年 4 月 23 日哈罗比伯爵在有关"拉普拉塔河事件"辩论中的发言。在那次批评性发言中,这位英国立法者抱怨,完全缺乏有关与阿根廷谈判及英国使者所奉指令的信息,他提出下列问题:

我们要同意由于本国政府与法国政府采取一致行动,在英、法干涉期间对布宜诺斯艾利斯造成十分严重的冒犯和损害而赔偿大约 300 万英镑吗? 我们准备放弃马尔维纳斯群岛吗? 或让那个国家一切事情的解决均取决于奥里贝将军的善意吗? 这些看来是罗萨斯总统屈尊接待女王陛下任命的公使的唯一条件吗? 现在我们的利益在什么立场上?⑤

一年前在讨论与阿根廷政府谈判的间隙,下院议员威廉·莫尔斯沃思已经用下列措辞建议接受阿根廷的赔偿要求:

---

① Ministerio de Relaciones Exteriores y Culto de la República Argentina, Biblioteca digital de Tratados, Numero de identificación de Tratados 4751, disponible en http://tratados.mrecic.gov.ar/tratado_ficha.php? id = 4751.

② Ministerio de Relaciones Exteriores y Culto de la República Argentina, Biblioteca digital de Tratados, Numero de identificación de Tratados 4606, disponible en http://tratados.mrecic.gov.ar/tratado_ficha.php? id = 4606.

③ 按照下列方式"前言和对《完美友谊条约》文件的批准谈到'结束现有分歧'及'解决阿根廷与英国之间现有分歧',标题与第 7 条款说条约恢复了英国与阿根廷之间'完美的友谊关系'。因此条约一旦被批准,阿根廷与英国'现有分歧'就解决了,两国之间'完美的友谊关系'得以恢复", Pascoe, Graham y Pepper, Peter, *op. cit.*, p. 26。

④ Pascoe, Graham y Pepper, Peter, *op. cit.*, p. 26.

⑤ Hansard, HL Deb, Vol. 104, p. 609.

悲惨的马尔维纳斯群岛出现在这里，这儿不产小麦，也不生长树木；被风吹打的群岛，从 1841 年起耗费了我们超过 45,000 英镑，没有任何形式的回报或收益。总而言之，我认为这一无用的占有物当然要还给布宜诺斯艾利斯政府，而 203
它正好要求收复该群岛。①

正如我们所见，在同一时期某些立法者甚至准备归还马尔维纳斯群岛，而事实是英国既没有归还马尔维纳斯群岛，阿根廷也没有放弃自己的主张。如果是在谈判的某一时刻口头添加马尔维纳斯群岛问题，那没有任何相关证据，可能双方谁也未能把自己的立场强加给对方。没有任何证据表明，英国要求阿根廷放弃主权，罗萨斯也没有任何必要为了签署条约而放弃主权主张。相反，采取强硬立场的是罗萨斯，虽然他也没有足够的权力迫使英国在拉普拉塔河的封锁及南美河流航行问题所引发的冲突框架内归还马尔维纳斯群岛。在这方面可以提出的一切设想都是纯粹的推断。

假如英国想在条约里强迫阿根廷放弃对马尔维纳斯群岛的主权主张(实际上它是没有条件办到的)，那么条约本该明确规定这一点。正如从条约签订 3 个月前莫雷诺与帕默斯顿的照会交换及条约签订 1 个月后罗萨斯给省议会的咨文中所显示的，马尔维纳斯群岛问题维持原状——阿根廷维持其主张，英国拒绝讨论该问题。

为了推翻英国手册的这一新论据，只需提到一个简单的事实，即英国政府
在漫长的马尔维纳斯群岛争议历史上从未援引《阿拉纳—骚仁条约》。假如通 204
过该条约阿根廷已放弃其主权主张，那么面对阿根廷的抗议，对于英国政府来说当然要回忆这个事实。在英国政府的大量内部文件里，从 1850 年起讨论马尔维纳斯群岛问题开始，丝毫没有提到所谓阿根廷通过该条约放弃了自己的主权。英国第一次援引此论据——遵循帕斯科和佩珀的手册立场是在 2013 年 1 月发给联合国大会的一份文件。也就是说，《阿拉纳—骚仁条约》签订之后 164 年，②作为对 2013 年 1 月 3 日阿根廷外交部也发给联合国大会的通告回复。此时，要给予它任何可信性都为时已晚。

对该条约意义的严肃分析，要求运用《维也纳条约法公约》第 31 条关于条

① Nota de Moreno a Felipe Arana del 1 de septiembre de 1848. Moreno cita a los periódicos británicos *Morning Chronicle* y *Daily News* del 27 de julio de 1848.

② Naciones Unidas, doc A/67/703. Se puede consultar en http://undocs.org/A/67/703.

约权利的解释规则，该条款规定，必须按照条约措辞在上下文里应认定的通常意义，并考虑其意图和目的来善意地解释一个条约。① 当然英国手册连这最起码的一点都没做到。

《阿拉纳—骚仁条约》的意图和目的明确出自第1条（帕斯科和佩珀完全忽略了它），规定如下：

> 第一条：1847年7月15日，英国女王陛下的政府怀着结束中断两国政治和贸易关系之分歧的愿望，撤销它在拉普拉塔两个共和国港口所实施的封锁，以
> 205 此证明其和解意愿，如今出于同样友好的精神，英国政府承诺彻底撤离马丁·加西亚岛，归还他们所缴获的阿根廷战舰，让它们尽可能处于被缴获时的状态，鸣礼炮21响，向阿根廷共和国国旗致敬。②

"中断两国政治和贸易关系之分歧"源自法、英武装占领拉普拉塔河、终止封锁和解决河流航行等问题，马尔维纳斯群岛问题从未中断两国之间的政治和贸易关系。1833年阿根廷没有中断外交关系，与它因"勒星顿"事件而对美国采取的行动相反。③ 这涉及英、阿关系十分特殊的性质，从宣布独立之前就已建立的两国关系，其特点在于这个南美国家对该欧洲列强十分广泛的贸易依赖，这点在阿根廷1833年1月的第一次抗议中可以观察到，其中提到"阿根廷与英国的友好关系"。相关条约签署后一个月，罗萨斯在上报省议会的咨文中以同样的方式表示："除了寻求最体面的方式，以便互惠互利地牢固重建英国与共和国的友好关系，条约没有别的意图或想法。"④这并不妨碍罗萨斯再一次并立即
206 提到阿根廷对马尔维纳斯群岛主权的永久主张，重申该条约签订之前数月莫雷诺对帕默斯顿提出的抗议。

《阿拉纳—骚仁条约》在前言里表示，在签署条约时，英国女王陛下的政府

---

① Convención de Viena sobre el derecho de los tratados, Art. 31, inc. 1 – Un Doc A/CONF. 39/27 (1969).

② Mensaje del gobernadora Juan Manuel de Rosas al abrir las sesiones de la legislature de la provincial de Buenos Aires el 27 de diciembte de 1849 en Mensajes de los gobernadores de la Provincia de Buenos Aires, 1822 – 1849, Vol. II, La Plata, Archivo Histórico de la Provincia de Buenos Aires, 1976.

③ 1832年9月3日美国代办弗朗西斯·贝里斯收到他的护照，当月月末离开布宜诺斯艾利斯。参见 Caillet-Boris, Ricardo, *op. cit.*, p. 280。

④ Mensaje del gobernador Juan Manuel de Rosas, *op. cit.*, 27 de diciembre de 1849.

除了希望看到"牢固建立拉普拉塔地区国家的和平与独立",[①]没有单独的或者显然有利益的目标。该条约第 6 条具有特殊重要性,它为解决"现存分歧"强加了一个必不可少的条件,那就是乌拉圭总统奥里贝事先批准了该条约。这清楚地表明该条约的影响力及"现存分歧"指的是什么(拉普拉塔河的问题,即海军的封锁和河流航行问题),由此需要乌拉圭总统的同意。认为与英国和阿根廷马尔维纳斯群岛争端相关的条约必须得到乌拉圭的同意,那是荒唐的。

《阿拉纳—骚仁条约》仅仅提到因拉普拉塔河的封锁及阿根廷—乌拉圭河流的航行问题而存在的争端,条约一经签订,帕默斯顿子爵对英国议会的陈述也确认了这点。在他所有的陈述里持续提到该条约所解决的**这个**争端(单数),它显然是同一条约的第 1 条里所明确的争端,并包括了与一个第三国(乌拉圭)的问题,而不是阿根廷与英国之间存在的**这些**争端(复数)。[②] 从来没有任何对马尔维纳斯群岛含蓄或明确的提及。

E. 英国手册无视 1849 年 12 月罗萨斯给省议会的咨文 207

1849 年罗萨斯给省议会的咨文十分重要,因为它是在《阿拉纳—骚仁条约》签订后一个月作出的。在上述咨文中详细叙述了导致该条约签订的谈判,条约的预备文件及英国议会的辩论,根本没有产生任何东西可以证明阿根廷同意通过那个途径结束马尔维纳斯群岛问题。相反,结束对《阿拉纳—骚仁条约》的相关阐述后,1849 年罗萨斯给省议会的咨文继续明确提及马尔维纳斯群岛问题,涉及莫雷诺和帕默斯顿因英国报纸的消息而进行的照会交换,并认可阿根廷驻伦敦代表的行为。[③]因此,如果罗萨斯在条约签订一个月后还正式要求恢复对马尔维纳斯群岛的主权,那么声称他通过该条约放弃马尔维纳斯群岛就是荒唐的。对这个主题的单独讨论清楚地证明了对两个问题的区分(一方面是拉普拉塔河的封锁和河流航行问题,另一方面是马尔维纳斯群岛问题)。罗萨斯的话不容置疑:

---

① Cf. el preambulo del tratado.

② Hansard, HC Deb 12 August 1850, Vol. 113, pp. 1028 – 1029.

③ Según el *Daily News*, Ferrer Vieyra, E., *Segunda cronología*..., *op. cit.*, p. 178; Becerra, Alfredo, *op. cit.*, p. 136. Según el *Times*. 转引自 Lynch, John: *Juan Manuel de Rosas*, Buenos Aires, Hyspamérica, 1986, p. 273。

> 因英国无理窃取马尔维纳斯群岛，政府密切关注共和国向它提出的未决索赔。……政府完全赞同阿根廷公使有根据的索赔和抗议女王陛下的外交大臣的不恰当主张，并向公使表示，通过那次合适的抗议他维护了阿根廷联邦对马
> 208 尔维纳斯群岛的正当权利，他应该这么做，在任何情况下应该如此行事，反对女王陛下的外交大臣对这些权利本身所做的新否认，后者根据报纸上出现的两种不同版本，没有根据地猜测通信的停止是因为阿根廷联邦的默认或双方的默认……政府命令公使，涉及此事时永远要坚持相同的原则，以有关此事的连续通信所得出的事实本身为依据，政府向公使转达了其他指示，以维护阿根廷联邦对马尔维纳斯群岛无可争辩的权利。[①]

英国让人以为，根据《阿拉纳—骚仁条约》阿根廷放弃了对马尔维纳斯群岛的主权，而罗萨斯呈送省议会的这份咨文推翻了英国的所有妄想以及英国手册所谓"阿根廷通过1850年的'完美友谊条约'的确把马尔维纳斯群岛转让给了英国"[②]的荒诞断言。手册作者应该知道1849年罗萨斯给省议会咨文的全部内容，因为他们提到了它的存在。他们采取的花招是谈论"1850年条约"，因为1849年11月24日签订的条约是在1850年5月15日被批准的，他们试图借此回避尽管签订了该条约阿根廷仍维持其主权和重申其主张的立场，这点是在条约签订一个月后上报省议会的咨文中提出的。为了尽量少说，帕斯科和佩珀天真地写道"那个时期条约只有被批准之后才有法律效力"。[③] 任何国际法学生或消息适当灵通的人都知道，不管是在19世纪还是21世纪，须报批的双边条
209 约在交换了批准书之后便生效。这个事实根本改变不了对条约的理解，它充分说明了英国手册的学识质量。

F. 英国手册所引用的作者缺乏重要性

为了支撑他们对《阿拉纳—骚仁条约》的解释，英国手册作者援引了60年后一位墨西哥作者的一本书、阿根廷议员阿巴萨隆·罗哈斯[④]一个世纪后发表

---

① Mensaje del gobernadora Juan Manuel de Rosas, *op. cit.*, 27 de diciembre de 1849.

② Pascoe, Graham y Pepper, Peter, *op. cit.*, p. 34.

③ Pascoe, Graham y Pepper, Peter, *op. cit.*, p. 25.

④ 阿巴萨隆·罗哈斯（Absalón Rojas，1889—1955年）：出身名门，父亲曾两度担任圣地亚哥·德尔·艾斯德罗省（provincia de Santiago del Estero）省长。他本人作为法学博士曾两度当选阿根廷议员，是当时有影响的政治家。——译者注

的观点,和 20 世纪 70 年代出版的另外两本也简单提及该问题的著作。[①] 这些只是那些作者的观点,另外,他们对这个主要为法律方面的问题没有做出任何合法的分析。应该提醒的是,无论是历史学还是阿根廷社会,对罗萨斯将军的看法通常是很分裂的,阿巴萨隆·罗哈斯议员的评论是在一次明显反罗萨斯的发言背景下作出的。约翰·威廉·库基[②]议员用以下措辞对他进行了详细反驳:

库基反对罗哈斯博士的解释:

1. 第 1 条在涉及要解决的"分歧"时说,是那些"中断了两国之间政治和贸易关系"的分歧。马尔维纳斯群岛冲突没有造成那个后果。

2. 在前言里英国女王陛下声明,除了希望"看到牢固建立拉普拉塔国家的和平与独立,没有单独或者显然有利益的目标"。无法看到对马尔维纳斯群岛的任何指涉。

3. 第 6 条证明前几点所坚持的观点——条约只涉及**解决由军事干涉、封锁、战争局面等造成的问题**,该条款的结论是,阿根廷政府已认定**必不可少的条** 210
件是其盟友奥里贝总统的同意。

由于没有明确保留阿根廷对马尔维纳斯群岛的权利,它所持的立场便遭到拒绝,就默许接受英国的权利,那场冲突中的现存"分歧"就被视为完结,如果这样解释的话,那么荒谬的结果是,无论阿根廷权利的放弃还是英国权利的巩固——这点将从条约中得出——都将取决于奥里贝总统的同意,因为对阿根廷政府来说(第 6 条)它是"解决现有一切分歧必不可少的条件"。

可以认为奥里贝也被默许获得仲裁人的职责吗?

4. 使用同一种归谬法,那些将条约内未包括马尔维纳斯群岛权利的保留理解为疏漏的人,也应该认为有关阿根廷联邦先前所有的航运河流问题存在疏漏,因为英国女王陛下的政府在该条约第 4 条里只承认巴拉那河和乌拉圭河的航行是内河问题,忽略了黑河、科罗拉多河、纳波斯塔溪等。我就不引用其他依据了……[③]

---

① Pascoe, Graham y Pepper, Peter, *op. cit.*, pp. 26 – 27.

② 约翰·威廉·库基(John William Cooke, 1919—1968 年):阿根廷政治家,庇隆主义左翼领导,1955 年政变后,被庇隆任命为"全国正义运动"代理人。——译者注

③ Cook, John William, *Acción parlamentaria*, Duhalde, Eduardo Luis (comp.), Buenos Aires, Colihue, 2007, pp. 389 – 390.

任何遵照《维也纳条约法公约》第 31 条，基于上下文语境进行善意解释并考虑到条款意图和目的所做的解释，都不允许声称阿根廷通过《阿拉纳—骚仁
211 条约》放弃了自己的主权主张，预备文件也无法支撑这样的断言。[①]马尔维纳斯群岛问题根本没有进入谈判，因此也没有得出结果。

G.“和平条约”的含义

英国手册作者在试图发现所谓阿根廷通过《阿拉纳—骚仁条约》放弃主权时，强调了“和平条约”的性质，声称因为该和平性质而有过弃权。帕斯科和佩珀利用美国法学家亨利·惠顿[②]的引文为自己的错误解释辩护。英国作者提到了签订一份与征服领土相关的和平条约所带来的后果，这样他们就陷入一个明显的矛盾：如果马尔维纳斯群岛是英国的(正如他们所声称的)，英国就不必征服任何东西。我们在前一章见到，那个时期国际法所要求的必要条件，没有一条满足英国通过 1833 年的征服进行主权宣示。1849 年的条约也跟征服没有任何关系，在评论中提及它是“和平条约”的事实根本改动不了这个表述。英国没有向阿根廷宣战，反之也没有，军事行动与马尔维纳斯群岛毫无关系。双方通过和平条约处理自己的领土主权，这是和平条约所做的事，但 1849 年 11 月 24 日的条约根本没有谈到阿根廷的放弃。简单地说，这不是一份领土性质的条约。此外，该条约对阿根廷和乌拉圭意味着胜利。英国承认阿根廷、乌拉圭的论点，即这些国家的河流具有内河性质，为了在这些河流航行，英国有义务申请许可，正式结束封锁，归还舰船，英国从拉普拉塔河的马丁·加西亚岛撤离(它
212 是那一时期阿根廷和乌拉圭都要求收复的对象，在封锁期间由英国人占领)并向共和国国旗致意作为道歉。英国手册说罗萨斯能够把自己的意志强加给“两个受辱的对手，英国和法国”，立刻又声称“他准备付出代价——福克兰群岛”。[③] 能够羞辱战败者的胜利者，必须向其中一位败者付出代价，而且谁也没有要求胜利者这么做，这太奇怪了。不存在丝毫的证据表明这是法国和英国接受阿根廷和乌拉圭观点的条件。简单地说，英、法的海军封锁没有奏效，反而损害了英国和法国自己的商人。

---

① Artículo 32 de la Convención sobre el Derecho de los Tratados.

② 亨利·惠顿(Henry Wheaton，1785—1848 年)：美国律师、法学家和外交官。是美国最高法院第三位判例报告者，美国第一任驻丹麦公使和驻普鲁士公使。——译者注

③ Pascoe，Graham y Pepper，Peter，*op. cit.*，p. 24.

鉴于上面所陈述的一切，不必继续驳斥英国手册的声明，但我们还是要这样做，因为某些英国博客博主对此事添油加醋。根据英国手册的声明，1849 年的《阿拉纳—骚仁条约》应该是一份"和平条约"。我们将引证先于这些事实或与之同时代的作者的著作，可以反映那一时期的国际法状况，明确否定英国手册的解释。瓦泰勒[①]写道："和平条约的效力是结束战争、消除战争动机。……此效果……不能扩展到与条约所终结的战争无关的事情。"[②]之后他声称：

> 就其本身而言，和平条约自然是与它所终结的战争挂钩。因此，必须仅仅在这种关系中理解其不确定的条款。所以简单地规定把事情恢复到它们之前的状态，并不涉及非战争本身所造成的变化。[③]

另外，亨利·惠顿表示："和平条约的效力是结束战争、消除战争动机。这 213
份协定是为了放弃各方对各自权利和主张的所有争议，把战争的起始原因埋葬在遗忘中。"[④]他接着说：

> 如果和平条约只字未提各方讨论的一个抽象权利，那就意味着，如果该权利没有得到表达，那么必然含蓄的特赦将湮没从这种要求派生出来的一切抱怨和先前的伤害，但主张本身从某种意义上说并未得到解决。在缺乏明确的放弃或承认的情况下，有待未来的讨论。[⑤]

最后他表示，"和平条约不偿还基于所负债务或战前所受伤害但与战争原

---

① 艾默尔·德·瓦泰勒(Emer de Vattel,1714—1767 年)：瑞士哲学家、外交官和法学家，其理论奠定了现代国际法和政治哲学的基础。——译者注

② De Vattel, Emer, *The Law of Nations or the Principle of Natural Law*(1797), by Pitt, Nicklin & T. Johnson, Filadelfia, Liberty Fund, 1829, p. 500.

③ De Vattel, Emer, *The Law of Nations or the Principle of Natural Law*(1797), by Pitt, Nicklin & T. Johnson, Filadelfia, Liberty Fund, 1829, p. 505.

④ Wheaton, Henry, *Elements of International Law*, 8^{a}ed., London, The Clarendon Press, 1866, p. 544.

⑤ Wheaton, Henry, *Elements of International Law*, 8^{a}ed., London, The Clarendon Press, 1866, p. 544.

因无关的索赔,除非对那种索赔有明确规定”。①

由此可见,两位法学家的观点一致,和平条约之目的是终结战争以及引发战争的目标,上述条约不偿还战前所提的、与战争原因无关的索赔,除非明确规定。同时,条约的效力不能扩展到由战争引起但与战争无关的事件。把《阿拉纳—骚仁条约》定性为和平条约根本无助于英国的理由。不管以这种方式还是通过解释该条约的内容和影响力,都无法推断出阿根廷含蓄地放弃了它在马尔维纳斯群岛的主权。

214 H. 1850~1884 年马尔维纳斯群岛问题的状况

英国手册声称,1850~1884 年阿根廷缺乏正式抗议是因为签订了 1849 年《阿拉纳—骚仁条约》。事实截然不同。缺乏抗议是出于其他原因,一些与英国自身在争端中的行为有关,另一些与阿根廷那些年的主导形势有关。关于前者,值得一提的是,英国政府不光彩地拒绝讨论该问题,甚至拒绝回复之前的照会,另外,面对这种局面,阿根廷声明其沉默不应被视为默许,1849 年帕默斯顿接受了这个立场。仅仅这点本身就可以证明阿根廷暂时的沉默事出有因。至于后者,值得一提的是,内战的恶化导致 1852 年罗萨斯下台,布宜诺斯艾利斯省与阿根廷其余地区分裂,1853~1860 年形成一个独立的国家,19 世纪 60 年代重新统一和组成国家。1864~1870 年阿根廷与巴拉圭的战争,领土管辖向大陆南端扩展,1876 年与巴拉圭确定边界的仲裁,与智利悬而未决的边界问题,与该国武装冲突的风险直到在 1881 年签订边界条约时才结束。阿根廷这一国内和国际形势本身,也可以解释阿根廷对马尔维纳斯群岛的一切临时沉默。我们将研究英国手册所提到的不同点。

帕斯科和佩珀坚称,从 1850 年起阿根廷行政部门给立法机构的年度咨文不再提及马尔维纳斯群岛问题,这证实了阿根廷放弃主权主张。他们置 1849 年咨文的明确内容于不顾,忽视那年之后在阿根廷所发生的事件。内战加剧,没有记载 1850 年的年度咨文是否存在,鉴于内战形势,1851 年议员委员会(立
215 法机构)免除了罗萨斯呈报咨文的责任。② 也就是说,不是马尔维纳斯群岛没

① Wheaton, Henry, *Elements of International Law*, 8ª ed., London, The Clarendon Press, 1866, p. 545.

② 我们要记住本应在 12 月最后几天向委员会做好该咨文。1852 年 2 月 3 日发生了卡塞罗斯战役,乌尔吉萨决定了罗萨斯的命运。

有在咨文里被提到,而是根本就没有咨文。1852 年 2 月罗萨斯被推翻,阿根廷分裂,从那年至 1860 年,布宜诺斯艾利斯省构成了与阿根廷联邦其余地区分裂的独立国家。

(a)宪法文本

作为所谓阿根廷放弃主权的另一个"证据",英国手册援引的事实是 1853 年所采用的宪法"根据领土原则在议会里分配席位,但根本没有提到福克兰群岛"。[①] 其作者再次显示了无知,席位是判给**现有省份**,显然那时马尔维纳斯群岛不构成一个单独的省份,而且也没有提到阿根廷其他未构成单独省份的无可争辩的领土。

我们观察到,1852 年应胡斯托·J. 德·乌尔吉萨[②]的请求(他打败了罗萨斯),官方历史学家佩德罗·德·安赫里斯[③]制定了一项国家宪法计划,其第 5 条(被列入名为"共和国领土"的那部分)规定:"本议会将颁布必要措施使共和国对外国军队非法占领的塔里哈省、马尔维纳斯群岛及麦哲伦海峡一部分地区的权利生效。"这样的话,帕斯科和佩珀关于阿根廷放弃主权主张的论据就失去了更多分量。很清楚,1852 年距离《阿拉纳—骚仁条约》签订不到 3 年,阿根廷没有放弃对马尔维纳斯群岛的主权。最后,1853 年通过的宪法没有包括与共和 216
国领土相关的章节,这并没有贬低从 1852 年的计划引申出来的明确观念——19 世纪 50 年代阿根廷要求恢复对马尔维纳斯群岛的主权。

1854 年的《布宜诺斯艾利斯国家宪法》在第 2 条中以下列方式确定其领土范围:

> 不计国民议会可能转让的租借地,宣布:阿根廷领土从北向南延伸,从中部溪流到安第斯山脉入海处,西—西南一线及西部与安第斯山麓接壤,北—东及东部与巴拉那河、拉普拉塔河、大西洋比邻,包括马丁·加西亚岛及其河岸和海岸的附属地区。[④]

---

① Pascoe, Graham y Pepper, Peter, *op. cit.*, p. 34.

② Según Tagle Achával, Carlos y González Arzac, Alberto: *Proyecto constitucional de Pedro de Angelis*, Buenos Aires, Instituto Nacional de Investigaciones Históricas "Juan Manuel Rosas", 1998, p. 39.

③ 佩德罗·德·安赫里斯(Pedro de Angelis, 1784—1859 年):阿根廷首批历史学家之一,他是阿根廷历史学主要人物之一,被认为是阿根廷历史学之父,同时也是最受争议的人物。——译者注

④ Constitución del Estado de Buenos Aires sancionada el 8 de abril de 1854, Artículo 2.

虽然没有明确提及马尔维纳斯群岛，但它是被包括在这一领土界定范围内的。可以从同年多明戈·F. 萨米恩托所写的著作得出这样的理解，①在其中他受邀担任布宜诺斯艾利斯国立法者的角色。在研究布宜诺斯艾利斯国的公民问题时，萨米恩托写道：

……出生于如今被英国占领的马尔维纳斯群岛的那些人，即出生在布宜诺斯艾利斯的领土，甚至那些生于英国统治下的人，如果要求其与生俱来的权利，只要布宜诺斯艾利斯国不放弃对那些岛屿的主权要求，他们也是降生于布宜诺斯艾利斯的领土。②

217 显然，19 世纪 50 年代，无论是阿根廷联邦还是布宜诺斯艾利斯国，都没有任何放弃马尔维纳斯群岛主权之举。

(b)1854 年美国"日耳曼敦"号船事件

英国当局与美国船只之间发生在马尔维纳斯群岛的事件，也证明了这一时期阿根廷视马尔维纳斯群岛为本国领土，并且该问题是公开的。这是英国手册作者不能忽视但宁可保持沉默的另一桩历史事实。面对美国舰船被英国当局扣留，1854 年 3 月 7 日，美国"日耳曼敦"号船长 W. F. 林奇给**实际上的**(de facto)英国总督雷尼写了以下这段话：

至于英国对马尔维纳斯群岛的主权，我的指挥官在我离开他时无法给予我指示，正如我已口头向阁下表示，我没有得到上司的授权来承认它或否定它。美国驻阿根廷共和国代办也无法给予我建议。但他向我肯定，他所派驻的政府没有而且不会放弃对这些岛屿的主权主张。③

---

① 多明戈 F. 萨米恩托(Domingo Faustino Sarmiento，1811—1888 年)：阿根廷政治家、作家、教育家、记者、军人。1862～1864 年任圣胡安省省长，1868～1874 年任阿根廷总统。他也被视为西班牙语最伟大的散文家之一，对阿根廷的公共教育事业及文化科学的发展做出了重要贡献。——译者注

② Sarmiento，Domingo Faustino，*Derecho de ciudadanía en el Estado de Buenos Aires*，Santiago，Imp. De Julio Belín y Cía. ，1854，p. 2.

③ Congressional Series of United States Public Documents，Vol. 1478，p. 34. 他还补充道："……我借助 1790 年《努特卡海湾条约》里英国国务活动家提供的论据，可以表明，只要包括在该条约第 6 条的规定继续有效，其政府被排除占领马尔维纳斯群岛的任何岛屿。"

由此得出结论,19 世纪 50 年代派驻布宜诺斯艾利斯的美国官员正确地认为,阿根廷没有放弃(而且将不会放弃)其正当要求。

(c)1856 年阿根廷—智利条约 218

1856 年阿根廷与智利签订了一个条约,根据该条约两国承认 1810 年"依法占有"原则的运用。也就是说,根据西班牙相关行政分区的范围(拉普拉塔总督辖区或智利军区司令管辖区),每个国家享有对应的领土权利。① 无疑 1810 年马尔维纳斯群岛属于拉普拉塔总督辖区,并且确实由该辖区管理。正如我们后面将看到的,该协议导致出版的地图阐释了 1810 年"依法占有"原则所造成的局面,马尔维纳斯群岛当然是作为阿根廷领土出现在这些地图里。

(d)有关威尔士人移民巴塔哥尼亚的外交争端

可以提及另一个事实来证明 1850 ~ 1884 年阿根廷没有对马尔维纳斯群岛问题保持沉默。在 1865 年 5 月 25 日致英国外交大臣罗素②的备忘录中,英国驻布宜诺斯艾利斯代表爱德华 · 桑顿斯③通报了有关一群威尔士人在巴塔哥尼亚定居的争议。他在该备忘录中表示,阿根廷内政部长吉列尔莫 · 罗森已经向他暗示,即便占领马尔维纳斯群岛,英国对该群岛也没有**法律**(de iure)所有权,紧接着他问桑顿斯,英国政府是否不打算把马尔维纳斯群岛"转让"给阿根廷,如果愿意的话,他肯定阿根廷议会不会反对威尔士人在巴塔哥尼亚定居。英国驻布宜诺斯艾利斯代表向罗森重申了前任帕里什 1829 年对阿根廷政府说过的 219
话和 1833 年英国政府对莫雷诺的回复,并表示没有什么可补充的。④ 英国政府再次坚持其不准备谈论此话题的立场。

(e)因"勒星顿"号事件阿根廷要求美国赔偿

1866 年阿根廷驻美国大使多明戈 · F. 萨米恩托向外交部部长鲁菲诺 · 德 · 埃利萨尔德传递了一份备忘录,在其中详细分析了该问题,并申请授权来要求美国政府向"阿根廷共和国支付数百万……硬比索,作为对所有伤害,包括

---

① Cf. su artículo 39.

② 约翰 · 罗素(John Russell ,1792—1878 年):英国政治家,曾两次担任英国首相。是哲学家伯特兰 · 罗素的祖父。——译者注

③ 爱德华 · 桑顿斯(Edward Thornton,1817—1906 年):英国外交家,曾在拉美、土耳其、俄国和美国任职。——译者注

④ CO 6,111,cit. en Ferrer Vieyra,E. ,*op. cit.* ,p. 377.

失去马尔维纳斯群岛的赔偿,这并不意味阿根廷共和国放弃收复该群岛”。[①] 出自该语境的是马尔维纳斯群岛的失去以及收复对马尔维纳斯群岛的**占有**,显然没有放弃收复该群岛的意图。假如 1850 年放弃了对马尔维纳斯群岛的主权,数年后提到不放弃收复它们就很奇怪了。

(f)1881 年《阿根廷与智利边界条约》的岛屿条款解释

1881 年 7 月 23 日签订了《阿根廷与智利边界条约》,正如其名称所表明的,该条约之目的是划定两国边界。该条约第 3 条表示,“火地岛以东及巴塔哥尼亚东海岸的大西洋其余岛屿”属于阿根廷。在比格尔海峡案例相关的仲裁程序
220 里,对这一条款的解释应该对确定皮克顿岛、伦诺克斯岛和努埃瓦岛的主权发挥了至关重要的作用。智利请求 1881 年《阿根廷与智利边界条约》的上述条款涉及马尔维纳斯群岛,这就证明南半球地区的直接邻国认为,那个时期阿根廷还没有放弃对马尔维纳斯群岛的主权(并且该群岛是阿根廷的)。面对由英国法官杰拉尔德·菲茨莫里斯爵士[②]主持的仲裁法院,阿根廷团队表示,那时马尔维纳斯群岛处于阿根廷与英国的争夺中,因此很难认为第 3 条的对象是指马尔维纳斯群岛,而不是指皮克顿岛、伦诺克斯岛和努埃瓦岛。[③] 在 1977 年的仲裁裁决里,仲裁法院和支持它的英国女王记录了这些立场。对于阿根廷和智利来说,1881 年阿根廷要求恢复其对马尔维纳斯群岛的主权。

*

*　*

正如我们可以观察到的,马尔维纳斯群岛问题曾经存在,甚至在阿根廷陷入内战、与邻国交战并巩固其国家领土的时期,它都得到了局势所允许的重视。因此,不能说 1850 ~ 1884 年阿根廷在马尔维纳斯群岛问题上什么也没做,或放弃了自己的立场,更不能说它放弃了自己的主权或承认了所谓的英国主权。不

---

① Nota de Sarmiento a Elizalde, 6 de abril de 1866, en Muñoz Azpiri, J. L., *op. cit.*, Vol. Ⅱ, p. 202.

② 杰拉尔德·菲茨莫里斯(Sir Gerald Gray Fitzmaurice, 1901—1982 年):英国大律师和法官。1964 ~ 1973 年为国际常设仲裁法院成员,1967 ~ 1973 年为国际法院高级法官,1974 年成为欧洲人权法院法官。——译者注

③ *Award of Her Britannic Majesty's government pursuant to the agreement from arbitration (compromise) of a controversy between the Argentine Republic and the Republic of Chile concerning the region of the Beagle Channel*, 18 de febrero de 1977, *Naciones Unidas*, *Reports of International Arbitral Awards*, Vol. XXI, p. 113.

存在任何事实可以推断出阿根廷态度的改变。现在我们将从法律角度来研究形势。

I. 与英国态度相比所谓的阿根廷默认 221

根据英国作者的观点，1850～1884 年阿根廷共和国没有实施与马尔维纳斯群岛相关的任何类型的主权要求或行动。他们认为，这是 1849 年《阿拉纳—骚仁条约》的产物，并得出结论——它意味着阿根廷默认的一个案例或可以让取得时效发挥对英国有利的作用。无论是事实还是法律，都不允许这种或另一种结论。

我们已经看到 1849 年《阿拉纳—骚仁条约》不意味着阿根廷放弃主权。我们也看到，在 1850～1884 年阿根廷历史上那些错综复杂的年代，阿根廷从未放弃自己的主权，或以某种方式表现出抛弃本国的主权主张或承认英国主权。相反，我们已经指出巩固其传统立场的事实。

英国手册企图利用阿根廷总统或副总统所做的关于阿根廷通常与全世界，尤其与英国政府保持友好关系的一般性声明。而我们已经看到，即便面对像占领马尔维纳斯群岛或海军封锁拉普拉塔河这样严重的事件，阿根廷仍继续努力保持与英国的友好关系。尽管出现这样的事件，阿根廷从未撤离其驻伦敦代表或请求英国政府撤离其驻布宜诺斯艾利斯代表。在阿根廷经济依赖英国的框架下，与那个时代的最大经济和海军强国建立最佳关系的愿望，不能用来损害阿根廷的立场，尤其当英国的态度是拒绝讨论马尔维纳斯群岛的时候。

适合从法律的角度来理解什么是默许。因为如果在这场争议中有一方是默许，那一方就是英国，首先是对西班牙的默许，之后是对阿根廷的默许。国际 222
法院用下列方式来界定这个情况：

> 在某些情况下，具有主权的国家对另一个国家以主权国身份实施的行动，或如法官休伯在帕尔玛斯岛案例中所说，对另一国家行使领土主权的具体表现缺乏答复，其后果（Island of Palmas Case［Netherlands/United States of America］，Award of 4 April 1928，RIAA，Vol. Ⅱ［1949］，p. 839）是可以转让一块领土的主权。这类展示主权的表现可以要求答复，免得它们可以与相关国家抗衡，缺乏反应可以等于默认。默认的概念“等于单方面的行动表现出来的默认，另一方可以把它理解为同意……”（Delimitation of the Maritime Boundary in the Gulf of

Maine Area[Canada/United States of America], Judgment, ICJ Reports 1984, p. 305, par. 130)。也就是说,沉默也可以表意,但只有当另一国家的举动要求答复的时候。①

出于很多原因,阿根廷的态度远远不能等同于缺乏反应,而缺乏反应又会等同于准许英国主权。第一,因为阿根廷立即抗议自己被剥夺了马尔维纳斯群岛并维持自己的立场。第二,因为是英国政府自身认为该问题已了断,对此不
223 愿进行更多的沟通。第三,因为阿根廷已经清楚、明确地表示,尽管英国政府采取封闭的态度,但阿根廷维持自己的立场,其沉默不能等同于默认。第四,因为一旦了解双方的法律立场,则不必在每个事实面前重申该立场,这些事实即抗议的事项所造成的后果。为了让一个国家不同意另一个国家的立场,于是要求这个国家必须天天抗议对一个已知有争议的领土行使诸多主权行动,这是荒唐的。第五,虽然是最后一点但同样重要,因为英国政府的行为本身使它处于无法援引阿根廷的行动作为默认案例的境地。我们从解释最后一点开始。

英国认为并且让阿根廷知道,从它 1774 年弃岛至 1829 年的第一次抗议,面对西班牙和阿根廷的公权行为,英国 55 年的完全沉默并不意味着失去其所谓的主权。因此很难试图把阿根廷 34 年的沉默等同于默认,并且在这 34 年之前,阿根廷曾有过明确拒绝默认的任何可能性,另外,这其中还有过阿根廷维持其主权主张的声明。我们面对的是**禁止反言**(estoppel)②这个技术概念的典型案例,也被称为"自身行为原则"。英国曾使阿根廷相信,55 年完全、彻底的不作为不能被视为放弃。阿根廷相信了英国的这个解释,对自己造成了损害,因此英国政府被禁止援引默认。最低限度的善意证明**禁止反言**的规则正当。

法理学界定默认存在的条件,其中要求"明确和经常的"举动,从中产生对
224 另一方立场的"明确接受"。③ 英国手册的声明决不允许推测出这种表示所谓阿根廷默认的明确、经常和不含糊的举动。相反,如果面对西班牙在该领土不

---

① Sovereignty over Pedra Branca/Pulau Batu Puteh, Middle Rocks and South Ledge (Malaysia/Singapore), fallo, ICJ Reports 2008, pp. 50 - 51, par. 121.

② Véase la definición de la Corte Internacional de Justicia: CIJ Recueil 1990, p. 118, par. 63.

③ *Temple of Preah Vihear (Cambodia v. Thailand)*, ICJ Reports 1962, p. 30; *North Sea Continental Shelf (Federal Republic of Germany/Netherlands)*, ICJ Reports 1969, p. 25, par. 28 y p. 26, par. 30; *Certain Phosphate Lands in Nauru (Nauru v. Australia)*, ICJ Reports 1992, p. 247, par. 13; entre otros.

间断的存在、摧毁埃格蒙特港的英国设施、撤掉其主权标志等行为，1806～1807年发生英国入侵时在布宜诺斯艾利斯找到这些标志物的事实，知晓1823～1828年阿根廷占领马尔维纳斯群岛并行使其主权行为，英国都没有做出任何反应，这些便是默认的表现。如果英国自视为主权国，就有义务做出反应。

相反，在没有可以接受诉求的国际机构的时代，在面对英国方面缺乏令人满意的答复，面对它认为问题了结的声明，面对它毫不含蓄地威胁不要坚持该话题时，阿根廷的态度符合对一个面临这样的形势和武力政策的国家所能要求的。在这方面，1842年3月10日曼努埃尔·莫雷诺致阿伯丁伯爵的照会（作为英国政府对阿根廷的抗议缺乏系统回复的后果）、1849年7月31日莫雷诺致帕默斯顿大人的照会，以及我们所提到的后者回复至关重要。[1] 阿根廷驻伦敦代表的态度是绝对明确的：

> ……本人，签名者，根据指令赋予自己的责任，在此有必要申明，为了不使
> 拉普拉塔河联合省的沉默被视为含蓄的默认，该联合省不能，也将永远不会同 225
> 意女王陛下政府（认为问题了结）的决定，联合省政府赋予其抗议目前或未来所能具有的一切价值。[2]

阿根廷明确保留其沉默，不能也不该被当作默认或同意英国立场的意见，我们看到帕默斯顿大人自己是这样确认的。[3] 那是由于英国拒绝讨论的态度使阿根廷的抗议无意义。

对于援引一个意味着主权转让的含蓄行为的必要条件，国际法院是明确的：

> 国际法院分析各方的行为，为此一个基本因素是国家的领土主权在国际法和国际关系中所具有的核心重要性以及这一主权的稳定和确凿。因此，任何基于各方行为的领土主权转让，正如上面所提到的，必须明确地表达出来，并且对这样的行为和相关事实没有任何疑问。如果确实涉及的是放弃它们的部分领

---

① Nota de Moreno a Palmerston del 31 de julio de 1849 en Muñoz Azpiri, *op. cit.*, T. Ⅱ, p. 197.

② Becerra, Alfredo, *op. cit.*, p. 131.

③ Nota de Moreno a Palmerston del 31 de julio de 1849 en Muñoz Azpiri, *op. cit.*, T. Ⅱ, p. 197.

土主权,尤其要这样。①

226 无疑,阿根廷对签订《阿拉纳—骚仁条约》的态度以及后来的表现,都不允许声称阿根廷以任何方式表达了放弃其对马尔维纳斯群岛主权的意愿。

J."取得时效"的无依据

英国手册在研究所谓阿根廷缺乏抗议时,含糊地谈及"取得时效",它在国际法中的存在是有争议的。国际法院曾涉及"取得时效",把它定性为"学说",②与适用于国际范围内的其他法律规则形成明显的反差。例如,**依法占有**,国际法院将它定性为"原则",联合国的主要法律部门采用它来解决各种领土争端。③ 英国对援引"取得时效"的犹豫,原因很简单:那就等于承认1833年它对马尔维纳斯群岛没有主权。出于各种原因,英国也不能援引它作为补充论据。英国的占有不是和平的,因为它具有通过武力行为占有马尔维纳斯群岛的原罪;英国的占有也并非无可争辩,因为阿根廷从未默认过这个局面。

即便阿根廷保持沉默34年是真的,这一时期也不足以取得时效。理由有几个,正如我们曾看到的,英国政府自认为55年的沉默期没有剥夺其所谓的主
227 权主张。甚至在与委内瑞拉的一个仲裁裁决中,双方都明确接受运用"不利占有"(adverse possession)作为主权来源,为此规定了50年期限。④ 在英国和阿根廷的长期争端中,这个南美国家从未在相似时期放弃表达其主权,仅仅时间的流逝本身并没有改变领土的形势。正如国际法学科的创立者之一乌戈·格劳

---

① *Soberanía sobre Pedra Branca-Pulau Batu Puteh*, *Middle Rocks y South Ledge* (*Malasia/Singapur*), fallo, ICJ Reports 2008, p. 51, par. 122.

② *Isla de Kasikili/Sedudu*(*Botswana/Namibia*), ICJ Reports 1999, pp. 60 – 63, par. 90 – 95.

③ Asuntos de la *Controversia fronteriza*(*Burkina Faso/Mali*), *Controversia fronteriza territorial, insular y marítima*(*El Salvador/Honduras-Nicaragua*(*interviniente*), *Controversia territorial y marítima* (*Camerún vs Nigeria-Guinea Ecuatorial interviniente*); *Controversia fronteriza Benín/Níger y Controversia fronteriza*(*Burkina Faso/Níger*).

④ *Controversia fronteriza y marítima* (*Camerún vs Nigeria-Guinea Ecuatorial* (*interviniente*), *Delimitacion marítima en el Mar Caribe* (*Nicaragua vs Honduras*), *Controversia fronteriza Burkina Faso/Níger*), *Controversia territorial y marítima*(*Nicaragua vs Colombia*).

秀斯[1]所说,"时间没有任何创造功能,什么都不是时间做出来的,而是一切都发生在时间里"。[2] 因此不足为奇的是,英国手册徒劳地虚假声称,阿根廷的沉默应该从 1888 年扩展到 1941 年。[3] 这是对历史的粗劣伪造,下面我们将看到这点。

19 世纪末国际法中存在的概念是阿根廷维持其主权。正如著名法国法学家加斯通 · 耶茨[4] 1896 年所写的:"如果由于强大,事实上英国胜了,无疑法律上阿根廷共和国保留对马尔维纳斯群岛的主权,在英国掠夺期间阿根廷将保留其主权。"[5]

K. 领事馆与西班牙的科学考察

英国手册全然凭空地声称,领事的存在和西班牙船只偶尔到达马尔维纳斯群岛构成了外国对所谓英国主权的承认。照其作者看来,1875 年美国以这种方式"正式放弃了之前美国不承认福克兰群岛任何领土主权的政策",另外 6 个国家于是"没有接受阿根廷对马尔维纳斯群岛曾经存在有效的主权主张"。[6] 其中他们提到了智利,而那时我们已看到,根据智利政府的观点,1881 年与阿根廷签订的边界条约在涉及"大西洋上的其余岛屿"时,包括马尔维纳斯群岛。 228

领事在斯坦利港间歇存在,这对于主权问题无关紧要。众所周知,领事关系不是必然意味着承认领土主权,领事代理人不是外交官,他们的职能只是商业性质的,委派他们承认的是一个**事实**处境,不意味着对主权的承认。英国政府自身就是这样理解的,如在承认阿根廷独立之前首先派领事去布宜诺斯艾

---

① 乌戈 · 格劳秀斯(Hugo Grotius,1583—1645 年):荷兰国际法学家、作家和诗人,古典自然法学派代表之一,近代国际法奠基人。1599 年开始在海牙当法学家,其著作《战争与和平法》(*De iure belli ac pacis*,1625)是国际法第一部系统论著。——译者注

② Grotius,Hugo, *Le droit de la guerre et de la paix*(1625),livre Ⅱ,chap. Ⅳ,Ⅻ,1 - 2. Trad. par P. Pradier-Foderé(1867). París,PUF,1999,libro Ⅱ,cap. Ⅳ, Ⅰ,p. 210.

③ Pascoe,Graham y Pepper,Peter,*op. cit.* ,p. 34.

④ 加斯通 · 耶茨(Gaston Jèze,1869—1953 年):法国宪法学家、财税法学奠基人和埃塞俄比亚法律顾问。——译者注

⑤ Jèze,Gaston,*Etude théorique et pratique sur l'occupation comme mode d'acquérir les territoires en Droit international*,París,Giard& Brière,1896,p. 77.

⑥ Pascoe,Graham y Pepper,Peter,*op. cit.* ,p. 67.

利斯。[1]

英国手册提到“西班牙的一次外交和科学性质的官方考察”,1863 年访问了马尔维纳斯群岛,因此西班牙应该承认了所谓英国对该群岛的主权。它没有引用任何参考文件,英国手册再次隐瞒了如下事实。由路易斯·埃尔南德斯－宾松[2]指挥的科学考察于 1862 年 8 月 10 日离开加的斯港,10 月 6 日到达里约热内卢,并于 11 月初停泊在蒙得维的亚,在布宜诺斯艾利斯短暂停留后,舰队
229 朝太平洋出发。在考察队医生返回西班牙之后不久出版的一本书里,他解释了意外前往马尔维纳斯群岛的原因。麦哲伦海峡地区的一场风暴造成了探险船只的毁坏,妨碍其继续航行,以此迫使他们寻找庇护,首领们担心煤炭耗尽,“决定不再等候,借助强大的洋流向大西洋后退,抵达马尔维纳斯群岛”。[3] 这次偶然到访马尔维纳斯群岛与帕斯科和佩珀的叙述迥然不同。然而**事实上的**殖民地总督 J. G. 马肯齐[4]却阻止西班牙人对群岛腹地进行任何类型的涉足(我们请回想一下这是一次科学考察)。[5] 西班牙船只抛锚在岛上,面对岛上的物资匮乏,为了完成必要的修理,不得不从蒙得维的亚带来木头和煤炭,最后于 1863 年 4 月沿着合恩角朝太平洋出发。

宾松的考察队“造访”马尔维纳斯群岛仅仅是迫于气候的恶劣,唯一的目的是修理他们的船只,那么长时间的逗留只是因为缺乏所需的物资。所谓鸣炮致意及总督登船,却被英国手册解释为西班牙承认所谓的英国主权。这需要丰富的想象力才能把这一礼仪之举解释为西班牙承认英国主权的证据,而且是在所描述的那种特殊背景下。更不用说一艘船的船长没有被授权,也没有能力以他国家的名义承认对一块领土的主权。

---

① Ver Ferns, H. S.: *Gran Bretaña y Argentina en el Siglo XIX*, Buenos Aires, Ed. Solar, 1966, p. 125.

② 路易斯·埃尔南德斯－宾松(Luis Hernández-Pinzón, 1816—1891 年):西班牙皇家海军第 28 任统帅和海军上将,在与秘鲁的战争中曾指挥太平洋舰队。——译者注

③ Almagro, Manuel de, *Breve descripción de los viajes hechos en América por la comisión científica enviada por el gobierno de S. M. C. durante los años de* 1862 *a* 1866, Madrid, Impr. De Rivadeneyra, 1866, p. 35.

④ J. G. 马肯齐(James George Mackenzie):英国海员及殖民地行政管理者,1862～1866 年担任英国第四届马尔维纳斯群岛总督。——译者注

⑤ Caillet-Bois, Ricardo., *op. cit.*, p. 404.

L. 地图 230

帕斯科和佩珀的手册也冒昧设想，根据制图学，阿根廷应该已承认了所谓的英国主权，此外，出于上述原因，根据**禁止反言**规则，如今阿根廷被禁止要求恢复其主权。[①] 为此他们复制了两张地图，一张是1876年的（纳帕），另一张是1882年的（拉辛纳），根据帕斯科和佩珀的观点，马尔维纳斯群岛没有作为阿根廷国土出现在上面。这是假的，下面我们将看到这点，但之前最好谈谈制图学在领土争议中的价值。国际法院的法律在这方面是十分清楚的：

> 在边界划定或国际性领土冲突中，地图构成简单的标记，其准确性根据情况而变化，地图本身并且仅仅根据它们的存在不能构成领土所有权。也就是说，地图不构成一份被国际法赋予内在法律效力以便建立领土权利的文件。[②]

英国手册复制了由理查德·纳帕用德语发行的、1876年出版的著作《阿根廷共和国》的一张地图。这是"阿根廷共和国植物地理地图"，也就是说，一张描绘植物栖息地的地图。仅仅在马尔维纳斯群岛应该位于的地方出现了一个方框，解释不同的栖息地。照英国手册看来，这应是1876年阿根廷没有要求收复马尔维纳斯群岛的"证据"。这个拙劣的伎俩被帕斯科和佩珀无论如何不能忽略的两个因素恶化了：在上述著作里有另一张地图，其目的是描绘领土，取名 231
为"阿根廷共和国地图"，马尔维纳斯群岛作为阿根廷领土出现在上面。[③]（见图19和图20）

---

① Pascoe, Graham y Pepper, Peter, *op. cit.*, pp. 32 - 33.

② CIJ Recueil 1986, p. 582, par. 54.

③ 这是1875年由Arthur von Seelstrang和A. Tourmente绘制的地图，在1876年的费城世界博览会上展出，作为理查德·纳帕署名的地理著作《阿根廷共和国》的一部分。此图也可以在美洲博物馆、西班牙教育文化体育部的网站上查阅：http://ceres.mcu.es/。

图 19　理查德·纳帕的阿根廷共和国地图(1875 年),
上面可见马尔维纳斯群岛是阿根廷领土的组成部分

图 20　理查德 · 纳帕的地图上马尔维纳斯群岛地区的放大部分 232

这些还不是全部，包含这两张地图的《阿根廷共和国》也包含对阿根廷地理区域的文本描述，用两页来描写马尔维纳斯群岛。文本开头是这样的："马尔维纳斯群岛或福克兰群岛属于巴塔哥尼亚领地，这些岛屿从 1833 年起被英国非法占领。”①接下来描述了阿根廷对该群岛的权利、美国和英国的非法行动、阿根廷的抗议和英国的不法态度。结论如下：

> 233 虽然这类措施（阿根廷的抗议）没有实际结果，但通过它们维持阿根廷的权利，今日正如那时，马尔维纳斯群岛或福克兰群岛归阿根廷所有，被英国非法占领和掌控。②

英国手册作者试图让人相信，这本书构成了1875年阿根廷已不把马尔维纳斯群岛视为己有的证据。我们得指出，1876年的费城世界博览会是为了庆祝美国独立100周年而举办的，有37个国家参展，此书的出版目的是在博览会上为阿根廷做宣传。该书由参加费城世界博览会的阿根廷中央委员会出版，不仅使用了德语，而且使用了其他语言，包括英语和法语。与它后来的态度完全相反，英国不曾有过反应，而1884年英国抗议即将出版的一张阿根廷地图，其中当然包括了马尔维纳斯群岛。

帕斯科和佩珀利用的第二张地图被称为“拉辛纳地图”，刊印在1882年出版的一本名为《作为欧洲移民目的地的阿根廷共和国》的书里。据英国手册作者的观点，该地图没有把马尔维纳斯群岛显示为阿根廷的，论据大概是该群岛与智利或乌拉圭颜色相似，而不是与阿根廷其余地区的颜色相似。根据参考图表，在整张地图上可以看到，绘制地图的不同颜色被作者给予了不同的意义，根据这些颜色来区分“未开垦的土地”和“放牧的土地”。英国作者忽视了阿根廷的大陆土地也没有统一着色，马尔维纳斯群岛所画的颜色与联邦首都一致（目前的布宜诺斯艾利斯直辖市）。该地图的目的是为移民图解农渔
234 业活动发展的可能性。这两片领土都没有开发的条件，一片因为是该国最重要的城市中心，缺少闲置的土地从事农牧业活动，另一片因为被外国列强占领。（见图21）

---

① Napp, Richard, Die Argentinische Republik. Im Auftrag des Argentin. Central Comité für die Philadelphia Ausstellung, Buenos Aires, Sociedad Anónima, 1876, p. 479.

② Napp, Richard, Die Argentinische Republik. Im Auftrag des Argentin. Central Comité für die Philadelphia Ausstellung, Buenos Aires, Sociedad Anónima, 1876, p. 480.

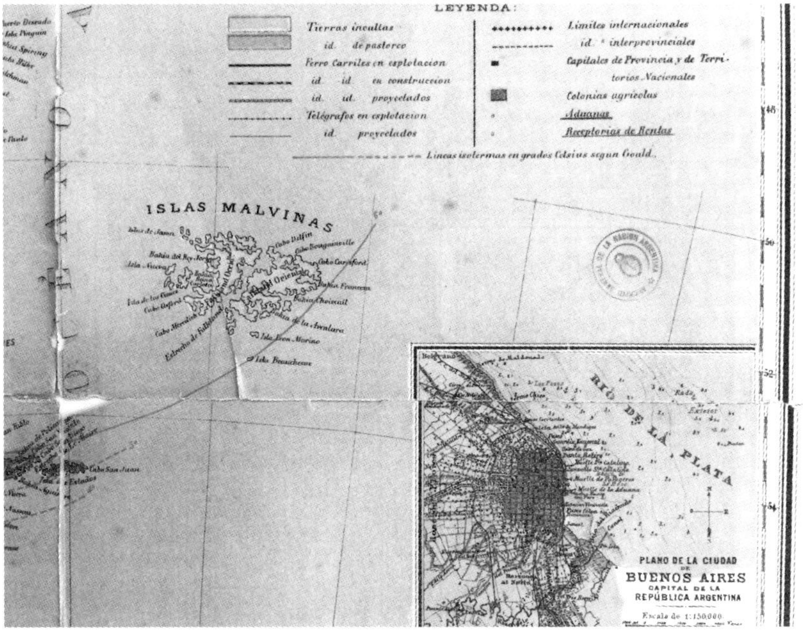

图 21　1882 年拉辛纳地图的一部分，可以观察到马尔维纳斯群岛拥有与布宜诺斯艾利斯市相同的颜色（阿根廷国家档案总馆Ⅶ室，洛伦索·宾特档案，1226 号卷宗）

此外，如果观察相邻国家并把它们与阿根廷相比，其中没有一个国家包括了地理特征名称（海湾、港湾、海峡等），而阿根廷是包括的。马尔维纳斯群岛与阿根廷陆地领土的地形名称采用的是相同的说明方式。（见图 22）

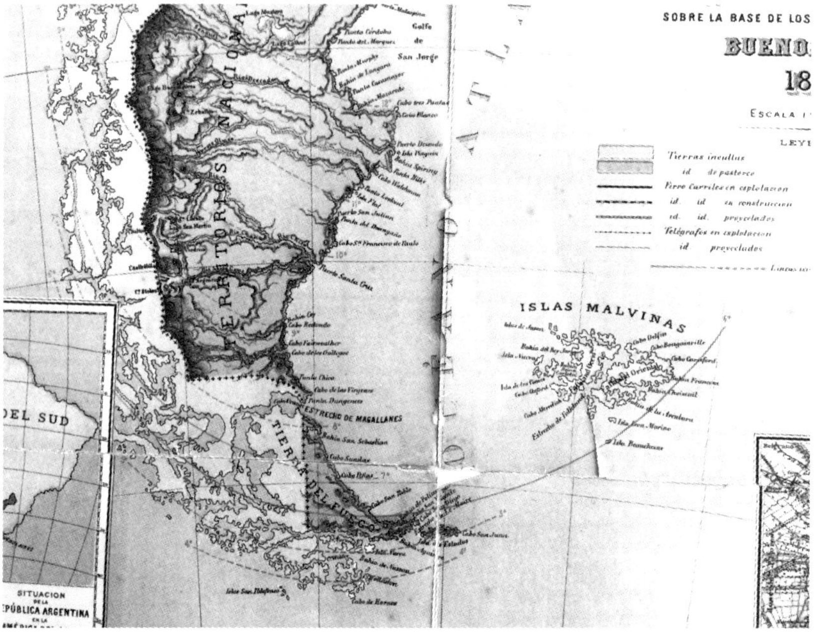

235 **图 22　1882 年拉辛纳地图的一部分，可以观察到不同颜色的相关注释，可以看出马尔维纳斯群岛与阿根廷陆地领土具有相同的地形命名方式**

上述情况在同一位作者 1888 年绘制的另一张地图上得到了证实。它与前一张地图的用途不一样，这是一张领土的政治划分地图，而不是用来为农牧业活动说明土地状况。马尔维纳斯群岛再次作为阿根廷领土的一部分清晰地出现在这张地图上。（见图 23）

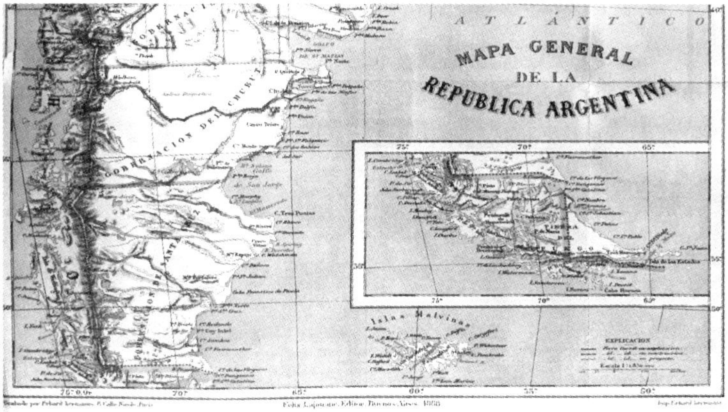

图 23　1888 年拉辛纳地图的南端，上面可以清晰地看见　236
马尔维纳斯群岛是阿根廷领土的一部分

在阿根廷地理学院 1886 年制作的《阿根廷共和国地图册》里，我们可以观察到马尔维纳斯群岛如何再次作为阿根廷的——更确切地说是作为两年前建立的火地岛省——组成部分出现在上面。这就是导致它出版之前 1884 年英国进行抗议的地图，下面我们将看到这点。（见图 24）

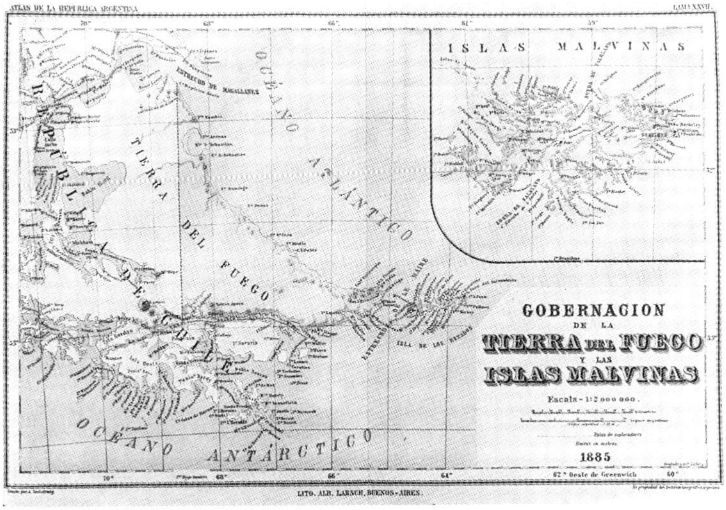

图 24　火地岛及马尔维纳斯群岛行政地图，插图 XXVII，1886 年　237
阿尔杜罗・西尔斯特朗地图（国家地理学院）

马尔维纳斯群岛同样出现在1888年火地岛和马尔维纳斯群岛省的地图上，这幅地图由国民政府绘制，带有官方性质，而英国没有做出反应。（见图25）

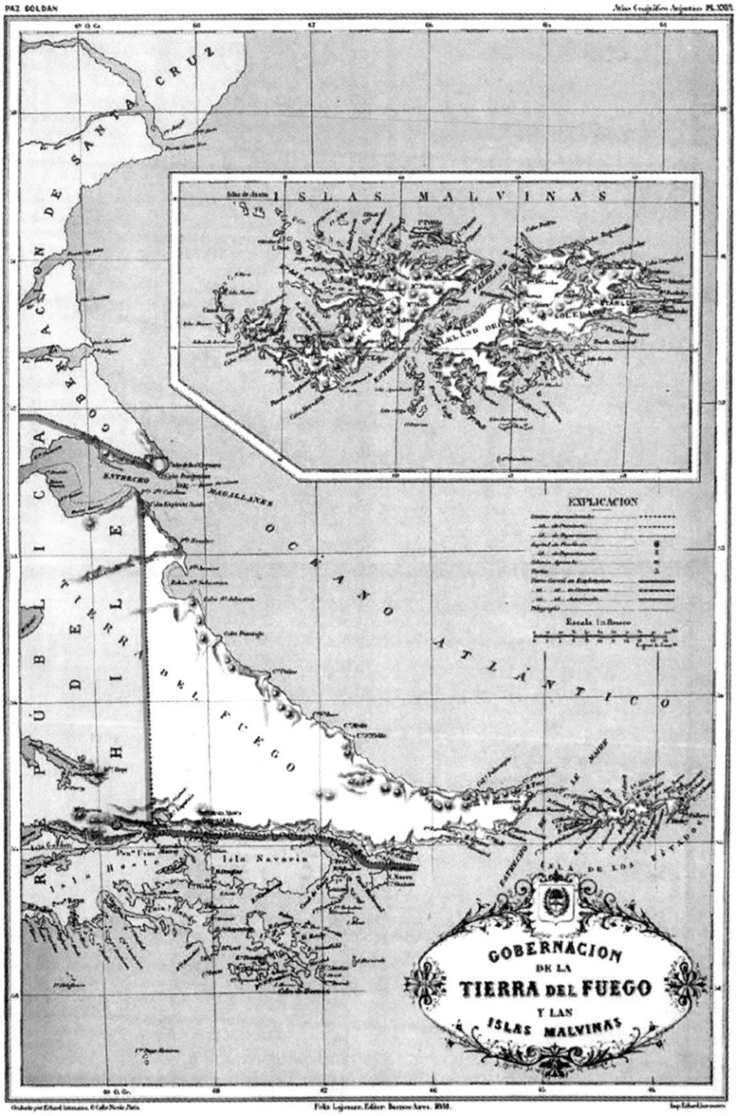

238 **图25　火地岛及马尔维纳斯群岛行政地图，1888年马里亚诺·帕斯·索尔丹绘制**

假如顺着帕斯科和佩珀的推理思路(也就是说,利用非官方地图,并用同一张地图的配色法来引导我们),我们可以提到 1809 年英国制图员塞缪尔·约翰·尼尔的地图。在该图上显示马尔维纳斯群岛是西班牙领地的一部分,并推测,根据这张地图英国人没有视马尔维纳斯群岛为自己的领土(这点在这个案例中是正确的,但不是因为一张地图,而是因为在这张地图之前的 35 年英国就放弃了马尔维纳斯群岛)。(见图 26)

图 26　1809 年约翰·尼尔的地图

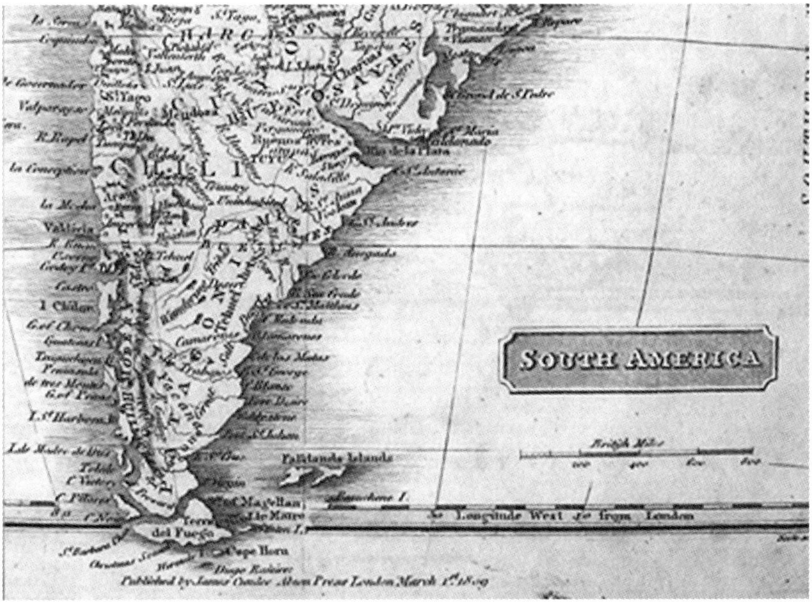

239 **图 26　1809 年约翰 · 尼尔的地图(续)**

240 然而,与英国作者不同的是,我们理解制图学的真正意义,正如国际法院的案例所指明的,除非构成一项条约或另一个法律所有权的一部分,地图只是一个次要证明,不构成任何主权权赋。

M. 仲裁建议与英国的拒绝

英国手册简略提到阿根廷外交部部长弗朗西斯科 · 奥尔蒂斯①致英国驻布宜诺斯艾利斯代表蒙松先生的照会,并未给予重视。1884 年 5 月 30 日,奥尔蒂斯先生向蒙松通报,考虑到政府正在完成阿根廷的领土划定(我们回忆一下,1860 年布宜诺斯艾利斯与阿根廷联邦刚刚重新统一为同一个国家,1870 年结束了对巴拉圭的战争,1879 年建立了巴塔哥尼亚省政府,1881 年签订了与智利的边界条约,1884 年正在讨论建立火地岛省政府),因此他认为是时候寻找解决马尔维纳斯群岛争端的办法了。请回想一下,1829 年 6 月 10 日的法令把马

① 弗朗西斯科 · 奥尔蒂斯(Francisco J. Ortiz,1840—1932 年):阿根廷律师、记者、政治家,1883 ~ 1886 年担任阿根廷外交部长。——译者注

尔维纳斯群岛和火地岛包括在同一个行政分区里，根据与英国一直保持的友好关系，阿根廷部长向英国驻布宜诺斯艾利斯代表指出，他相信该问题能够通过和平解决争端的手段轻而易举地加以解决：在这种情况下他提议仲裁。奥尔蒂斯还补充说这是有可能的，更何况英国在其他问题上接受仲裁，已经作出了榜样。因此，奥尔蒂斯和阿根廷政府事先以为肯定能够求助英国女王政府，"以便给予该建议最公平的考虑"。① 然而在几乎两个月之后才收到英国的否定性回复，这是阿根廷多次提出和平解决办法而英国予以拒绝的其中一次。 241

1884 年 12 月 15 日至 1885 年 5 月 6 日，一条报刊简讯提到阿根廷地理学院正在准备第一张阿根廷共和国地图，并将把马尔维纳斯群岛包括在内，为此英国驻布宜诺斯艾利斯代表对奥尔蒂斯部长启动了照会交换。英国政府想知道上述地图是否具有官方性质，阿根廷部长的答复毫不含糊：

> 那份出版物（地图）决不会改变与马尔维纳斯群岛或福克兰群岛主权相关的问题状况，在这点上可以给予阁下的答复与 1849 年阿根廷驻伦敦公使所得到的答复相同……不管阿根廷公使给予已有声明何种重要性，都绝对不会改变问题有待解决的状态，我方认为它必须维持 1843 年的同一状态。②

可见对于 1849 年莫雷诺与帕默斯顿之间的照会交换，阿根廷的解释具有连贯性。

在另一份照会里，阿根廷部长也正确地坚持认为"一张地图不给予或取消权利，英国或阿根廷共和国对有关岛屿的权利，在任何情况下不会因为那些岛屿在一张地图上以蓝色或肉红色出现而消失"，③之后他再次提出和平解决分歧的建议，并表示： 242

> 解决悬而未决问题的办法是直接商讨事情的背景，假如贵政府有什么相关

① Memorandum respecting the Falkland Islands and dependencies, Confidential (13336), por Field, John W., Foreign Office, February 29, 1928, p. 23, par. 150 (FO 371/12735). En castellano en Ferrer Vieyra, E., *op. cit.*, p. 179.

② Nota de Ortiz a Monson de 19 de diciembre de 1884 en *Memoria de Relaciones Exteriores*, 1888, pp. 109 - 110, tambien en Becerra, Alfredo, *op. cit.*, pp. 143 - 144.

③ Nota de Ortiz a Monson de 24 de diciembre de 1884 en *Memoria de Relaciones Exteriores*, 1888, pp. 113 - 114, en Becerra, Alfredo, *op. cit.*, pp. 148 - 149.

> 指示…… 我将很乐意听取大臣先生对这个问题的意见,阿根廷共和国的最大利益是在最佳的友谊基础上保持与英国的关系,绝不会导致这些关系在友好、理智地讨论国际法的一个要点(涉及群岛主权这一点)中变质。①

面对1884年12月31日的英国抗议,奥尔蒂斯博士在其反抗议中再次谈及问题的状态:

> ……(把马尔维纳斯群岛)包括在地图里根本没有改变一直以来所认为的该岛现状,正如阁下屈尊向我表示的,这个问题处于悬而未决的状态,有待两国政府的解决。②

他再次坚持通过和平解决争端的手段来解决该问题:

> 我相信,阿根廷政府对英国女王陛下的诚实抱有信心,对本人意见的答复
> 243 将重启延迟的讨论,如今文明国家所采取的处理这类问题的友好协商方法将解决我们的争端。③

奥尔蒂斯还给上述照会附加了一份备忘录,其中列举了阿根廷对马尔维纳斯群岛的权利。这份照会明确指出,阿根廷部长认为马尔维纳斯群岛问题悬而未决的声明出自英国代表之口,并暗示之前所建议的仲裁。

5天后,英国发出了带有威胁语气的答复,蒙松先生声明“任何重启该问题的企图或许都不会有什么好结果”。④

有意思的是帕斯科和佩珀之后是如何从时间上跳转到1888年,并声称那时阿根廷又对马尔维纳斯群岛问题进行抗议,而回避上述分析的陈述(及通过

---

① Nota de Ortiz a Monson de 24 de diciembre de 1884 en *Memoria de Relaciones Exteriores*, 1888, pp. 113 – 114, en Becerra, Alfredo, *op. cit.*, pp. 148 – 149.

② Nota de Ortiz a Monson de 2 de enero de 1885 en *Memoria de Relaciones Exteriores*, 1888, pp. 116 – 120, Becerra, Alfredo, *op. cit.*, p. 155.

③ Nota de Ortiz a Monson de 2 de enero de 1885 en *Memoria de Relaciones Exteriores*, 1888, pp. 116 – 120, Becerra, Alfredo, *op. cit.*, p. 156.

④ Nota de Monson a Ortiz de 8 de enero de 1885 en *Memoria de Relaciones Exteriores*, 1888, pp. 135 – 138, Becerra, Alfredo, *op. cit.*, p. 181.

相关和平手段解决争端的提议)？同样,英国作者“忘记”提到,1887 年 3 月 11 日,阿根廷外交部部长吉尔诺·科斯塔博士①命令阿根廷驻伦敦大使路易斯·多明戈斯②提醒英国政府奥尔蒂斯博士 1885 年 1 月 2 日提交的关于马尔维纳斯群岛问题的备忘录,③该备忘录尚未得到答复。1887 年 11 月 3 日多明戈斯完成上述命令,给索尔兹伯里侯爵发去照会,④同年 11 月 9 日,他得到了一个与之 244
前的照会同样口气的回复⑤——英国认为该问题了结了。

两个月之后,1888 年 1 月 20 日,阿根廷对英国的拒绝做出回应,吉尔诺·科斯塔博士声明,“鉴于阁下照会的措辞,我回复时必须首先重复那些证明阿根廷共和国在这个问题上有合法权利的先例,该问题的解决不能只取决于其中一方”。⑥ 阿根廷部长的声明是明确的,英国不能单方面决定一场争端何时结束。之后他回忆起和平解决问题的建议,它遭到了英国的拒绝,“尤其像在目前这个案子,英国女王陛下的政府终止所有讨论,根本不选择 1885 年 1 月 2 日照会所暗示的和解手段,各国为解决我们手头这样的争端都求助于它”,⑦科斯塔用之前照会的相同口气结束答复,表示“今天与过去一样,阿根廷政府维持对**非法占领马尔维纳斯群岛**的抗议,不放弃并且永远不放弃对那些领土的权利”。⑧

英国的答复依然是拒绝讨论该问题。然而数月之后,1888 年 6 月 12 日,吉尔诺·科斯塔博士重新提出通过国际法赋予的和平手段解决争端。在致英国女王陛下政府驻布宜诺斯艾利斯代办詹纳的照会里,阿根廷部长表示,“即便英 245

---

① 吉尔诺·科斯塔(Norberto Camilo Quirno Costa,1844—1915 年):阿根廷记者、律师、杰出的外交官和共和国副总统,1886～1889 年任阿根廷外交部长。——译者注

② 路易斯·多明戈斯(Luis Lorenzo Domínguez,1819—1898 年):阿根廷诗人、记者、政治家,曾担任财政部部长,驻秘鲁、巴西、美国和英国大使。——译者注

③ Nota de Quirno Costa a Domínguez de 11 de marzo de 1887 en *Memoria de Relaciones Exteriores*, 1888, p. 147, en Becerra, Alfredo, *op. cit.*, pp. 193 - 194.

④ Nota de Domínguez al Marqués de Salisbury de 3 de noviembre de 1887 en *Memoria de Relaciones Exteriores*, 1888, p. 149, en Becerra, Alfredo, *op. cit.*, pp. 193 - 194.

⑤ Nota de Pakenham a Quirno Costa de 9 de noviembre de 1887 en *Memoria de Relaciones Exteriores*, 1888, pp. 151 - 152, en Becerra, Alfredo, *op. cit.*, pp. 197 - 198.

⑥ Nota de Quirno Costa a Pakenham de 20 de enero de 1888 en *Memoria de Relaciones Exteriores*, 1888, pp. 152 - 158, en Becerra, Alfredo, *op. cit.*, p. 203.

⑦ Nota de Quirno Costa a Pakenham de 20 de enero de 1888 en *Memoria de Relaciones Exteriores*, 1888, pp. 152 - 158, en Becerra, Alfredo, *op. cit.*, p. 203.

⑧ Nota de Quirno Costa a Pakenham de 20 de enero de 1888 en *Memoria de Relaciones Exteriores*, 1888, pp. 152 - 158, en Becerra, Alfredo, *op. cit.*, p. 205.

国决定……拒绝讨论阿根廷对马尔维纳斯群岛主权可能拥有的权利,共和国政府不认为那个声明会影响自己的权利,更不会因英国政府对阿根廷政府把马尔维纳斯群岛事宜提交仲裁的指示保持沉默而受到影响”。[1]

1888 年 6 月 14 日,詹纳仅限于告知收到阿根廷的照会。同年 3 月,英国对于将马尔维纳斯群岛包括在阿根廷官方出版物这一问题的担心再次出现,英国外交部的一份公文告知,由阿根廷新闻办公室绘制的一张地图定位,马尔维纳斯群岛作为阿根廷领土出现在上面。[2] 不过英国当局决定不介入。同年 10 月,英国代表向其政府通报,马尔维纳斯群岛作为阿根廷领土的一部分被包括在阿根廷外交部的备忘录里,[3]英国政府再次决定保持沉默。

正如我们所能观察到的,阿根廷政府在至少三个场合提出运用和平手段(更具体地说,仲裁)解决争端,而英国对这些建议充耳不闻,以不负责任的方式使争端蛰伏。

N. 1888 ~ 1941 年阿根廷的一贯行为

246 出于证实所谓阿根廷放弃主权的绝望意图,英国手册试图让人相信,1888 年之后至 1940 年阿根廷没有维持其主权主张,因为“从 1888 年直至进入 20 世纪 40 年代,阿根廷几乎保持了 60 年的沉默,没有就福克兰群岛向英国提出任何正式抗议”。[4] 正如上面复制的地图所显示的,马尔维纳斯群岛被明确包括在 1884 年建立的火地岛省,英国手册置这点于不顾,[5]事实是,阿根廷政府利用每一次机会,无论是在国内还是国际舞台上,均表达了对马尔维纳斯群岛的主权。那一时期没有正式抗议也是不确凿的,我们马上就要看到这点。

面对 1908 年意大利驻布宜诺斯艾利斯大使通报关于把马尔维纳斯群岛作为英国殖民地包括在《罗马邮政联盟协议》里,阿根廷政府进行了“正式、严肃

---

① Nota de Quirno Costa a Jenner de 12 de junio de 1888 en *Memoria de Relaciones Exteriores*, 1888, pp. 159 – 160, en Becerra, Alfredo, *op. cit.*, p. 209.

② PRO FO 118/208, nota del FO a su representante en Buenos Aires, 10 de marzo de 1888.

③ PRO FO 118/208, despacho del representante britanico en Buenos Aires, 13 de octubre de 1888.

④ Pascoe, Graham y Pepper, Peter, *op. cit.*, p. 34.

⑤ 1884 年 10 月 16 日阿根廷政府颁布《国家辖区组织》第 1532 号法令,根据此法令,巴塔哥尼亚广阔的领土被分开,建立了火地岛国家辖区。

的抗议”,①该抗议没有得到英国政府的任何回复,尽管英国方面得知了相关信息。②

1910 年,由内政部部长主持的“五月革命”100 周年委员会所赞助的一张官方地图,把马尔维纳斯群岛包括为阿根廷领土。英国驻布宜诺斯艾利斯代表奉令不留意它的存在。③

1911 年,在各国之间签订仲裁条约的高峰时刻,英国政府探讨与阿根廷签 247
订这类文件的可能性。9 月 27 日,英国外交大臣格雷先生在给他殖民部同事的备忘录中态度坚决,面对后者的担心,格雷告诉他,“在英国对福克兰群岛的主权资格没有得到承认之前,外交部不建议与阿根廷政府签署(仲裁)条约”。④这十分清楚地表明,英国政府完全意识到 1911 年阿根廷仍维持其对马尔维纳斯群岛的主权主张。

1919 年第一次世界大战结束后,鉴于英国的沉默和拒绝就马尔维纳斯群岛问题着手谈判,阿根廷政府采取了措施,除了在海上遇难或求救的情况下,不接受发往马尔维纳斯群岛的无线电报信息。海军部部长胡利奥·莫雷诺博士对此十分明确:“……我国政府从未放弃对上述岛屿的主权,考虑到它极其特殊的形势,建议采取这样的安排。”⑤

1926 年 12 月 20 日,鉴于比利时驻布宜诺斯艾利斯代表向本国政府报告英国使馆把马尔维纳斯群岛列入布鲁塞尔卫生协议的通知,阿根廷向比利时政府提出了正式抗议。⑥

第二年,1927 年 3 月 22 日,在接到阿根廷邮政服务局申请获取每个成员国

---

① *Memorandum respecting the Falkland Islands*, Confidential (9755), 7 de diciembre de 1910, por De Bernhardt, Gaston, Printed for the use of the Foreign Office, January 1911, pp. 13 – 15 (FO 881/9755), p. 48.

② *Memorandum respecting the Falkland Islands and dependencies*, Confidential (13336), por Field, John W., Foreign Office, February 29, 1928, p. 27, par. 176A – 178 (FO 371/12735). Ver Tambien Memorandum de Beckett, William del 17 de septiembre de 1946, p. 527 y *Proyecto de informe de Sir Anthony Kershaw* 1982 – 1983, ambos en Ferrer Vieyra, op. cit., p. 527 y p. 556.

③ *Memorandum respecting the Falkland Islands and dependencies*, Confidential (13336), por Field, John W., Foreign Office, February 29, 1928, p. 27, par. 179 – 180 (FO 371/12735).

④ FO 371/1258.

⑤ Julio Moreno a Honorio Pueyrredon, 14 de noviembre de 1919, en Becerra, Alfredo, *op. cit.*, p. 212.

⑥ Nota de A. Gallardo a Straten, 20 de diciembre 1926 en Becerra, Alfredo, *op. cit.*, p. 215.

248 领土范围信息的请求之后（几个列强签订各种和平协议的后果是国界发生了相当大的变化），万国邮政联盟给所有成员国发了一封通告。阿根廷政府在得知联合王国把马尔维纳斯群岛包括在其管辖范围时，向邮政联邦国际署发出了正式抗议，1927 年 10 月 14 日向其余国家通报该抗议。阿根廷照会的相关部分是绝对清楚的：

> ……阿根廷领土管辖范围在法律和实践中都延伸到大陆表面、领土海域和位于海岸上的岛屿，延伸到火地岛的一部分、史坦顿群岛、新年群岛、南乔治亚岛、南奥卡达斯群岛及没有划定的南极土地。马尔维纳斯群岛在权利上也属于阿根廷，尽管实际上无法对它行使权利，因为被英国占领。[1]

阿根廷的声明引起了 1927 年 12 月 17 日英国的抗议，1928 年 1 月 20 日阿根廷外交和宗教部对此做出回应，指出从 1833 年起马尔维纳斯群岛处于英国的占领之下，从那时起，阿根廷政府已经对上述占领进行了抗议。[2] 正如我们所见，英国手册说从 1888 年到 20 世纪 40 年代阿根廷没有正式抗议，这里它也在撒谎。

英国作者声称，阿根廷外交部部长安赫尔・加利亚多[3]在前往伦敦拜访奥
249 斯汀・张伯伦[4]时，据说向后者表示，英国的立场极其坚实，这就“削弱了阿根廷的主权主张”。[5] 这一声明的唯一证据是，英国外交大臣给他驻布宜诺斯艾利斯大使的一份备忘录。然而安赫尔・加利亚多部长及阿根廷的官方立场是明确的，在布鲁塞尔抗议，在伯尔尼抗议，回复英国的照会，坚持阿根廷的立场。引人注目的是，在这么多年的冲突中，英国作者只找到了这条涉及阿根廷评论的间接信息，而在英国自身的档案里有几十条英国官方官员的评论，从首相级

---

① Dirección General de Correos y Telégrafos de la República Argentina a la Oficina Internacional de la Unión Postal Universal, 14 de septiembre de 1927, en Becerra, Alfredo, *op. cit.*, pp. 222 – 223.

② Palacios, Alfredo, *Las Islas Malvinas-Archipiélago argentino*, Buenos Aires, ed. Claridad, 1934, pp. 153 – 154.

③ 安赫尔・加利亚多（Ángel Gallardo，1867—1934 年）：阿根廷政治家，曾担任阿根廷全国教育委员会主席、外交部长、布宜诺斯艾利斯大学校长。——译者注

④ 奥斯汀・张伯伦（Austen Chamberlain，1863—1937 年）：英国政治家，1892 年当选众议院议员，1925～1929 年为英国外交大臣，1925 年获诺贝尔和平奖。——译者注

⑤ Pascoe, Graham y Pepper, Peter, *op. cit.*, p. 35.

别往下，从英国首相威灵顿公爵①到国际法院前英国法官杰拉尔德·菲茨莫里斯，都对英国主权的存在深表怀疑。②

英国手册忘了告知它的读者，在所谓加利亚多博士的答复之前，奥斯汀·张伯伦先生对这位阿根廷同行在同一个场合所说的话。我们引用英国外交部叙述该信息的文件，"奥斯汀先生向加利亚多博士明确表示，不希望让阿根廷政府蒙羞，强迫它难堪地撤回自己的主权主张"，但要求加利亚多停止像伯尔尼行动那样挑衅而无用的行为。③ 英国手册也没有提及英国驻阿根廷大使收到伦敦 250
的通知后，与阿根廷代理外交部长的谈话，阿方对英方说，阿根廷认为"对马尔维纳斯群岛有很好的主权主张"，④英国大使回答：

他完全清楚这点，知道阿根廷在我们面前不断通过书面形式维持这个主权主张。不过那与允许其邮政服务局采取进一步的措施、在国际机构面前维护自己的权利是两回事。⑤

---

① 威灵顿公爵（Arthur Wellesley，1st Duke of Wellington，1769—1852年）：英国军事家、政治家、陆军元帅、英国首相，19世纪最具影响力的军事、政治领导人物之一。他是历代威灵顿公爵中最为人熟悉的一位，拿破仑战争时期的英军将领，第21位英国首相。最初于印度军中发迹，西班牙半岛战争（1808～1814年）时期建立战功，并在打败拿破仑的滑铁卢战役（1815年）中分享胜利。最终成为英国陆军元帅，并获得法国、沙俄、普鲁士、西班牙、葡萄牙和荷兰6国授予元帅军衔，是世界历史上唯一获得7国元帅军衔者，人称世界征服者的征服者。——译者注

"我读到了有关福克兰群岛的附加文件。对我而言，不是很清楚我们曾拥有所有那些岛屿的主权。条约确实没有超出我们收复几乎60年前放弃的埃格蒙特港。……在这种情况下，我们拥有超过埃格蒙特港的权利是受到争议的，至少是存疑的，很希望避免这样的行为。" Despatches, Correspondence, and Memoranda of Field Marshall Arthur, Duke of Wellington, Vol. 6, p. 48; Texto en castellano en Ferrer Vieyra, E.: *Segunda cronología...*, *op. cit.*, p. 142.

② "说实话，我们不是特别渴望去仲裁。虽然一个多世纪里我们确实占领了福克兰群岛（尽管被阿根廷援引为非法），我们的情况具有某些薄弱之处，出于战略原因我们永远不能放弃这些岛屿。最好是采取一条强硬路线。我们不能被迫去仲裁，因为该问题得到我们保留任选条款的庇护。"6 de ferero de 1936, FO371/19763 (A1245, 889/2), folio 282 (otra versión en castellano en Ferrer Vieyra.: *Segunda cronología...*, *op. cit.*, p. 499).

③ *Memorandum respecting the Falkland Islands and dependencies*, Confidential (13336), por Field, John W., Foreign Office, February 29, 1928, p. 31, par. 214 (FO 371/12735).

④ *Memorandum respecting the Falkland Islands and dependencies*, Confidential (13336), por Field, John W., Foreign Office, February 29, 1928, p. 32, par. 217.

⑤ *Memorandum respecting the Falkland Islands and dependencies*, Confidential (13336), por Field, John W., Foreign Office, February 29, 1928, p. 32, par. 217.

英国大使把话说得更透,他声明:“阿根廷政府要求收复马尔维纳斯群岛且正式维持其主张,这点人尽皆知。”①

1928年最终批准与马尔维纳斯群岛通邮、通电报和无线电电讯时,阿根廷总统阿尔维阿尔②为此发布了一项法令,其第1条规定,上述批准是在“正式保留主权且事先声明该行为完全不减少阿根廷对马尔维纳斯群岛的主权权利,也不能被其他国家援引来损害其权利”③的情况下作出的。英国政府知晓此法令,但像在阿根廷行使或表达主权的其他场合一样,英国宁愿不抗议,这点我们马上会看到。

251 同年,鉴于阿根廷当局正确地认为马尔维纳斯群岛居民胡安·沃克出生于阿根廷领土,因此他在圣克鲁兹省圣胡利安征兵办公室被应征到阿根廷军队。④

在这个阶段我们可以观察到,面对阿根廷的不断活动,英国人维持了强硬、持久地拒绝处理马尔维纳斯群岛问题的政策,甚至拒绝诸多仲裁提议。1929年1月31日,英国驻布宜诺斯艾利斯大使的第21号年度报告说明了这种行为,他声称:

> 对以往通信的仔细研究给我的结论是,从帕默斯顿大人的政府开始,几届英国政府都对我们的主张竟然承受反复的争辩感到不满。我们在沉默中寻求庇护。阿根廷维护其主权主张,断断续续地加以重申。我建议我们最明智的计划是允许继续保持这一状态……假如我们过度在乎定期的小事件,福克兰群岛政府好像希望这样,我们会迫使阿根廷政府采取断然、不客气的行动,如坚持问题完全提交仲裁……我的坚定忠告是我们必须保持沉默。⑤

显然,对于英国驻布宜诺斯艾利斯大使来说,问题是有讨论余地的——阿根廷维持其主权主张,英国以沉默和对该领土的**实际**(de facto)控制作为挡

---

① *Memorandum respecting the Falkland Islands and dependencies*, Confidential (13336), por Field, John W., Foreign Office, February 29, 1928, p. 32, par. 220.

② 阿尔维阿尔(Máximo Marcelo Torcuato de Alvear, 1868—1942年):阿根廷律师、政治家,曾担任驻法国大使、议员和阿根廷总统(1922~1928年)。——译者注

③ Decreto del 27 de julio de 1928 (reproducido en Becerra, Alfredo, *op. cit.*, p. 242).

④ Becerra, Alfredo, *op. cit.*, pp. 218–220.

⑤ CO 78 183/6, 108880, en Kohen, Marcelo G., “La alternativa jurisdiccional en la disputa sobre las Islas Malvinas”, *Revista di Studi Politici Internazionali*, 1988, Vol. LV No. 219, pp. 405–406.

箭牌。

20 世纪 30 年代,阿根廷在众多声明中维护了自己的主权主张。涉及出生在马尔维纳斯群岛的人拥有英国护照的事件、发行英国从 1833 年起“管理马尔维纳斯群岛 100 周年”的邮票、发行显示马尔维纳斯群岛为阿根廷组成部分的阿根廷邮票、1937 年国际捕鲸大会期间在伦敦的一次外交照会交换(这期间阿根廷又一次维护自身对马尔维纳斯群岛的权利),以及对 1938 年在开罗签订的各种邮政协议持同样的保留意见。① 252

在接下来的几年里,面对英国的沉默和拒绝找到和平解决争端的办法,阿根廷搁置双边范围,把主权主张带到了多边层面。在 1939 年巴拿马第一次美洲国家外交部长协商会议上,阿根廷代表团声明:

> 在南美大陆附属水域内,与阿根廷海岸对应的领土延伸区域,被划定为没有任何敌对行为的地区,不承认欧洲国家殖民地或领地的存在,尤其保留并维护阿根廷对马尔维纳斯群岛以及任何位于上述区域内外的阿根廷其余领土的合法所有权,这些权利不受损害。②

从联合国建立伊始,阿根廷就维护其主权主张。③ 1946 年英国把马尔维纳斯群岛作为自己的管辖领土列入非自治领土名单(《联合国宪章》第 11 章)时,阿根廷基于自身的领土主张提出了正式的保留意见。④ 253

1947 年在里约热内卢举行的美洲国家维持和平与安全会议通过了《美洲国家间互助条约》(Tratado Interamericano de Asistencia Recíproca, TIAR)。⑤ 在阿根廷的倡议下,该条约的使用范围包括了马尔维纳斯群岛、南乔治亚岛、南桑

---

① Research Department, Foreign Office: *Preliminary memorandum on the Falkland Islands. Secret* (17111), September 17, 1946 (FO AS 5728/311/2), p. 15.

② Gómez Langenheim, *op. cit.*, Vol. II, p. 281.

③ Declaración del representante argentino E. Ferrer Vieyra durante la primera sesión de la Asamblea General (doc. A/C4/SR25, Ferrer Vieyra, E., *op. cit.*, p. 195).

④ Ver UN GAOR C4, p. 156, UN Doc A/C. 4/SR. 25 (1946).

⑤ 《美洲国家间互助条约》,是美洲国家签订的地区性军事同盟条约。又称《泛美联防公约》《里约热内卢条约》《西半球联防公约》。由美洲国家组织(亦称泛美联盟)成员国多米尼加、危地马拉、哥斯达黎加、秘鲁、萨尔瓦多、巴拿马、巴拉圭、委内瑞拉、智利、洪都拉斯、古巴、玻利维亚、哥伦比亚、墨西哥、海地、乌拉圭、美国、阿根廷和巴西于 1947 年 9 月 2 日在巴西里约热内卢签订,翌年 12 月 3 日生效,无限期有效。至 1991 年 1 月,共有 35 个美洲国家加入该条约。——译者注

威奇岛和南美的南极部分。阿根廷明确保留了自己的权利。[①]

在1948年波哥大第九届泛美大会上,英国从沉睡中醒来,就马尔维纳斯群岛及阿根廷的南极领土提出申诉。在1948年4月21日的会议上,阿根廷代表团回应了英国的指控,此次会议“更新了阿根廷对马尔维纳斯群岛行使主权的议题,对我们共和国来说它构成了一个长期存在的问题,假如占领马尔维纳斯群岛的列强从国际法中得到启发,它也是一个容易解决的问题”。[②]

通过阿根廷驻美洲附属领土问题委员会代表在1949年哈瓦那会议上的发言,该委员会把马尔维纳斯群岛命名为“被外国列强**实际**占领的领土”。[③]

254 英国手册之后试图诋毁非阿根廷作者所做的研究和出版物,如保罗·格鲁萨克[④]和尤里乌斯·戈贝尔,[⑤]后者是享有盛誉的哥伦比亚大学法学院教授,帕斯科与佩珀更愿意提及他是“一个移民美国的德国人的儿子”和“反英”人士。[⑥]照英国手册作者看来,主要论据是他们的著作没有提到《阿拉纳—骚仁条约》,尽管根据前面的解释,没有任何理由引用它,但这一批评最荒唐的地方出自一个事实,即英国政府、研究马尔维纳斯群岛问题的英国官员、撰写有关马尔维纳斯群岛问题的英国作者,他们谁也没有提到《阿拉纳—骚仁条约》。

O. 对“沙漠战役”的荒谬指涉

英国手册迷失在与马尔维纳斯群岛问题毫不相干的因素里,如19世纪最后25年巴塔哥尼亚的局势,其目的是诋毁阿根廷,企图把那里的局势与马尔维纳斯群岛局势相比较。他们声称英国在马尔维纳斯群岛的殖民地是世界上最古老的南半球居民点,[⑦]但他们忘记了,当英国占领和殖民马尔维纳斯群岛时,阿根廷已经在岛上了。英国作者忽视阿根廷对马尔维纳斯群岛行使主权远远早于对大陆的巴塔哥尼亚。事实上,马尔维纳斯群岛第一例在国家主权下的出

---

① *Memoria del Ministerio de Relaciones Exteriores y Culto*, Buenos Aires, 1948, p. 63.

② Ver respuesta completa en Muñoz Azpiri, J. L., *op. cit.*, Vol. Ⅱ, pp. 397 – 413.

③ Pastorino, Ana, *op. cit.*, p. 114.

④ 保罗·格鲁萨克(Paul Groussac, 1848—1929年):法裔历史学家、作家和散文家,著有《马尔维纳斯群岛》(*Les îles Malouines*)。

⑤ 尤里乌斯·戈贝尔(Julius Goebel, 1892—1973年):在知名的哥伦比亚大学法学院担任法律和法律史教授30多年,是名著《为福克兰群岛而奋斗——法律史和外交史方面的研究》(*The Struggle for the Falkland Islands: A Study in Legal and Diplomatic History*)的作者。

⑥ Pascoe, Graham y Pepper, Peter, *op. cit.*, p. 35.

⑦ Pascoe, Graham y Pepper, Peter, *op. cit.*, p. 30.

生登记是阿根廷的，即路易斯·贝尔内的女儿，她出生于1830年2月5日，取名为马蒂尔德·贝尔内–赛斯，虽然她以马尔维纳·贝尔内出名。同时，不能忽略1829年阿根廷政府已经建立了一个包括马尔维纳斯群岛、火地岛及其附属岛屿的领土行政单位，假如不是中间发生被英国驱逐的事件，很可能该领土单位的中心就在今天的马尔维纳斯群岛，而不是在火地岛。（见图27） 255

英国手册奇怪地把英国变成了原住民的不懈“保护者”，并指控阿根廷政府是“种族灭绝者”。虽然尚未研究英国在所有大陆征服一切民族时所扮演的角色，但是英国手册所指的现实与所呈现的不同。

图27 马蒂尔德（马尔维纳）·贝尔内–赛斯，第一位出生于马尔维纳斯群岛并登记在一个国家主权下的人

“沙漠战役”始于1878年年末，止于1880年，造成的结果是1313名土著人死亡，大约有11,000名俘虏。[①] 帕斯科和佩珀把合计6万名土著人的死亡归咎于罗卡[②]是不正确的。估计那个数目是从1820年至罗卡战役结束时的总数，类似数量的白人男人、女人和孩子被土著人杀死或成为他们的奴隶。 256

阿根廷政府没有展开灭绝土著民族的战役。阿根廷政府得到了一些土著

① Memoria del Departamento de Guerra y Marina de 1879.

② 胡里奥·阿尔汉迪诺·罗卡（Julio Argentino Roca，1843—1914年）：阿根廷政治家、军人、国务活动家，外号“狐狸”。他领导了“沙漠战役”，两次担任阿根廷总统（1880～1886年，1898～1904年），是阿根廷“80年代”最杰出的代表，执政超过30年。——译者注

团体的支持，如北方的德卫尔彻人（潘帕斯草原，Hets）、[1]安第斯山北部的德卫尔彻人（Puelches）、被阿劳科人同化的北部德卫尔彻人（Querandíes）、波罗阿诺人等，他们寻求反击阿劳科人的进攻。东巴塔哥尼亚的最大酋长、“鸬鹚”卡西米罗·佛尔曼丁被任命为阿根廷军队的陆军上校。“鸬鹚”与其他5位土著部落的头领在赫诺阿谷（楚布特省）会合，1869年11月3日正式承认阿根廷主权，在那里升起阿根廷国旗，酋长们向它宣誓效忠。[2]（见图28）

阿根廷历史表明，原住民族被视为阿根廷民族的一部分。1816年的《独立宣言》不仅用西班牙语而且用克丘亚语和阿伊马拉语颁布，甚至原住民与马尔维纳斯群岛的联系也是从阿根廷开始的。1823年被任命为马尔维纳斯群岛指挥官的巴勃罗·阿雷瓜蒂就是瓜拉尼人，1829年马尔维纳斯群岛政治和军事指挥官路易斯·贝尔内在索莱达港邀请并接待了德卫尔彻人的女酋长——“海峡女王”玛利亚“大帝”。

257 或许应该提醒英国手册作者没有提到但无法忽视的一点，与本话题相关。火地岛奥纳人（火地人）的灭绝，很大程度上归因于亚历山大·麦克伦南（苏格兰）、亚历山大·A.卡梅伦（新西兰）、塞缪尔·希斯洛普（英国）、约翰·麦克雷（苏格兰）和蒙特·E.威尔士（英国）等人，他们每杀死一个奥纳人就得到1英镑，把奥纳人的脑袋送到“伦敦人类博物馆”会得到更大的“收益”，每个奥纳人头值8英镑。[3]

图28　德卫尔彻人手持阿根廷国旗，与圣克鲁兹省省长共庆1899年5月25日

---

[1] “Hets”是18世纪末英国法官托马斯·福克纳（Thomas Falkner）对潘帕斯草原及巴塔哥尼亚不同游牧民族的称呼。——译者注

[2] Galina, Marcial y Lanoël, Alejandro, *Iconografía histórica del Cubut. Los murales de la Casa de Gobierno*, Chubut, Pulb. José Fontana, 1975, p. 8.

[3] Gusinde, Martín, *Hombres primitivos en la Tierra del Fuego* (*de investigador a compañero de tribu*), Sevilla, Escuela de Estudios Hispano-Americanos de Sevilla, 1951, p. 100.

目前,对土著民族的承认和保护被纳入阿根廷的国家宪法,它承认上述民族文化和种族的预先存在,国家承诺:

保障对其身份的尊重、接受双语和跨文化教育的权利;承认其群落的法人地位、群落对传统上所占土地的拥有及产权;交付他们其余适合且足够人类发 258
展的土地,对此加以规范;所有这些土地不得转让、转移,也不得征收地产税或扣押。确保他们参与管理相关的自然资源和涉及自身的其他利益。各省可以共同行使这些职权。①

英国手册的目的是企图把 1833 年的英国武力行动,之后英国垦殖者的到来与所谓的阿根廷在巴塔哥尼亚的行动以及基于 19 世纪末 20 世纪上半叶的外国移民所形成的阿根廷社会相提并论,这当然是两种不同的境况。一件事是像阿根廷这种在移民问题上曾经慷慨并依旧大方的国家,另一件事是一个殖民列强武力夺取与之保持和平友好关系的另一个国家的部分领土。这也不能与巴塔哥尼亚定居点的建立相比较。即便假设英国手册的描述是真的,局面依旧不同:阿根廷没有要收复这些领土的本土国家。英国是有要收复其土地的本土国家:阿根廷。

P. 南乔治亚岛、南桑威奇群岛及英国 1955 年的申诉

英国手册也提到了包括南乔治亚岛和南桑威奇群岛的那场争端,并把它与现存的关于南极洲一块领土的争端一起分析。大量的省略照例在帕斯科和佩珀的手册里再次出现,这里我们十分简要地提及它们。

南乔治亚岛不是由库克船长而是被西班牙航海者发现的。1790 年知名绘 259
图员托马斯·鲍恩在伦敦出版的一张南美地图,把南乔治亚岛描写成 1756 年由西班牙人发现,1775 年被库克开发。这与英国声明它可能由德拉罗奇于 1675 年发现,1775 年被库克“再发现”(原文如此)矛盾。② 这张地图十分权威地说:“由皇家授权出版。”③(见图 29 和图 30)

① Artículo 75, Inc. 17 de la Constitución Nacional Argentina.

② Demanda del Reino Unido contra la Argentina, *Antarctica cases*, ICJ Pleadings, p. 11.

③ *An accurate map of South America from the best modern maps and charts*, por Thomas Bowen, incluido en Bankers, Tomas: *New system of geography*, Londres, 1790.

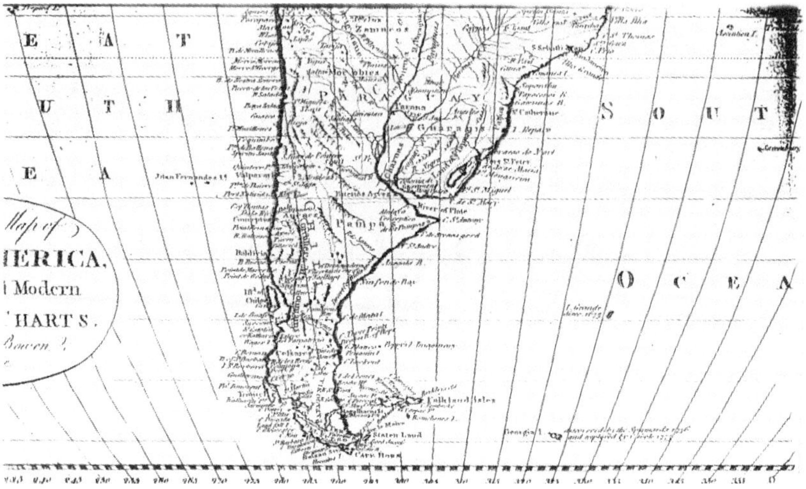

图 29　1790 年托马斯·鲍恩绘制的南美地图,这是一份英国官方出版物

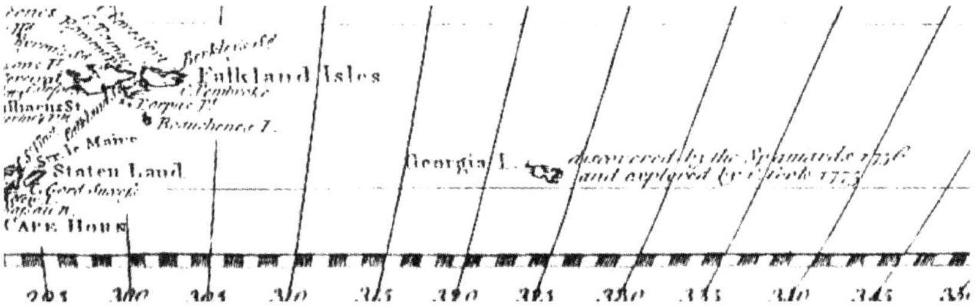

图 30　乔治亚岛的放大部分,上面说明该岛 1756 年
被西班牙人发现,1775 年被库克开发

260　一张同时代的西班牙地图使用“圣佩德罗岛或新乔治亚岛”地名,把一些不存在的岛屿归于德拉罗奇的发现。①

对南乔治亚岛有记载的首批正式活动之一是,马尔维纳斯群岛民事和军事指挥官路易斯·贝尔内派人去营救位于南乔治亚岛的海上遇难者。此事发生在 1829 年 8 月至 10 月。②

---

① Mapa general de América o Hemisferio Occidental que contiene los nuevos descubrimientos y rectificaciones de los anteriores, por Tomás Lopez, Géografos de los Dominios de S. M., Madrid, 1792? (Altas adjunto a la Contra memoria de Chile en el asunto del Canal de Beagle, 1974, No. 154).

② Casos de la Antártida, ICJ Pleadings, p. 13.

在很长一段时期，除了不同国籍的捕鲸船和捕海豹船造访南乔治亚岛外，第一个与该岛相关的正式活动是 1904 年由挪威企业家在布宜诺斯艾利斯成立阿根廷渔业公司。其目的是在南乔治亚岛定居，为此根据阿根廷法律组建了公司。一入驻南乔治亚岛，他们便获得了阿根廷战舰的帮助，在几十年里为岛上供应燃料，而英国没有任何反应。阿根廷也设立了一个电报站，阿根廷军事航海人员在岛上实行各种轮岗，从未受到英国当局的任何骚扰。[①]

与对待马尔维纳斯群岛一样，只有当阿根廷对南极洲的一块领土——这次是南乔治亚岛——开展一个具体活动时，英国政府才会再次行动起来。于是英国利用对马尔维纳斯群岛的控制，强迫阿根廷渔业公司有义务向设在马尔维纳斯群岛的英国当局申请许可并支付税费。在索要南极洲权利时，英国强调，面 261
对施加于阿根廷渔业公司的义务，阿根廷缺乏抗议，这次英国作者遵循了这个官方立场。另一个**禁止反言**案例可以与英国抗衡。英国政府没有估计到，自己对 1823 年和 1828 年阿根廷在马尔维纳斯群岛特许权所保持的沉默，会阻止它要求恢复自身主权。阿根廷政府完全有理由相信，如果英国政府在行动上是连贯的，那就不需要抗议。事实是，阿根廷在上述时期继续对南乔治亚岛实施管辖行动，其手段是前面提到的战舰在该群岛的出现；1927 年对万国邮政联盟的声明，认为自己**在法律上和事实上**（de jure y de facto）对南乔治亚岛行使主权；1947 年派遣一名财政部官员，等等。近来英国于 1950 年侵占了阿根廷的气象站。[②]

至于南桑威奇群岛，能够援引最早和最大有效活动的是阿根廷，如 1950 年建立航标、1955 年建立“埃斯基维尔中尉”避难所、1976 年建立“乌拉圭护卫舰”科考站，只有 1978 年遭到英国政府的抗议，1982 年 6 月被强行驱逐。直至今日，其他任何国家在南桑威奇群岛都无法援引比阿根廷更大的实体存在。

此外，南乔治亚岛和南桑威奇群岛是马尔维纳斯群岛问题的一部分，正像英国政府所承认的，如它接受 1971 年与马尔维纳斯群岛相关的通信协议扩大到这些群岛。缺乏管辖权基础的英国政府向国际法院就南极洲问题起诉阿根廷时认为，1843 年建立“福克兰群岛及其附属地区”政府的特许证书可以扩大 262
到南乔治亚岛和南桑威奇群岛。[③]因此，英国对这两个群岛的所有企图都受制于

① Casos de la Antártida, ICJ Pleadings, 1955, p. 8, nota 1.

② Casos de la Antártida, ICJ Pleadings, 1955, p. 9, nota 2.

③ Casos de la Antártida, ICJ Pleadings, 1955, p. 92.

它对马尔维纳斯群岛的所谓主权,如果英国对马尔维纳斯群岛没有主权,对其他两个群岛也没有。

Q. 1955年在南极洲案例中英国向国际法院的申诉

英国手册也隐瞒了1955年英国就南极洲问题向国际法院起诉阿根廷的两个基本因素。为了避免所有的疑问和阿根廷一切可能的相关行动,英国的起诉明确声明,英国只接受国际法院对所谓"福克兰群岛附属地区"而不是马尔维纳斯群岛本身的司法权。这两份照会构成了上述申诉:

从本申诉得出的结论是,英国政府接受国际法院对它所提交问题的裁决,尤其是关于福克兰群岛附属地区岛屿及土地的裁决。在任何其他方面或在附属地区之外的任何其他领土的主权资格方面,本申诉不构成对国际法院裁决的服从。①

不言而喻的是,尽管为了方便起见,本申诉所指的领土出于管理目的构成了福克兰群岛的附属地区,但英国对它们的所有权是独立的、分开的,决不取决于对福克兰群岛本身的所有权或从中派生出来。②

263 提出申诉时,英国很难掩饰自己意识到源自这两个英国照会的英国所有权的弱点。

英国手册也忽视了阿根廷拒绝英国建议让上述领土服从海牙法庭的决定所援引的主要理由——缺乏对马尔维纳斯群岛问题的任何指涉。在1955年5月4日阿根廷外交部致英国驻布宜诺斯艾利斯大使馆的照会里,作为对英国建议的答复,阿方强调:

……英国女王陛下的政府分割实质性问题,仿佛一切都局限于一个方面,把它所谋求的,并定性为马尔维纳斯群岛附属地区的南极洲领土作为唯一要求解决的问题提出来……阿根廷政府无法设想也不能接受任何以维持上述篡夺为基础的建议是友好的或法定的……因此,只要没有采取相应的行动解决刚刚提到的先决问题,不宜像英国所做的那样,建议把问题提交海牙国际法院或一

---

① Casos de la Antártida, ICJ Pleadings, 1955, p. 8, nota 1.

② Casos de la Antártida, ICJ Pleadings, 1955, p. 9, nota 2.

个**特别**(ad hoc)仲裁法院。①

结　论

本章不仅完整地证明了帕斯科和佩珀对 1833 年英国驱逐阿根廷之后的形势所做的分析毫无道理,而且至少可以说其出版物缺乏科学的严谨。从 1833 年至今,阿根廷维持其主权权利的态度是明确和前后一致的。即便在 1850 ~ 264
1884 年行动较少的时期,阿根廷的行为也表明它没有放弃自己的主权主张或接受主权的转让。英国施加其强国立场和既成事实政策的态度也一清二楚,是英国的固执拒绝使该问题从 1833 年至今悬而未决。英国的政治和外交官员,即便是高级官员,都已承认阿根廷维持其主权的主张,即使在英国手册作者认为阿根廷已放弃主权的那些时期。同样清楚的是,基于《阿拉纳—骚仁条约》的论据既没有任何历史依据,也没有法律依据,阿根廷没有默许,受争议的"取得时效"论据也不能被有效援引。而帕斯科和佩珀引用的地图,不但没有证明相反的结果,反而巩固了阿根廷的立场。本章披露了他们的省略之处,也证明了不仅随着时间的流逝阿根廷持之以恒地提出主张,而且英国同样坚定地倾向于维持该问题的无限开放,因为它控制着马尔维纳斯群岛领土。毫无疑问,对这场悬而未决的争端要负责任的是英国政府。

① Casos de la Antártida, ICJ Pleadings, 1955, p. 92.

265 # 第六章　马尔维纳斯群岛的人口及民族自决权利

绪　论

英国手册的结尾有三部分，聚焦“民族自决”“民众”“在国际领域争夺福克兰群岛”。本章涉及这三个主题以及所谓的马尔维纳斯群岛“自治”。与前几章一样，这里也可以看到英国手册在尽力调整，倾向于让民族自决原则援引到英国在马尔维纳斯群岛建立的居民点显得更可信，尽管联合国主管机构从未对阿根廷与英国存在主权争议的领土上的英国居民采用这类原则。

A. 民众

与英国的最新战略相一致，英国手册竭力试图证明英国在马尔维纳斯群岛建立的居民点不是英国的，而是
266 “跨国”的，与英国之前对该岛局面的介绍明显矛盾。1982 年英国驻联合国代表安东尼·帕森斯先生[①]说，“**岛上的英国民众**已经在英国领土和平生活了一个半世纪”，[②]与 2001 年殖民当局实施的人口普查数据相伴

① 安东尼·帕森斯（Sir Anthony Derrick Parsons，1922—1996 年）：英国外交官，在伊朗革命时期是英国驻伊朗大使，在马尔维纳斯群岛战争期间担任英国常驻联合国代表。——译者注

② Naciones Unidas，doc S/PV. 2360，21 de mayo de 1982，p. 10，par. 102.

的官方分析声称，“群岛**固有的**英国本质**几乎保持不变**”。① 相反，它不光是指出人口的这一英国特质，其目的是设法把人口与英国的武力事件以及由此产生的后果区分开来，以便可以证明在马尔维纳斯群岛问题上采用虚假的民族自决权利是正当的。

英国手册提到马尔维纳斯群岛人口“缓慢增长，19 世纪 40 年代初来岛的几个人，如今在岛上有第 7 代或第 8 代后人了。他们已成为马尔维纳斯群岛的本地人口”。② 该手册忘记提到的是，那个“本地人口”主要是 1843 年正式建立殖民地、土地经营权只给予英国臣民、任命出自英国的官员之后源于宗主国的英国新公民的结果，如果曾短暂雇佣南美劳动力，他们也从未被当作常住人口。大部分来自拉普拉塔地区的高乔人受雇于英国臣民威辛顿和拉丰，前者最初得到了贝尔内的一份特许权，但随着牛作为主要产品基本被羊取代，高乔人的存在逐渐衰败。英国总督穆迪③提议建立来自苏格兰北部和爱尔兰的居民点，④ 267
另外，英国法律对其女王陛下的臣民与“外国”居民实施明确的区分。

英国手册也没有提到英国政府禁止贝尔内回到马尔维纳斯群岛的事实，他是历史上对于把文明带到马尔维纳斯群岛贡献最大的人。1836 年殖民部向外交部的通告以断然的措辞声明：

> 去年 3 月英国女王政府得到信息，以为贝尔内先生那时正在准备前往福克兰群岛，于是指示南美军港的海军少将司令派遣一名海军军官前往那个群岛，其明确目的是警告贝尔内先生放弃非法进入英国王室领地的企图，由于在贵部的批示里包含该信息，现在将再次把它传递给海军少将。因此，我得指示海军少将向贝尔内先生声明，他那一方试图返回福克兰群岛的任何意图都将是徒劳的，因为英国女王政府已经决定不允许他这么做。⑤

---

① Censo de las Islas Malvinas de 2001：informe resumido.

② Pascoe，Graham y Pepper，Peter，*op. cit.*，p. 23.

③ 穆迪（Richard Clement Moody，1813—1887 年）：1841 年被英国任命为马尔维纳斯群岛副总督，1843 年成为该岛总督兼总司令，同年决定把首府从索莱达港迁到斯坦利港。他还是加拿大英属哥伦比亚殖民地第一任副总督。——译者注

④ Tatham，David：*The governor's year. Moody at Port Louis*，Puerto Stanley：Printed at the Government Printing Office，1993，pp. 25 – 26，cit. en Pastorino，Ana，Alvarez，Maximiliano y Rosa，Gabriel：*Colonialismo en el siglo* XXI，Buenos Aires，Edulp，2015，p. 13.

⑤ Stephen to Mandeville，No. 12，Foreign Office，November 2，1836，*PRO*，*FO* 6/501，fs. 205 – 206.

英国目前的论述完全没有提到禁止贝尔内继续他在马尔维纳斯群岛的事
268 业，这很能说明问题。英国手册企图回避的是，1833 年的武力行动挫败了马尔维纳斯群岛有史以来展开的最大文明事业的延续性，取而代之的是英国殖民。这个原始缺陷废除了英国向其建立的定居点实施所谓民族自决的所有论据，该定居点是英国篡夺马尔维纳斯群岛的结果。

从 1833 年占领马尔维纳斯群岛以来，英国的策略就很清楚——利用人口作为政治工具。首先，驱逐阿根廷人，只留下大部分为外国人的最低限度人口，以确保不丧失现有的牲畜资源和马尔维纳斯群岛为航行提供的最低限度服务。目前的谎话旨在让阿根廷被驱逐后留在岛上的 20 来人作为现有人口的原始核心出现，这没有任何理由。阿根廷被驱逐后 18 年，1851 年人口达到了 287 人，其中大部分人是在 1843 年英国殖民地建立后，于 40 年代末来到马尔维纳斯群岛的。

关于马尔维纳斯群岛人口形成的方式，数字是有说服力的。根据 2012 年进行的人口普查，[1]当时的人口上升到了 2840 人（包括 369 名在英国乐山军事基地提供服务的文职人员），而[2]根据 1911 年的人口普查，居民人数上升到 2272 人，因此在 100 年间人口只增加了大约 8%。如果我们把具有相似地理和气候特点的火地岛省作为比较例子，它的人口从 1914 年的 2504 人上升到了
269 2010 年的 127，205 人。[3]根据 2012 年的人口普查，出生并居住在马尔维纳斯群岛的人数上升到 1339 人，而那些出生在英国的人上升到 798 人（不包括乐山基地的军事人员和文职人员）。66 年间（1946～2012 年），出生在马尔维纳斯群岛的人口降低了约 33%（从 2001 个居民到 1339 个），而同一时期那些出生在英国的人口增加了大约 386%（从 164 个居民到 798 个）。[4] 类似的增长模式可以在岛上那些出生于英国海外领土和英联邦国家的居民身上观察到（从 1953 年的 10 个居民到 2012 年的 366 个）。[5] 总之，以居住在马尔维纳斯群岛的 2840 人为基数，出生在岛上的人只占人口的 47.1%。也就是说，岛上现有人口不到一半

---

① Falkland Islands Census 2012：Statistic and Data Tables，April 2013.

② Pastorino，Ana *et al.*，*op. cit.*，p. 112.

③ Estadística de la Provincia de Tierra del Fuego en Pastorino，Ana *et al.*，*op. cit.*，p. 113.

④ Estadística de la Provincia de Tierra del Fuego en Pastorino，Ana *et al.*，*op. cit.*，p. 115.

⑤ Estadística de la Provincia de Tierra del Fuego en Pastorino，Ana *et al.*，*op. cit.*，p. 117.

出生在马尔维纳斯群岛，而大部分人（52.9%）是来自其他国家。[1]

每年 10% ~25% 的人口从马尔维纳斯群岛移民出去，第二年以相似的比例被替代。根据 1991 ~2012 年的人口统计数据，最近 20 年少于 10 年居住时间的马尔维纳斯群岛居民比例是 37%，峰值达 41%。[2] 最近 10 年（2001 年、2006 年和 2012 年的人口普查），[3]有 1172 名 2001 年住在岛上的人，2012 年已不住在岛上，只去世了 168 人。因此有 1004 人在那 10 年移民离开了马尔维纳斯群岛，也就是说，35% 的岛上人口在接下来的 10 年移民了。每 10 年变化这么大比例的 270
人口，很难构成一个国际法意义上的“民族”。

英国通过这种方式推行移民政策，可以不断填补向外移出的居民。[4] 2012 年的人口普查表明，1741 人在岛上居住大致超过 10 年，1099 人在最近 10 年开始定居岛上。如果我们从那个数字中减去那一时期的 306 例新生儿，得出的结论是，最近 10 年有 793 人移民到马尔维纳斯群岛，占总人口的 28%。[5] 因此在 10 年时间里有 1004 人离开了马尔维纳斯群岛，793 人移民到岛上，这意味着马尔维纳斯群岛总人口将近 1/3 更新了。人口的一个重要部分是从事行政管理，为了代理这类行政职务，在宗主国寻找所需人员。岛上的第二部分“居民”，不算军事人员，是军事基地的文职人员，约有 369 人（人口的 14.87%）。而在乐山基地方面，它拥有大约 1500 名军事人员，每个居民拥有的士兵比例是全世界最高的。

不那么赚钱的工作是由来自智利和圣埃莱娜岛的移民从事的，然而只有英国公民享有选举权，所有那一切还要加上对阿根廷公民的歧视。1982 年马尔维纳斯群岛战争刚一结束，居住在岛上、从事燃料供应和运输服务的阿根廷公民即被驱逐，17 年里阿根廷护照的任何拥有者无权造访马尔维纳斯群岛，即便是作为游客。一条不成文的法律是禁止阿根廷人成为不动产的业主，甚至到了在 271
一起案例中继承不动产的阿根廷人被迫卖掉它们的地步。[6]

---

① Estadística de la Provincia de Tierra del Fuego en Pastorino, Ana *et al.*, *op. cit.*, pp. 118 – 119.

② Estadística de la Provincia de Tierra del Fuego en Pastorino, Ana *et al.*, *op. cit.*, p. 131.

③ Ver Falkland Islands, Report of Census 2001, 8th October 2001; Falkland Islands, Report of Census 2006, October 2006; Falkland Islands, Report of Census 2012: Statistics and Data Tables, April 2013.

④ Pastorino, Ana *et al.*, *op. cit.*, p. 134.

⑤ Pastorino, Ana *et al.*, *op. cit.*, p. 134.

⑥ 汉密尔顿家族的例子，其前辈从马尔维纳斯群岛来到巴塔哥尼亚。

出于掩盖马尔维纳斯群岛人口绝大多数为英国人、出生在该岛的是少数人这一事实的明显目的,2012 年的人口统计第一次包括了要求人们对自己的“国家认同”做出回答。这是首先公开的信息,而不是像以前人口普查那样,根据国籍和出生地的数据。其中 59% 的人自认为是“福克兰群岛人”,29% 的人自认为是“英国人”。显然事实上,很多回答为“福克兰群岛人”的人是来自英国的英国人。实际上他们中间许多人是所谓的居民“代言人”,不管是作为政府成员、立法成员,还是作为岛上现有媒体的舆论制造者。

马尔维纳斯群岛人口构成了一个以临时为主、不断更新、人口完全是虚假增长的居民整体。尽管努力制造出一个所谓的马尔维纳斯群岛“国家”身份,但是具有这些特征的人口不构成一个在种族和文化上异于其管理国的族群,一个作为自决权利主体的单独民族。

确实谁也不能否认在马尔维纳斯群岛存在自身传统,其中许多传统与大陆相同。乡村传统(与西班牙语一样,英语把“乡村”称为“the camp”,而不是“countryside”),特别是与放马习俗相关的传统,单词“che”(chey)的使用,甚至
272 直到不久前对马黛茶的喜爱,都回想起一个受大陆显著影响的过去。那些真正的马尔维纳斯群岛居民与来自宗主国的居民之间的差异也是十分明显的,正如我们马上要看到的,这些特殊性可以在同一个国家的地区或地方存在,不会使其领土和居民有权享有自决权。在此之前,我们将研究所谓的马尔维纳斯群岛“自治”。

B. 所谓的“自治”

帕斯科和佩珀企图证明马尔维纳斯群岛人以现代民主管理自己,与宗主国的联系几乎不存在。他们声称居民的选举权在决定中占有很大分量,如果没有岛上居民的参与,从伦敦选出的总督几乎不干预决定。①

英国女王陛下 2008 年 11 月批准的所谓“福克兰群岛宪法”是英国在马尔维纳斯群岛维持殖民体制的基石。为了马尔维纳斯群岛的“和平、秩序和良好管理”,第 11 条为女王保留了批准立法以及修改现行法律的全部权力。②

立法大会由 8 名当选委员组成,为期 4 年;两名由总督选出的委员(最高行政长官和财务总监)可以参与程序,但无投票权,英军司令和总检察长与最高行

① Pascoe, Graham y Pepper, Peter, *op. cit.*, p. 40.

② Pastorino, Ana *et al.*, *op. cit.*, p. 57.

政长官、财务总监一样，均来自英国。选举和当选立法大会委员的要求是满 18 273
周岁并享有“福克兰群岛身份”。[①] 这个身份由总督授予，要求有英国国籍，是英国政府用来控制岛上谁可以选举和被选举的工具。[②]在最近 20 年的立法大会组成人员里，近 40% 的席位落在出生于英国的人手里。[③]

司法权由“大法官”主持，他是最高法院院长，住在英国，每年至少造访马尔维纳斯群岛一次。还有一个上诉法庭和一个高级法官。无论大法官还是上诉法庭庭长、上诉庭法官、高级法官，所有的人由马尔维纳斯群岛总督任命和调动，他们都来自英国。

由外交部从伦敦挑选的马尔维纳斯群岛总督是一名英国职业外交官，没有任职期限。他在行政、立法和司法领域保留了大量的权力：(a) 可以解散立法大会；[④](b) 立法大会通过的法律草案直到总督批准才具有法律效力，为此他具有
约束力；[⑤](c) 他也可以全权决定对任何呈报的草案或在立法大会会议上未得 274
到批准的动议赋予法律效力；[⑥](d) 甚至可以按照自己的标准，与马尔维纳斯群岛的行政会议（行政权力的咨询机构，部分由立法大会委员组成）意见相左；[⑦](e) 负责任命和调动岛上最高级别的法官；[⑧](f) 能够以英国女王陛下的名义授予土地经营权和拥有土地；[⑨](g) 拥有基于一份几乎有 80 年历史的法律文件——《1939 年枢密院紧急状态法令》所承认的广泛应急权力，该法令的制定是为了运用于 20 世纪 30 年代英国所拥有的殖民地、保护国和管辖范围，这个法令赋予总督有权逮捕、驱逐、拒绝接纳人员，以女王的名义占有财产和土地，

---

① 这个身份赋予选举权和当选立法大会委员的资格，获得土地或对岛上不动产的物权，有捕鱼和在马尔维纳斯群岛登记船只的个人配额、殖民政府对高等教育的支持，不受制于移民管控，被选中可获得家庭补助，被选中可获得由殖民政府提供的住房、免费医疗，等等。获取这个身份的要求为出生的时候是“公民”，其父亲或母亲在孩子出生时是岛上的永久居民或其父母拥有“福克兰群岛身份”。“公民”指的是所有“英国公民、海外领土的英国公民或海外英国公民，或曾经有段时间已是英国及殖民地的公民，或辖区的英国公民”。之前这个身份也对英联邦公民开放，但这个职权被废除了。该身份由总督根据行政委员会的意见来授予。

② Pastorino, Ana *et al.*, *op. cit.*, pp. 71 – 72.

③ Pastorino, Ana *et al.*, *op. cit.*, pp. 71 – 72.

④ Artículo 34, “The Falkland Islands Constitution Order 2008”.

⑤ Artículo 52, inc. 1, “The Falkland Islands Constitution Order 2008”.

⑥ Artículo 55, “The Falkland Islands Constitution Order 2008”.

⑦ Artículo 67, “The Falkland Islands Constitution Order 2008”.

⑧ Artículos 88 y 90, “The Falkland Islands Constitution Order 2008”.

⑨ Artículo 73, “The Falkland Islands Constitution Order 2008”.

改革、中止或实施(不管有无修改)任何法律,等等;[1](h)负责挑选最重要的文职公务员,如行政长官、警察局长、总检察长和岛上防卫力量指挥官;[2](i)总督立法职能的唯一限制来自女王而不是岛上居民。[3]

总之,所谓马尔维纳斯群岛自治,不过是重新包装的英国老殖民体制。英
275 国在马尔维纳斯群岛的权力无处不在,有这么大的影响力,甚至连宪法本身都把英国在政治、管理和制度方面对马尔维纳斯群岛及其居民的霸权公开奉为神圣。[4]

英国对如今被称为"英国海外领土"具有真正权力的明显例证是加勒比海的特克斯群岛和凯科斯群岛案例。2009 年 8 月,"因高概率的系统性腐败",伦敦政府决定解散由那些群岛的居民民主选举的政府。英国没有理睬加勒比共同体(Caribbean Community,CARICOM)的强烈抗议,无限期地拖延民主选举新政府。由伦敦指派的总督履行行政和立法职能。事实是英国政府继续对其殖民领地实行铁腕控制,民族自决权利只是被操纵,对英国有利的时候就援引它,以避免结束因占领其他国家的领土而维持的领土冲突。[5]

C. 史上最大殖民强国对自决权利的操纵

帕斯科和佩珀简要提到了民族自决原则。[6]据称它是英国为目前的**事实**处境以及拒绝与阿根廷谈判加以辩解的主要论据,令人值得注意的是,他们给予该原则有限的篇幅。他们与英国的官方论点犯有同样的问题,观察到这点很有意思——没有指出基于什么理由马尔维纳斯群岛人必须被视为一个享有自决原则的独立民族。

276 民族自决原则是当代国际法的基本原则之一,多亏了它,在 20 世纪下半叶的非殖民化过程中,众多被奴役的民族能够建立自己的独立国家。多年来英国与其他殖民列强否认自决原则的法律性质,不承认它的约束力。从 20 世纪 60 年代末起,只承认该原则的重要性,那时英国旧殖民地的独立过程实际上已经

---

① Artículo 22 en Pastorino, Ana *et al.*, *op. cit.*, p. 69.

② Artículos 83 y 84, "The Falkland Islands Constitution Order 2008".

③ Artículo 54, "The Falkland Islands Constitution Order 2008".

④ Pastorino, Ana *et al.*, *op. cit.*, p. 87.

⑤ "CARICOM condemns British takeover in Turks and Caicos", http://www.stabroeknews.com/2009/archives/03/25/caricom-condemns-constitutional-disruption-in-turks-and-caicos/.

⑥ Pascoe, Graham y Pepper, Peter, *op. cit.*, pp. 40 - 41.

结束。对英国来说,是为了替它在马尔维纳斯群岛和直布罗陀案例中的立场辩护。

在毛里求斯向英国提出查戈斯群岛海洋保护区案例仲裁程序中,英国政府自己提出的自决原则观点是,"对英国来说,1965年11月没有一条强制性自决规则[更不用说任何'强制性'(jus cogens)法规]阻止英国建立印度洋领地(Territorio Británico del Océano Indico)"。① 英国以下列方式解释其立场:

> 20世纪50~60年代,英国不断反对在联合国文件,包括在1966年的国际条约计划(关于民事、政治、经济、社会和文化权利)里提到自决"权利"。1965年英国不接受把"禁止拒绝自决权利"作为**强制性**法规。②

1970年通过联合国大会第2625号决议(XXV),它包含了国际法原则声 277
明,在这些原则中包括民族自决原则。当时英国的立场如下:

> 即便自决原则是一个有强大影响力的指导原则,在特殊情况下它无法具备足够确切的定义以构成一条法律,既不被《联合国宪章》认可,也没有得到惯例法的承认。③

在马尔维纳斯群岛问题上,民族自决原则被英国政府操纵且不恰当地引用,出于两个目的:维持其在南大西洋地区的存在;避免解决从1833年起与阿根廷保持的公开主权争端。

在国际法里,并非所有定居在一个特定地理范围的人类族群都享有自决权,这就是为什么要区分"民族"和"少数民族",不管后者是国家的、宗教的还是语言的、种族的少数民族。前者享有自决权利,而后者没有,尽管他们享有旨

---

① Chagos Marine Protected Area Arbitration (Mauritius v. United Kingdom), Contra-memoria del Reino Unido, 15 de julio de 2013, par. 7. 14.

② Chagos Marine Protected Area Arbitration (Mauritius v. United Kingdom), Contra-memoria del Reino Unido, 15 de julio de 2013, par. 7. 17.

③ Chagos Marine Protected Area Arbitration (Mauritius v. United Kingdom), Contra-memoria del Reino Unido, 15 de julio de 2013, par. 7. 27.

在保障并维护其身份的一整套权利，但这是在他们所居住的那个国家领土框架内。[1]土著民族也被区分开来，联合国声明承认他们具有自决权利，[2]但仅仅是
278 在其内部。土著人也不足以自封为“民族”并因此谋求成为自决权利的拥有者。国际法院从这个意义上来处理西撒哈拉问题：

> 自决原则被定义为需要考虑民族的自由表达愿望，在某些情况下联合国大会搁置了向一个特定领土的居民咨询的要求，这个事实不影响自决原则的有效性。**这些例子或基于认为某些居民不构成有自决权利的“民族”**，或基于确信鉴于特殊情况咨询是完全没有必要的。[3]

联合国大会及非殖民化委员会的40多个决议，[4]绝对没有一个承认在马尔维纳斯群岛领土上存在一个单列的民族，因此关于马尔维纳斯群岛开始非殖民
279 化的方式，上述决议采取了另一条途径。如何结束其殖民地局面，联合国的准

---

① Res. Ag 47/135. Declaración sobre los derechos de las personas pertenecientes a minorías nacionales o étnicas, religiosas y lingüísticas.

② Res. Ag 61/295. Declaración de las Naciones Unidas sobre los derechos de los pueblos indígenas.

③ *Asunto del Sahara Occidental*, *Opinión Consultiva*, CIJ Recueil 1975, p. 33, par. 59.

④ 联合国大会第1514号决议(XV)，1960年12月14日；第2065号决议(XX)，1965年12月16日；第3160号决议(XXVIII)，1973年12月14日；第31/49号决议，1976年12月1日；第37/9号决议，1982年11月4日；第38/12号决议，1983年11月16日；第39/6号决议，1984年11月1日；第40/21号决议，1985年11月27日；第41/40号决议，1986年11月25日；第42/19号决议，1987年11月17日；第43/25号决议，1988年11月17日；特别委员会第A/AC.109/756号决议，1983年9月1日；第A/AC.109/793号决议，1984年8月21日；第A/AC.109/842号决议，1985年8月9日；第A/AC.109/885号决议，1986年8月14日；第A/AC.109/903号决议，1987年8月14日；第A/AC.109/972号决议，1988年8月11日；第A/AC.109/1008号决议，1989年8月15日；第A/AC.109/1050号决议，1990年8月14日；第A/AC.109/1087号决议，1991年8月14日；第A/AC.109/1132号决议，1992年7月29日；第A/AC.109/1169号决议，1993年7月14日；第A/AC.109/2003号决议，1994年7月12日；第A/AC.109/2033号决议，1995年7月13日；第A/AC.109/2062号决议，1996年7月22日；第A/AC.109/2096号决议，1997年6月16日；第A/AC.109/2122号决议，1998年7月6日；第A/AC.109/1999/23号决议，1999年7月1日；第A/AC.109/2000/23号决议，2000年7月11日；第A/AC.109/2001/25号决议，2001年6月29日；第A/AC.109/2002/25号决议，2002年6月19日；第A/AC.109/2003/24号决议，2003年6月16日；2004年6月18日通过的决议；2005年6月15日通过的决议；2006年6月15日通过的决议；2007年6月21日通过的决议；2008年6月12日通过的决议；2009年6月18日通过的决议；2010年6月12日通过的决议；安理会第502号决议(1982)，1982年4月3日；第505号决议(1982)，1982年5月26日。

则是阿根廷与英国谈判解决主权争端并考虑岛上居民的利益。[①]除此之外，英国企图在**后来**（a posteriori）的1985年11月27日第40/21号决议中加入对自决权利的明确提及时，联合国大会彻底拒绝了它。理由很简单：不像殖民主义的普通案例，即欧洲列强征服整个民族，在马尔维纳斯群岛案例里，是一个年轻的独立国家被那个时代最大的殖民强国从自己的一部分领土上赶走，这块领土是岛屿性质的，人烟稀少，没有原住民。

与发生在世界其他地区的事件不同，如在加勒比地区，殖民列强大批引进奴隶人口，造成了一个新民族的形成，而在马尔维纳斯群岛事件中，被伦敦政府带到岛上的极少数人口是英国垦殖者，同时英国断然拒绝与阿根廷展开讨论，尽管后者抗议，这是强者政策的一个明显例子。

马尔维纳斯群岛目前的居民不构成享有自决权利的单列民族，不是说他们不享有其他权利，无论是个人还是集体，他们当然享有人权。阿根廷已经在其宪法中表示，尊重居民的生活方式是它承诺的一项条件，[②]只不过1650名英国公民没有权利决定阿根廷与英国之间的主权争端，它囊括了300多万 280
平方公里的陆地和海域，比阿根廷大陆部分的面积还要大，是英国面积的12倍。

世上存在诸多领土冲突，其中许多是针对有人居住的领土，一些已经上诉至国际法院。国际法院基于各方提出的所有权而不是根据居民的国籍或要求，决定这些领土的主权。在萨尔瓦多/洪都拉斯案例里，1万～3万名萨尔瓦多人处于仲裁划定的洪都拉斯边界一边。[③] 在喀麦隆对尼日利亚的案例里，超过10万名尼日利亚人住在国际法院承认是喀麦隆的领土上，[④]在最近的布基纳法索与尼日尔领土仲裁中，国际法院做出了同样的裁决。[⑤] 在所有这些情况下，国际法院提醒各方有义务尊重被争夺的领土上居民的权利，但从未让自己的决定屈从于这些居民的意志。其他例子也是恰当的。第一次世界大战后，法国声称不

---

① 联合国大会第2065号决议（XX），1965年12月16日。

② Disposición transitoria primera, Constitución de la Nación Argentina, 1994.

③ Controversia fronteriza territorial, insular y marítima (El Salvador/Honduras-Nicaragua interviniente), fallo del 11 de septiembre de 1992.

④ Frontera terrestre y marítima entre Camerún y Nigeria (Camerún vs Nigeria-Guinea Ecuatorial interviniente), fallo del 10 de octubre de 2002.

⑤ Controversia fronteriza (Burkina Faso/Níger), fallo del 16 de abril de 2013.

该由它在阿尔萨斯－洛林[1]组织公民投票，因为从 1871 年起——当年该领土转让给德国——数千名法国人宁可离开也不愿受制于德国主权，反过来，数千名德国人定居到那里。当芬兰主权下的亚兰群岛的瑞典居民提出自决以便加入瑞典时，得到的答复是广泛的自治，但在芬兰主权下。

281 英国手册仓促提到尊重领土完整的原则。它承认包含在联合国大会第 1514 号决议（XV）中的关于非殖民化的声明“也包括了一个限制条件”——第 6 段谴责破坏国家统一和领土完整的一切企图。英国手册声称阿根廷的论据是“薄弱的”，并重复它关于阿根廷缺乏主权或通过《阿拉纳—骚仁条约》“转让”（原文如此）主权的历史篡改。[2] 英国的官方立场已承认联合国大会第 1514 号决议（XV）第 6 段的重要性，在之前引述的查戈斯群岛案例的反备忘录里，英国声称这一段是用来“确保导致主权国家领土分裂的非殖民化请求被排除在外的政治目标”。[3] 如果联合国大会及非殖民化委员会没有把民族自决原则运用到马尔维纳斯群岛现有居民，那恰好是因为他们正确理解了联合国大会第 1514 号决议（XV）对特殊案例的运用。一方面，考虑到尊重阿根廷的领土完整；另一方面，没有证实在马尔维纳斯群岛问题上存在享有自决权利的人类群体。

在马尔维纳斯群岛问题上，如果英国要求其公民决定他们所居住的那块领土命运，该领土必须是英国的，而事实相反，对于马尔维纳斯群岛主权存在英国与阿根廷的争端。据英国籍前法官及国际法院前院长罗莎琳·希金斯[4]所说：
282 “在没确定谁具有领土主权之前，无法知道居民是否有自决权利”。[5] 换句话说，对于这位尊贵的英国女法学家来说，要知道英国居民是否可以决定他们对该领土的愿望，首先必须解决英国和阿根廷领土争端。这清楚地意味着，所谓这些英国居民的自决不能强加给阿根廷，也不能构成不解决主权争端的借口。

---

① 阿尔萨斯－洛林：地区名，包括今法国上、下莱茵和摩泽尔省，即普法战争后法国于 1871 年割让给德国的 13,123 平方公里的法国领土。1919 年第一次世界大战后，这块土地退还法国，1940 年第二次世界大战期间再度割让给德国，1945 年又归还法国。——译者注

② Pascoe, Graham y Pepper, Peter, *op. cit.*, p. 43.

③ Chagos marine protected area arbitration (Mauritius v. United Kingdom), Contra-memoria del Reino Unido, 15 de julio de 2013, par. 7. 21.

④ 罗莎琳·希金斯（Rosalyn Higgins, 1937— ）：这位英国女王的律师 1995 年成为国际法院成员，2000 年再次当选，是国际法院首位女院长（2006～2009 年）。——译者注

⑤ Higgins, Rosalyn, "International Law and the Avoidance, Containment and Resolutions of Disputes. General Course on Public International Law", *Hague Academy of International Law Collected Courses*, 1991, Vol. 230, p. 174.

英国显而易见的矛盾政策也严重伤害了它在马尔维纳斯群岛问题上的自主决定论据。在驱逐查戈斯群岛2000名土著居民时不曾有“自主决定”。1966年英国政府把查戈斯群岛上的迭戈·加西亚岛以承租的方式转让给美国，以便后者在那里建立军事基地。[1] 1967年英国政府购买了岛上的大部分种植园，之后将它们关闭，使居民没有基本的生存条件，如食品和药品，迫使他们放弃该岛。之后没有事先通知或咨询便通告他们将被撤离。武装人员组织岛上居民，把他们成队送到毛里求斯和塞舌尔。1971年英国宣布了一项移民法令，永远拒绝查戈斯群岛居民回到自己家园的权利，以这种方式结束了该诉讼。[2] 从2014年起担任马尔维纳斯群岛“总督”的英国外交官科林·罗伯茨向美国外交官表示，在查戈斯群岛设立海洋保护区的真正目的是避免查戈斯群岛人能够回来。[3]

玛格丽特·撒切尔政府把香港归还给其合法拥有者中国时，也不曾有过 283
“自主决定的公民投票”，更没有像英国政府对马尔维纳斯群岛2000名欧洲裔居民那样，完全给予居住在香港的500万中国人以英国公民的身份。换句话说，自主决定是一个虚假的论据，是用来维持英帝国最后的余孽之一，没有任何法律依据。居民仅仅是维持其在世界上殖民残余的一个调节变数。居民成为障碍时就被赶走，正如发生在迭戈·加西亚岛和巴纳巴岛的情况；居民可以构成使该目标合法化的工具时，便援引所谓的自决权利，如发生在马尔维纳斯群岛的情况。[4]

结　论

英国对自决原则的操纵是十分明显的。出于几个原因：（1）因为是联合国大会而非殖民列强决定如何结束殖民局面，联合国最高代表机构从未把该原则运用到马尔维纳斯群岛现有居民；（2）因为涉及的是一个殖民主义的特殊案例，其中殖民行动的受害者是一个新生国家；（3）因为驱逐阿根廷之后英国政府建立了自己的垦殖点；（4）因为从那时起，英国开始控制那个荒无人烟的孤立领土的移民政策；（5）因为目前的居民不构成一个单独的“民族”，不是殖民行为的

---

① Pastorino, Ana *et al.*, *op. cit.*, p. 30.

② Pastorino, Ana *et al.*, *op. cit.*, p. 31.

③ Wikileaks, HMG Floats proposal for marine reserve covering the Archipelago (British Indian Ocean Territory), 15 de mayo de 2009 en Pastorino, Ana *et al.*, *op. cit.*, pp. 33 - 34.

④ Wikileaks, HMG Floats proposal for marine reserve covering the Archipelago (British Indian Ocean Territory), 15 de mayo de 2009 en Pastorino, Ana *et al.*, *op. cit.*, p. 140.

受害者;(6)因为英国驱逐阿根廷、建立自己的垦殖点后,一边拒绝阿根廷提出的一切谈判和仲裁建议,一边巩固其在马尔维纳斯群岛的有形存在。

284 接受由定居马尔维纳斯群岛的英国臣民自己决定英国和阿根廷的争端,这将构成任意强加既成事实的典型案例。如果有一个民族是殖民行为的受害者,且在马尔维纳斯群岛问题上可以对其采取自决原则,那么那个民族就是**阿根廷民族**。

总结论 285

本书只有一个目的,即驳斥英国手册的歪曲和掩盖,揭露帕斯科和佩珀先生实施的对历史和法律的明显篡改。

英国手册证明,英国政府为了侵占阿根廷的马尔维纳斯群岛,使用了虚假的论据。发现马尔维纳斯群岛的论据是假的,占领马尔维纳斯群岛的论据也是假的:埃格蒙特港要塞不是马尔维纳斯群岛第一个人类定居点,英国也从未独家占有马尔维纳斯群岛。根据英国手册,西—英协议意味着彼此保留主权。因此英国政府勉强援引此协议,仿佛西班牙承认过英国主权,在仅有的英国政府对19世纪30年代阿根廷抗议的回应时,试图让阿根廷政府相信这一点。

简单的现实是,只有当阿根廷在马尔维纳斯群岛的10年巨大努力开始结出硕果时,英国政府才"想起"马
尔维纳斯群岛。其目的是战略性的,其借口是复苏一个 286
从55年前起就废弃的主张。面对一个卷入兄弟自相残杀之战、无法与英国军事对抗但立即抗议的年轻国家,英国利用了自己作为那个时代主要的殖民强国和海军强国的实力,英帝国的盛气凌人是对阿根廷外交意图的再次回应。

尽管英国政府在把阿根廷从马尔维纳斯群岛驱逐出去之前不到两个月时还曾抗议过,但在使用武力之前它没有向阿根廷政府提出任何警告。英国没有任何通

过谈判或其他途径解决问题的建议，尽管与阿根廷有外交关系，而且《友谊、贸易和航行条约》还在生效。1829 年 11 月的英国抗议没有任何后续行动，尽管 1831 年发生了严重的“勒星顿”号事件，且阿根廷与美国之间对该问题的争端直接触及有关马尔维纳斯群岛主权的行使，但在两年里马尔维纳斯群岛问题一直是阿根廷与美国争论的对象，而英国没有推动自己的主权主张。英国政府仅仅是利用这个局面，通过单方面的武力行为强加其权威。尤其是如果考虑到英国论证的恶意，这个态度便解释了为什么第三方国家从英国篡夺马尔维纳斯群岛的那一刻起就表示声援阿根廷。这样的恶意行为和强加既成事实的企图，破坏了国与国之间关系调整的基本法律要素。

可以按以下方式总结问题：

（1）正如英国手册所承认的，英国没有发现马尔维纳斯群岛。

287 （2）马尔维纳斯群岛是由麦哲伦探险队的西班牙航海者发现的。西班牙是 1540 年第一个出现在马尔维纳斯群岛的欧洲国家，比所谓的英国“发现”早了 52 年。

（3）17 世纪和 18 世纪的英—西条约禁止英国在西班牙领地的任何航行和占领，这点适用于马尔维纳斯群岛。

（4）1749 年西班牙维护自己对马尔维纳斯群岛的主权时，英国放弃了造访马尔维纳斯群岛。

（5）可以援引首位占领国权利的国家是法国。

（6）法国领地转让给伊比利亚王室之后首位占领国的权利便属于西班牙。

（7）1766 ~ 1811 年西班牙对马尔维纳斯群岛实施有效和不间断的控制，1774 ~ 1811 年西班牙独掌马尔维纳斯群岛。

（8）1771 年《马塞拉诺声明》意味的仅仅是归还埃格蒙特港的占有，西班牙保留其主权，英国没有这么做。

（9）有足够的证据证明，1774 年英国的撤离是出于对西班牙的承诺。英国撤离时没有向西班牙通告保留任何主权，也没有授权西班牙留在该领土上，如果它自认为是主权国，应该这样做。

（10）西班牙拆除了英国在埃格蒙特港留下的主权主张的唯一遗迹，摧毁了英国的设施，伦敦方面没有任何反应。

（11）阿根廷独立的那一刻，西班牙占有马尔维纳斯群岛并拥有对它的主权，鉴于 1790 年《努特卡海湾条约》，英国按常规承诺尊重上述占有和主权。

（12）根据国际法一条众所周知的规则，即**依法占有**原则或国家的继承，阿根廷从西班牙那里继承了马尔维纳斯群岛。

(13)从独立的那一刻起,布宜诺斯艾利斯政府视马尔维纳斯群岛为自己的领土。

(14)1820年接管马尔维纳斯群岛是一名阿根廷公职官员实施的公开行 288
为,英国政府了解此事,但没有任何反应。

(15)19世纪20年代,阿根廷对马尔维纳斯群岛行使了诸多主权行为,英国没有任何抗议。

(16)1828年不仅没有任何对路易斯·贝尔内的"英国许可",相反,英国驻布宜诺斯艾利斯领事证明了阿根廷政府给予贝尔内特许权的真实性,但英国没有丝毫反应。

(17)1829年11月的英国抗议为时已晚,它建立在虚假的论据上,出于恶意,受到战略原因的驱使。从55年前起英国就忘记了对马尔维纳斯群岛主权的一切幻想。

(18)未经任何通报,英国把阿根廷从马尔维纳斯群岛驱逐出去。作为此事的后果,2/3的居民离开了马尔维纳斯群岛,恢复居民点正常化的努力受阻。路易斯·贝尔内再也无法回到马尔维纳斯群岛。

(19)阿根廷立即抗议并保持抗议,而英国采取典型的强权政策,拒绝解决争端。

(20)1843年英国政府建立殖民地,控制该领地的移民。

(21)1849年帕默斯顿承认阿根廷维持自己的主权主张。

(22)1849年的《阿拉纳—骚仁条约》与马尔维纳斯群岛问题毫不相干。该条约的文本、背景、日的和意图表明它是要结束对阿根廷和乌拉圭的封锁,承认这两个南美国家河流的内河属性。英国手册声称阿根廷通过该条约放弃了主权,这点直到2013年英国才提出。

(23)1849年《阿拉纳—骚仁条约》签订后1个月,布宜诺斯艾利斯政府在 289
对省议会的年度咨文里,再次以绝对明确的措辞重申其主权主张。

(24)尽管那一时期阿根廷国内和国外的政治动荡,但1850~1884年的各种行为均表明它一直维持自己的立场,没有放弃主权。

(25)阿根廷建议通过仲裁解决问题,英国政府坚持拒绝解决争端,维持争端的悬而未决。

(26)英国手册提交的制图是粗劣的篡改,无论是地图还是参考书目、官方制图都表明马尔维纳斯群岛是阿根廷领土。

（27）与英国手册的声明相反，1888～1940 年阿根廷曾有过大量的主权主张表现，甚至在直接的外交接触和面对国际机构时都曾有过。

（28）在那同一时期英国政府承认阿根廷维持其主权主张。

（29）英国没有发现南乔治亚岛，是西班牙发现的，阿根廷实施了履行主权的行动，英国仅仅后来才作出反应并利用其在马尔维纳斯群岛的强势地位。在南桑威奇群岛拥有最大有效存在的国家是阿根廷。英国承认南乔治亚岛和南桑威奇群岛的命运与马尔维纳斯群岛命运相连。

（30）英国企图对马尔维纳斯群岛现有居民实施的民族自决权利是没有根据的，不被联合国主管机构承认，且与英国在该领域的政策完全矛盾。

290 因此英国处于在法律上站不住脚的境地，任何为它辩解的立场都导致矛盾的推理。如果断言马尔维纳斯群岛在 1811 年或 1833 年是**无主地**，那就与英国 1829 年所持的论点矛盾，声称马尔维纳斯群岛是英国的。如果声称整个群岛是英国的，那么对于英国政府是何时、如何获得索莱达岛的主权，很难想象一个明确的答案，英国从未拥有该岛，它一直被别的国家占领。如果马尔维纳斯群岛在 1811 年、1820 年或 1833 年是英国的，那就与英国在领土问题上始终如一的论点完全矛盾，根据该论点，获得主权的基本标准是有效占有。这样的声明赋予阿根廷强有力的证据，来肯定它保留对马尔维纳斯群岛的主权资格，尽管 1833 年失去了对该岛的占有。如果英国声称 1811 年西班牙放弃马尔维纳斯群岛，那就等于肯定了 1774 年英国做出了相同的举动。如果英国声称西班牙充其量拥有对索莱达岛的主权，它就把自己置于不可能要求桑德斯岛/特立尼达岛或大马尔维纳岛之外领土的处境。如果英国企图否定 1829 年 11 月 19 日的抗议之后阿根廷占有马尔维纳斯群岛的一切可能性，那就含蓄地接受了那个日期是关键的。如果英国企图通过 1833 年的行为援引征服，那就含蓄地承认了自己的恶意和缺乏之前的主权资格，将其所有权建立在武力之上，这也与英国不曾使用武力的论点发生矛盾。

事实是，英国侵占马尔维纳斯群岛并继续占领它只能在强权政策中找到论据。1862 年阿根廷著名法学家兼外交官卡洛斯·卡尔沃①写道：

---

① 卡洛斯·卡尔沃（Carlos Calvo，1824—1906 年）：乌拉圭法学家、外交官和历史学家。在阿根廷接受教育并参与该国的政治生活。曾代表阿根廷和巴拉圭出使德国、法国、英国、比利时、奥地利和俄国。1863 年出版了他最重要的著作《欧洲和美洲国际法理论与实践》（*Derecho internacional teórico y práctico de Europa y América*）。——译者注

英国政府建立了一条公法,专门运用于弱小民族,称之为武力法……美洲政府向英国政府建议把他们的分歧提交第三国,并得到英国法学家,甚至它自己的最高法院法官的舆论支持,这是不够的。总而言之,有理是不够的。不,必须是弱者承受其软弱的后果,在阿姆斯特朗炮筒极其雄辩的论据面前,所有那些因素都得住口……因此,英国在拉美的外交史记载了一大堆暴力行动和胡作非为,几卷书都容不下它们。有时候没有事先的宣战,也没有丝毫批准它的前奏,便轰炸居民点,如在巴拉那瓜和巴西;另一些时候,占有一片广阔的土地,如马尔维纳斯群岛领土,丝毫不在意被掠夺的国家主张……总之,数以千计的其他类似行为,虽然我们无法强行拒绝,但它们在每个美洲人的心灵留下了烙印。① 291

可以得出结论,英国手册是对英国和阿根廷争端极其可悲的篡改,英国任何国际法教授都不敢署名。英国手册无意中确认了英国政府官员在冲突的每一刻私下承认的东西,如 1936 年 10 月,英国外交部美洲司司长约翰·特劳特贝克(与目前马尔维纳斯群岛“总督”科林·罗伯茨当时所任的职务类似)写道:

我们立场的难点在于,按照目前的意识形态来判断,1833 年占领福克兰群岛是一个十分任性的步骤。因此不易解释我们的立场而不把自己显示为国际强盗。②

事实上,即使占领马尔维纳斯群岛的时候英国人不是作为国际强盗出现,也很难解释 1833 年的这个行动。英国若想在与阿根廷、拉美及国际社会其他成员的关系中重走正义和善意之路,不该拖了将近两个世纪。 292

① Calvo, Carlos, *op. cit.*, T. Ⅰ, pp. 15 – 17.

② FO 371/19763, f°349 vta.

参考书目

Almagro, Manuel de, *Breve descripción de los viajes hechos en América por la Comisión científica enviada por el gobierno de SMC durante los años de* 1862 *a* 1886, Madrid, Impr. de Rivadeneyra, 1866.

Almon, J. , *A Collection of All the Treaties of Peace, Alliance and Commerce, between Great-Britain and Other Powers: From the Revolution in* 1688 *to the Present Time*, Vol. II, Londres, Opposite Burlington, 1772.

Arnaud, Vicente Guillermo, *Las islas Malvinas. Descubrimiento, primeros mapas y ocupación. Siglo XVI*, Buenos Aires, Academia Nacional de Geografía, 2000.

"Descubrimiento, mapas y ocupación en el siglo XVI" en Sesión académi-ca "La cuestión de las Islas Malvinas. Legitimidad y continuidad de la soberanía argentina", CARI, 19 de agosto de 2015.

Barnard, Charles H. , *Marooned. Being a Narrative of the Sufferings and Adven-tures of Captain Charles H. Barnard, Embracing an Account of the Seizure of His Vessel at the Falkland Islands &c.* , 1812 – 1816, Syracuse, University Press, 1986.

Baron Du Casse, Pierre Emmanuel Albert, *Histoire des négociations diplomatiques relatives aux traités de Mortfontaine, de Lunéville et d' Amiens, précédée de la correspondance inédite de l' empereur Napoléon* 1*er avec le cardinal Fesch*, Vol. 3, París, Palais Royal-Galerie d' Orleans, 1855.

Becerra, Alfredo, *Protestas por Malvinas* (1833 - 1946), Buenos Aires, Caja Editora, 1998.

Beck, Peter, "The Anglo-argentine Dispute over Title to the Falkland Islands", *Millenium, Journal of International Studies*, Vol. 12, No. 1, 1983.

Belgrano, Manuel, *Correo de Comercio de Buenos Aires*, edición del 2 de marzo de 1811.

Bougainville, Louis-Antoine de, *Voyage Autour du Monde, par la Fregate du roi "La Boudeuse" et la "Flute L' Etoile" en* 1766, 1767, 1768 *et* 1769, 2a ed., 1772.

Boyson, V. F., *The Falkland Islands*, Oxford, Clarendon Press, 1924.

Brownlie, Ian, *Principles of Public International Law*, 5a ed., Oxford, Clarendon Press, 1998.

Caillet-Bois, Ricardo, *Una tierra argentina. Las islas Malvinas. Ensayo en una nueva y desconocida documentación*, Buenos Aires, Ediciones Peuser, 2a ed., 1952.

Calvo, Carlos, *Colección completa de los tratados, convenciones, capitulaciones, armisticios y otros actos diplomáticos de todos los Estados de la América Latina comprendidos entre el golfo de Méjico y el Cabo de Hornos, desde el año de* 1493 *hasta nuestros días*, París, 1862.

Canclini, Arnoldo, *Malvinas. Su historia en historias*, Buenos Aires, Planeta, 2000.

Chez Garnery, *Pièces officielles relatives aux préliminaires de Londres et au traité d' Amiens. Imprimé sur l' édition de l' imprimerie de la República*, París, 1803.

Centre National de la Recherche Scientifique: *Archives parlementaires: de* 1787 *à* 1860: *recueil complet des débats législatifs et politiques des Chambres Françaises*, Vol. 5, París, 1865.

Congressional Series of United States Public Documents, Vol. 1478.

Convención de Viena sobre el Derecho de los Tratados-UN Doc A/ CONF. 39/27, 1969.

Cook, John William, *Acción parlamentaria* (Eduardo Luis Duhalde comp.), Buenos Aires, Colihue, 2007.

Da Fonseca Figueira, José Antonio, *David Jewett, Una biografía para la historia de las Malvinas*, Buenos Aires, Sudamericana, 1985.

Dagnino Pastore, Lorenzo, *Territorio actual y división política de la Nación Argentina*, Buenos Aires, UBA, Facultad de Ciencias Económicas, 1948.

De Bernhardt, Gaston, *Memorandum Respecting the Falkland Islands. Confidential*(9755), Printed for the Use of the Foreign Office, January 1911, (FO 881/9755).

Decencière-Ferrandière, André, "Essai historique et critique sur l'occupation comme mode d'acquérir les territories en droit international", *Re-vue de droit international et de législation comparée*, Vol. 64, 1937.

De Gandía, Enrique, "Claudio Alejandro Ptolomeo, Colón y la exploración de la India Americana", *Academia Nacional de la Historia. Investigaciones y Ensayos*, Buenos Aires, 1972.

Del Cantillo, Alejandro (comp.), *Tratados, convenios y declaraciones de paz y de comercio que han hecho con las potencias estranjeras los monarcas españoles de la Casa de Borbón desde el año* 1700 *hasta el día*, Madrid, Impr. Alegría y Charlain, 1843.

Del Castillo, Lilian, "Sucesión de Estados en el caso Malvinas", en *Malvinas, Georgias y Sandwich del Sur*, Serie: Perspectiva Histórico-Jurídica del Seminario Permanente sobre la Cuestión Malvinas, Tomo I, CARI, Bue-nos Aires, 1986, pp. 25 – 46.

"Aspectos jurídicos de la cuestión Malvinas", *Islas Malvinas y Argentina*, 2006, Academia Nacional de Ciencias de Buenos Aires, Instituto de Investigación y Desarrollo, Seminario: Islas Malvinas y Argentina, 22 junio 2006, Buenos Aires, 2006, pp. 35 – 45.

"La cuestión de las Islas Malvinas como situación colonial", en*Repensar Malvinas*, Serie: Perspectiva Histórico-Jurídica del Seminario Permanente sobre la Cuestión Malvinas, Tomo IV, CARI, Buenos Aires, 2014, pp. 113 – 138.

Dolzer, Rudolf, *The Territorial Status of the Falkland Islands*(*Malvinas*): *Past and Present*, Nueva York-Londres-Roma, Oceana Publications Inc., 1993.

Down, Wilfred, *The Ocupation of the Falkland Islands and the Questions of Sov-ereignty*, Tesis Doctoral, Universidad de Cambridge, agosto de 1926.

Fernández Duro, *Armada Española desde la unión de los reinos de Castilla y de Aragón*, Madrid, Suc. de Rivadeneyra, 1901.

Ferns, H. S., *Gran Bretaña y Argentina en el siglo XIX*, Buenos Aires, Ed. Solar, 1966.

Ferrer Vieyra, Enrique, *Las islas Malvinas y el Derecho Internacional*, Buenos Aires, Ediciones Depalma, 1984.

An Annotated Legal Chronology of the Malvinas (Falkland) Islands Contro-versy. [*Cronología legal anotada sobre la cuestión Malvinas (resumen)*]. Córdoba, Lerner, 1985.

Segunda Cronología Legal Anotada Sobre las Islas Malvinas (Falkland Islands), Córdoba, Editorial EGB, 1993.

Field, John W., *Memorandum Respecting the Falkland Islands and Depen-dencies. Confidential* (13336), Foreign Office, February 29, 1928 (FO 371/12735).

Fitte, Ernesto, *La disputa con Gran Bretaña por las islas del Atlántico Sur*, Bue-nos Aires, Emecé, 1968.

Crónicas del Atlántico Sur, Buenos Aires, Emecé, 1974.

Foreign Office, Research Department: *Preliminary Memorandum on the Falkand Islands. Secret* (17111), September 17, 1946 (FO AS 5728/311/2).

Freedman, Lawrence, *The Official History of the Falklands Campaign*, Londres, Routledge, 2005.

Goebel, Julius (hijo), *La pugna por las Islas Malvinas*, Buenos Aires, edición y traducción del Servicio de Informaciones Navales, 1951.

Gómez Langenheim, Antonio, *Elementos para la historia de nuestras Islas Malvinas*, Buenos Aires, El Ateneo, 1939.

Gough, Barry M., "Sea Power and South America: The 'Brazils' or South American Station of the Royal Navy 1808 – 1837", *The American Neptune*, Vol. 50 No. 1, 1990.

The Falkland Islands/Malvinas. The Contest for Empire in the South Atlantic, Londres, Athlone, 1992.

Graham, Gerald y Humphreys, R. A. (eds.), *The Navy and South America* 1807 – 1823. *Correspondence of the Commanders-in-Chief on the South American Station*, Londres, Navy Records Society, 1962.

Great Britain Parliament, House of Commons, Foreign Affairs Committee, Session, 1982 – 1983, Falkland Island, Appendices of the Minutes ofEvidence, Ordered by The House of Commons to be printed, Londres, Her Majesty ' s Stationary Office, 1983.

Greenleaf Cilley Hernández, Ernesto, *María Sáez de Vernet*, *cronista de nuestra soberanía en Malvinas*, Buenos Aires, Ed. Puerto Luis, 1989.

Gros Espiell, Héctor, *España y la solución pacífica de los conflictos limítrofes en Hispano-América*, Madrid, Civitas, 1984.

"El Caso de las Islas Malvinas y el Derecho a la Libre Determinación de los Pueblos", *Rivista di Studi Politici Internazionali*, Anno L, No. 2, 198, Florencia (Aprile-Giugno 1983).

"La soberanía en Malvinas. Un antecedente de interés", *Revista Internacional y Diplomática*, México, 383, octubre de 1982.

Grotius, Hugo, *Le droit de la guerre et de la paix* (1625), livre II, chap. IV, XII, 1 – 2. Trad. par P. Pradier-Foderé (1867), París, PUF, 1999.

Groussac, Paul, *Les îles Malouines* (1892), Buenos Aires, Ediciones Argentinas SA, 1982.

Gusinde, Martín, *Hombres primitivos en la Tierra del Fuego* (*de investigador a compañero de tribu*), Sevilla, Escuela de Estudios Hispano-Americanos de Sevilla, 1951.

Heijtz, Stefan, *Specialised Stamp Catalogue of the Falkland Islands and Dependencies*, *Including Postal History and Cancellations* 1800 – 1996 *with Brit-ish Antarctic Territory and Now also Paper Money*, *Coins*, *and Telephone Cards*, 3a ed., Estocolmo, s. d. e., 1995.

Hendry, Ian and Dickson, Susan, *British Overseas Territories Law*, Oxford, Hart, 2011.

Hidalgo Nieto, Manuel, *La cuestión de las Malvinas*, *contribución al estu-dio de las relaciones hispano-inglesas en el siglo XVIII*, Madrid, C. S. I. C., 1947.

Higgins, Rosalyn, " International Law and the Avoidance, Containment and

Resolution of Disputes. General Course on Public International Law", *Hague Academy of International Law Collected Courses*,1991.

Imprimerie Impériale,*Correspondance de Napoléon Ier; publiée par ordre de l' empereur Napoléon III*,Vol. 7,París,1861.

Jennings,Robert,*The Aquisition of Territory in International Law*,Manchester, Manchester University Press,1961,con introducción de Marcelo Kohen,ed. 2017.

Jèze,Gaston,*Etude théorique et pratique sur l' occupation comme mode d' acquérir les territoires en Droit international*,París,Giard & Brière,1896.

Johnson,Samuel,*Thoughts on the Late Transactions Respecting the Falkland' s Islands*,2a ed. ,Londres,Cadell,1771.

Kershaw,Informe del Comité de Relaciones Exteriores de la Cámara de los Comunes, presidido por Sir Kershaw, Londres, Investigación Aca-démica Edit. ,1983.

Keynes,Richard Darwin,*The* Beagle *Record. Selections from the Original Pictorial Records and Written Accounts of the Voyage of H. M. S. Beagle*,Cam-bridge, University Press,1979.

Kirkpatrick,F. A. ,*A History of the Argentine Republic*,Cambridge,University Press,1931.

Kohen,Marcelo G. , *Possession contestée et souveraineté territoriale*, París, PUF,1997.

"La alternativa jurisdiccional en la disputa sobre las Islas Malvinas",*Rivis-ta di Studi Politici Internazionali*,Florencia,1988,No. 219,pp. 395 -424.

"La fecha crítica y la cuestión de las Islas Malvinas",*Revista Española de Derecho Internacional*,1994,Vol. XLVI,No. 1,pp. 7 -37.

Korman,Sharon,*The Right of Conquest. The Acquisition of Territory by Force in International Law and Practice*,Oxford,Clarendon Press,1996.

La Pradelle-Politis,*Recueil des arbitrages internationaux*,2a ed. ,París,1957. Lynch,John,*Juan Manuel de Rosas*,Buenos Aires,Hyspamérica,1986. Mackinnon, Lachlan B. : *Some Account of the Falkland Islands,From a Six Months' Residence in* 1838 *and* 1839, Londres, A. H. Baily and Co. , 1840. Mamadou, Hébié, *Souveraineté territoriale par traité. Une étude des ac-cords entre puissances coloniales et entités politiques locales*, París, PUF, 2015.

Manning, William R. (ed.), *Diplomatic Correspondence of the United States. Inter-American Affairs* 1831 - 1860, Washington, Vol. Ⅰ, "Argentina", Carnegie, 1932.

Diplomatic Correspondence of the United States Concerning the Indepen-dence of the Latin-American Nations, Vol. Ⅰ, 1925.

Commentaries on the Law of Nations, Londres, Milliken and Son, 1839.

Marcial Galina, Alejandro Lanoël, *Iconografía histórica del Chubut. Los murales de la Casa de Gobierno*, 1975.

Marston, Geoffrey, "The Anglo-Brazilian Dispute over the Island of Trinidade", *British Year Book of International Law*, Vol. LIV, 1983.

Martens, G. F. de, *Recueil de traites d' alliance, de paix, de trève, de neutralité, de commerce, de limites, d'* échange etc.... *des puissances et etats de l' Europe... depuis* 1761 *jusqu'* à présent, Tome 1 (1771 - 1779), 2a édition, Librairie Dieterich, 1817.

Martin-Allanic, Jean-Etienne, *Bougainville navigateur et les découvertes de son temps*, París, PUF, 1964.

"Memoria de Gobierno presentada al Marqués de Loreto por su antecesor el Virrey de Buenos Aires don Juan José de Vértiz", *Revista del Río de la Plata*, Volumen 2, 1871.

Miller, David, *The Wreck of the Isabella*, Londres, Leo Cooper, 1995. Molinari, Luis, *La primera unión del Sur. Orígenes de la frontera austral argen-tino-chilena. Patagonia, Islas Malvinas y Antártida*, Buenos Aires, Devenir, 1961.

Montarcé Lastra, Antonio, *Redención de la soberanía. Las Malvinas y el Diario de Doña María Sáez de Vernet*, Buenos Aires, Padilla y Contreras, 1946.

Moore, John Bassett, *A Digest of International Law*, Washington, Government Printing Office, Vol. Ⅰ, 1906.

Muñoz Azpiri, José Luis, *Historia Completa de las Malvinas*, Buenos Aires, Oriente, 1966.

Murray, John, *Correspondence of Charles, First Marquis of Cornwallis*, Londres, William Clowes and Sons, Vol. 3, 1859.

Napp, Richard, *Die Argentinische Republik*, Buenos Aires, Ed. SA, 1875.

Núñez, Ignacio, *An Account, Historical, Political, and Statistical, of the United Provinces of Rio de la Plata*, Londres, R. Ackermann, 1825.

Pafraets, Troy & Co., *The Works of Samuel Johnson*, Vol. 14, 1913.

Palacios, Alfredo, *Las Islas Malvinas-Archipiélago argentino*, Buenos Aires, Ed. Claridad, 1934.

Parish, Woodbine, "Account of East Falkland Island", *The Journal of the Royal Geographic Society*, Londres, 1834.

Parry, G., *The Consolidated Treaty Series*(1767 - 1772), Nueva York, Oceana Publication Inc., 1969.

Pastorino, Ana, *Malvinas. El derecho de libre determinación de los pueblos y la población de las islas*, Buenos Aires, Eudeba, 2013.

Pastorino, Ana, úlvarez, Maximiliano y Rosa, Gabriel, *Colonialismo en el siglo XXI. La estrategia del Imperio para mantener la ocupación de las Malvinas*, Buenos Aires, Edulp, 2015.

Perl, Raphael, *The Falkland Islands Dispute in International Law and Politics. A Documentary Sourcebook*, Nueva York, Oceana, 1983.

Pinedo, Enrique, *Malvinas: su extraño destino*, Buenos Aires, Corregidor, 1994.

Podetti, J. Ramiro(comp.), *Visiones uruguayas sobre Malvinas*, Montevideo, Fin de Siglo, 2013.

Puig, Juan Carlos, *La Antártida Argentina ante el Derecho*, Buenos Aires, Depalma, 1960.

Quesada, Vicente, *Recuerdos de mi vida diplomática, misión en Estados Unidos*(1885 - 1892), Buenos Aires, Librería J. Menéndez, 1904.

Reginald, Robert and Elliot, Jeffrey, *Tempest in a Teapot: The Falkland Islands War*, Illinois, Whitehall Co., 1983.

Rodríguez Berrutti, Camilo Hugo, *Malvinas, última frontera del colonialismo*, Buenos Aires, Eudeba, 1975.

San Martino de Dromi, María Laura, *Intendencias y provincias en la historia argentina*, Buenos Aires, Ed. Ciencias de la Administración, 1992.

Sarmiento, Domingo Faustino, *Derecho de ciudadanía en el Estado de Buenos*

Aires, Santiago de Chile, Imp. de Julio Belín y Cía. , 1854.

Scott, James Brown, *The Classics of International Law*, Washington, Carnegie, 1936.

Smith, Herbert Arthur, *Great Britain and the Law of Nations*, Londres, King & Son, Vol. Ⅰ, 1932.

Solari Yrigoyen, Hipólito, *Malvinas. Lo que no cuentan los ingleses* (1833 - 1982), Buenos Aires, El Ateneo, 1998.

Stockdale, J. , *The Whole Correspondence Between the Governments of Great Britain and France, Prior to the Signature of the Definitive Treaty of Peace, Together with the Consular Manifesto, &c. &c. Complete. To which are Added, The Orders of Council for Letters of Marque and Reprisals; with the Republican Comments Thereon. Translated from the Latest Publication of the French Government*, Londres, 1803.

Tagle Achával, Carlos y González Arzac, Alberto, *Proyecto constitucional de Pedro de Angelis*, Buenos Aires, Instituto Nacional de Investigaciones Históricas "Juan Manuel de Rosas", 1998.

Taylor, William Stanhope and Pringle, John Henry, *Correspondence of William Pitt, Earl of Chatham*, Vol. Ⅳ, Londres, A. Spottiswoode, 1840.

The Parliamentary History of England from the Earliest Period to the Year 1803. Vol. ⅩⅥ, A. D. 1765 - 1771, Londres, 1813.

Torre Revello, José, *Bibliografía de las Islas Malvinas*, Buenos Aires, Imprenta de la Universidad, 1953.

Universidad de Buenos Aires, Facultad de Filosofía y Letras. Instituto de Historia, *Colección de documentos relativos a la historia de las Islas Malvi-nas*, Buenos Aires, 1957.

Vattel, Emer de, *The Law of Nations or the Principles of Natural Law* (1797), Philadelphia, Liberty Fund, 1829.

Weddell, James, *A Voyage towards the South Pole Performed in the Years* 1822 - 24 *Containing an Examination of the Antarctic Sea*. Edición facsimilar de la 2a edición publicada en 1827, con una introducción de Sir Vivian Fuchs, Devon, David & Charles Reprints, 1970.

Wheaton, Henry, *Elements of International Law*, 8a ed. , Londres, Sampson

Low, Son and Co. , 1866.

Whitington, G. T. , *The Falkland Islands, Compiled from Ten Years Investigation of the Subject*, Londres, Smith, Elder & Co. y J. Ridgway, 1840.

Zorraquín Becú, Ricardo, *Inglaterra prometió abandonar las Malvinas*, Bue-nos Aires, Platero SRL, 1975.

图书在版编目(CIP)数据

法律与历史之间的马尔维纳斯群岛：对英国手册《官方历史之外：福克兰群岛/马尔维纳斯群岛真实历史》的驳斥/(阿根廷)马塞洛·G.科恩，(阿根廷)法昆多·D.罗德里格斯著；王军译. -- 北京：法律出版社，2021
(国际法文库/黄进总主编)
ISBN 978-7-5197-4656-8

Ⅰ.①法… Ⅱ.①马… ②法… ③王… Ⅲ.①马尔维纳斯群岛问题-研究 Ⅳ.①D815.3

中国版本图书馆CIP数据核字(2020)第102506号

法律与历史之间的马尔维纳斯群岛
——对英国手册《官方历史之外：福克兰群岛/马尔维纳斯群岛真实历史》的驳斥
FALÜ YU LISHI ZHIJIAN DE MAERWEINASIQUNDAO
—DUI YINGGUO SHOUCE《GUANFANG LISHI ZHIWAI：FUKELANQUNDAO/MAERWEINASIQUNDAO ZHENSHI LISHI》DE BOCHI

[阿根廷]马塞洛·G.科恩
[阿根廷]法昆多·D.罗德里格斯 著
王 军 译
易显河 校

策划编辑 沈小英
责任编辑 刘晓萌
装帧设计 李 瞻

出版 法律出版社
总发行 中国法律图书有限公司
经销 新华书店
印刷 中煤(北京)印务有限公司
责任校对 郭艳萍
责任印制 吕亚莉

编辑统筹 法治与经济出版分社
开本 710毫米×1000毫米 1/16
印张 14
字数 254千
版本 2021年1月第1版
印次 2021年1月第1次印刷

法律出版社/北京市丰台区莲花池西里7号(100073)
网址/www.lawpress.com.cn
投稿邮箱/info@lawpress.com.cn
举报维权邮箱/jbwq@lawpress.com.cn
销售热线/400-660-8393
咨询电话/010-63939796

中国法律图书有限公司/北京市丰台区莲花池西里7号(100073)
全国各地中法图分、子公司销售电话：
统一销售客服/400-660-8393/6393
第一法律书店/010-83938432/8433　西安分公司/029-85330678　重庆分公司/023-67453036
上海分公司/021-62071639/1636　深圳分公司/0755-83072995

书号:ISBN 978-7-5197-4656-8　**定价**:98.00元